U0731901

21世纪

经济管理精品教材
经济学系列

统计学原理与技能应用

韩文琰◎主编

清华大学出版社
北京

内 容 简 介

本书以统计工作过程为主线,从统计学的基础知识、统计设计与统计数据的收集、统计数据的整理与显示、综合指标分析、时间序列分析、统计指数分析、统计报告七个方面系统阐述了应用统计的基本理论、知识、方法与技能,尤其是 Excel 在统计工作各环节中的应用,使得本书既具有常识性理论,又具有较强的实践操作性。本书既可以用作高职高专财经类专业的统计基础教材,也可以用作相关专业人员的工具书及有关经营管理部门培训的主要参考资料。

图书在版编目(CIP)数据

统计学原理与技能应用 / 韩文琰主编.. — 北京:清华大学出版社,2017
　(21 世纪经济管理精品教材.经济学系列)
　ISBN 978-7-302-47996-3

　Ⅰ.①统… 　Ⅱ.①韩… 　Ⅲ.①统计学—高等学校—教材 　Ⅳ.①C8

中国版本图书馆 CIP 数据核字(2017)第 201061 号

责任编辑:吴　雷
封面设计:李召霞
版式设计:方加青
责任校对:王荣静
责任印制:沈　露

出版发行:清华大学出版社
　　　　网　　　址:http://www.tup.com.cn,http://www.wqbook.com
　　　　地　　　址:北京清华大学学研大厦 A 座　　　邮　　编:100084
　　　　社 总 机:010-62770175　　　　　　　　　　邮　　购:010-62786544
　　　　投稿与读者服务:010-62776969,c-service@tup.tsinghua.edu.cn
　　　　质 量 反 馈:010-62772015,zhiliang@tup.tsinghua.edu.cn
印 装 者:三河市吉祥印务有限公司
经　　销:全国新华书店
开　　本:185mm×260mm　　　　印　　张:17.25　　　　字　　数:392 千字
版　　次:2017 年 8 月第 1 版　　　印　　次:2017 年 8 月第 1 次印刷
印　　数:1～3000
定　　价:40.00 元

产品编号:076233-01

前　言

　　统计学是高校财经与管理类专业的一门必修专业基础课程，《统计学原理与技能应用》是根据教育部高职高专院校专业基础教学的基本要求与高职高专的教育目标，总结多年的一线教学经验并广泛听取多所兄弟院校一线教师的教学需求，坚持"基本理论学习与专业技能培养"的融合原则，以常用的 Excel 为主要数据处理工具，依据统计业务处理过程，全面、系统地介绍统计基本原理和应用方法，分七章介绍主要内容，具体包括统计学基础知识、统计设计与统计数据的收集、统计数据的整理与显示、综合指标分析、时间序列分析、统计指数分析与统计报告。本书在内容的编写上充分体现了统计工作过程的项目驱动教学法，把每一知识点分解为若干个简单易懂、易操作的任务，设计了 Excel 统计的具体工作环境，使学习者如同身临其境，配合直观的图表和清晰的步骤，保证每一教学目标的有效实施，强化了技术应用型人才目标的培养和能力的提高。

　　本书由韩文琰任主编，并起草编写了大纲，同时负责全书的总撰、定稿；崔秀娟、曹毅、何杨任副主编。第一章、第二章、第三章由韩文琰编写，第四章由崔秀娟编写，第五章由曹毅编写，第六章由何扬编写，第七章由崔秀娟、曹毅编写。全书由韩文琰、易艳红主审。

　　本书的编写与出版得到北京青年政治学院教改支持项目、重点教材建设项目的资助，在编写过程中得到了易艳红书记、生蕾研究员、林娟博士的热情帮助与大力支持，在此表示衷心感谢！同时，本书的编写参考了大量文献和网络资源，已尽可能地列在参考文献中，但其中仍难免有所遗漏；特别是一些资料经过反复引用已难以查实原始出处，这里特向被漏列文献和网络资源的所有者表示歉意，并向所有作者表示诚挚的谢意！

　　本教材可作为普通高职财务会计、财务管理、审计、经济管理、工商管理、金融证券类专业的教材，也可作为欲从事统计工作及相关经济管理工作人员的培训教材和业务学习资料。

　　限于编者的水平与经验，书中难免有不妥之处，敬请广大读者不吝雅正，提出宝贵意见与建议。

目　　录

第一章 统计学基础知识

本章学习目的

了解统计的研究对象、特点、作用、任务、基本职能；

掌握统计的方法与工作过程；

掌握统计学中的基本概念；

理解并掌握关键词：统计、统计方法、统计总体、总体单位、标志、指标、变异、变量、指标体系。

引导案例

小王的姐姐做统计，小王目前正在学统计，一天他在国家统计局网站看到《中华人民共和国 2016 年国民经济和社会发展统计公报》上的部分内容如下：初步核算，全年国内生产总值 744 127 亿元，比上年增长 6.7%。其中，第一产业增加值 63 671 亿元，增长 3.3%；第二产业增加值 296 236 亿元，增长 6.1%；第三产业增加值 384 221 亿元，增长 7.8%。第一产业增加值占国内生产总值的比重为 8.6%，第二产业增加值比重为 39.8%，第三产业增加值比重为 51.6%，比上年提高 1.4 个百分点。全年人均国内生产总值 53 980 元，比上年增长 6.1%。全年国民总收入 742 352 亿元，比上年增长 6.9%，如图 1-1 和图 1-2 所示。

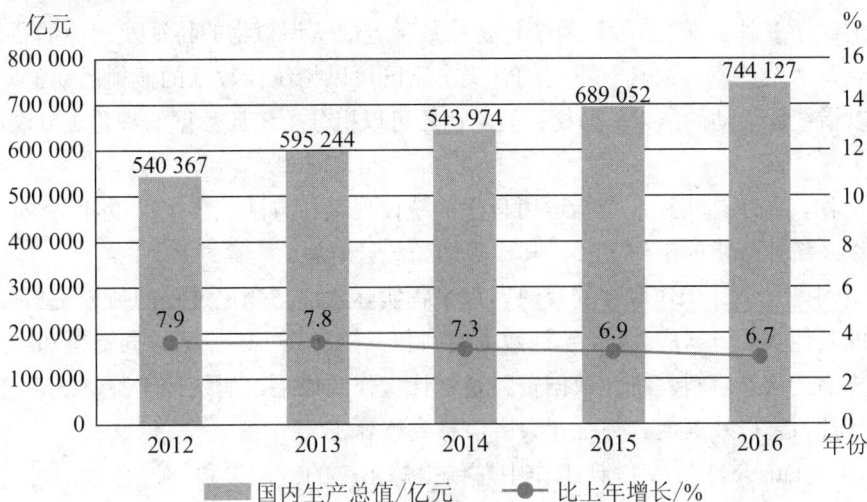

图 1-1 2012—2016 年国内生产总值及其增长情况

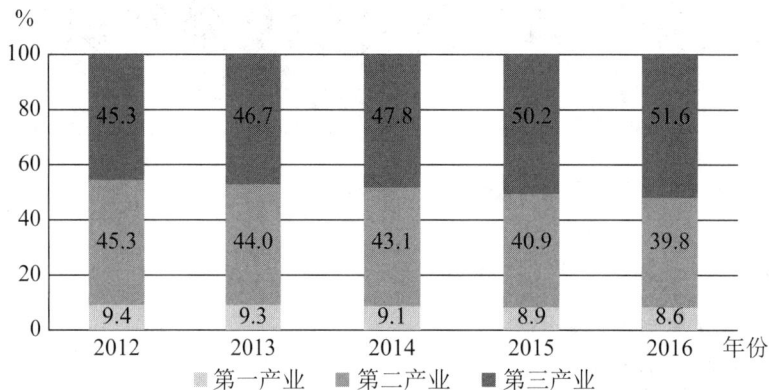

图 1-2　2012—2016 年三类产业增加值占国内生产总值比重

（1）本段内容中出现了三个"统计"，含义相同吗？

（2）小王很想知道为什么要在统计公报中公布这些数据和统计图，并对如何理解这些数据和统计图感到困惑。你也有这样的感受吗？

第一节　统计的研究对象与作用

■ 一、统计学与应用统计学的含义

统计作为一种社会实践活动已有悠久的历史。最初，统计只是为统治者管理国家的需要而收集资料，弄清国家的人力、物力和财力，作为国家管理的依据。现今，"统计"一词已被人们赋予多种含义，一般认为统计是从数量方面认识事物的特征及规律的科学方法。在不同场合，"统计"一词具有不同的含义，它既可以指统计数据的搜集活动，即统计工作；也可以指统计活动的结果，即统计资料；还可以指分析统计数据的理论、方法和技术，即统计学。

统计工作，即统计实践，是指运用科学的统计理论与方法从事统计设计、统计调查、统计整理以及统计分析的工作过程，其成果即为统计资料。

统计资料，是统计工作取得的反映客观事物实际状况与变化过程的数据资料，以及与之相联系的其他实际资料的总称。统计数据资料包括初次获得的原始数据资料和经过加工、整理、分析后的次级资料。统计数据资料是统计工作的成果，如统计年鉴、统计公报、统计图表、统计报告以及其他有关统计数字信息载体等。

统计学（statistics）是从统计工作中总结提炼出来的方法论科学，是一门对研究对象的数据资料进行搜集、整理、分析和研究，以显示其总体的特征和规律性的学科。统计学的研究对象是客观事物的数量特征和数据资料。统计学是以搜集、整理、分析和研究等统计技术为手段，对所研究对象的总体数量关系和数据资料去伪存真、去粗取精，从而达到显示、描述和推断被研究对象的特征、趋势和规律性的目的。

尽管统计工作、统计资料与统计学是从三个不同的角度描述统计的，但三者之间密切联系。统计工作是获取统计资料的实践活动；统计资料是统计工作的成果，同时又服务于统计工作；统计学来源于统计实践，又高于统计实践，可以用于指导统计实践，使统计工作进行得更科学，得到的统计资料更全面、更及时、更准确。

应用统计学（applied statistics）是研究如何应用统计方法去解决实际问题的科学。由于在自然科学及社会科学研究领域中，都需要通过数据分析来解决实际问题，因而，统计方法的应用几乎扩展到了所有的科学研究领域。例如，统计方法在生物学中的应用形成了生物统计学，在医学中的应用形成了医疗卫生统计学，在农业试验、育种等方面的应用形成了农业统计学。统计方法在经济和社会科学研究领域中的应用也形成了若干分支学科。例如，统计方法在经济领域的应用形成了经济统计学及其若干分支，在管理领域的应用形成了管理统计学，在社会学研究和社会管理中的应用形成了社会统计学，在人口学中的应用形成了人口统计学，等等。以上这些应用统计学的不同分支所应用的基本统计方法都是一样的，即都是描述统计和推断统计的主要方法。但由于各应用领域都有其特殊性，统计方法在应用中又形成了一些不同的特点。

▌二、统计学的研究对象与特点

一般来说，统计学的研究对象是自然、社会客观现象总体的数量关系。本书侧重于研究社会经济现象的研究，因此本书将统计研究对象界定为大量社会经济现象总体的数量方面，即以统计资料为依据具体说明社会经济现象总体的数量特征、数量关系以及数量界限。此处所称的数量方面是指社会经济现象的规模、水平、结构、速度、比例关系、普遍程度等。据此界定统计学研究对象有如下几个特点：

1. 数量性

统计学的研究对象是社会经济现象的数量方面，这一特点是统计学（定量分析学科）与其他定性分析学科的分界线。数量性是统计学研究对象的基本特点，具体包括三方面的内容：

（1）数量特征，即社会经济现象的规模、大小、水平等；

（2）数量关系，即社会经济现象的内部结构、比例关系、相关关系等；

（3）数量界限，即引起社会经济现象质变的数量，比如按照国家食品安全检验标准，泡菜中苯甲酸钠这种防腐剂含量不得超过 0.05%，这 0.05% 就是量变与质变的界限。

2. 总体性

统计学的研究对象是社会经济领域中现象总体的数量方面，即统计的数量研究是对总体普遍存在着的事实进行大量观察和综合分析，得出反映现象总体的数量特征和资料规律性，而不是个体现象的数量方面。例如，对工资的统计分析，我们并不是要分析和研究个别人的工资，而是要反映、分析和研究一个地区、一个部门、一个企业事业单位的总体的工资情况和显示出来的规律性。统计研究对象的总体性，是从个体的实际表现的研究过渡到对总体的数量表现的研究。例如，工资统计分析，要反映、分析和研究一个地区的工资情况，先要从每个职工的工资开始统计，然后再综合汇总得到该地区的工资情况，只有从个体开始，才能对总体进行分析研究。研究总体的统计数据资料，不排除对个别事物的深入调查研究，但它是为了更好地分析研究现象总体的统计规律性。

3. 具体性

统计研究对象是社会经济领域中具体现象的数量方面，即它不是纯数量的研究，而是具有明确的现实含义的，这一特点是统计学与数学的分水岭。数学是研究事物的抽象空间和抽象数量的科学，而统计学研究的数量是客观存在的、具体实在的数量表现。例如，2016 年我国的粮食种植面积为 11 303 万公顷，全国粮食总产量为 61 624 万吨，货物运输总量为 440 亿吨，货物运输周转量为 185 295 亿吨千米，规模以上港口集装箱吞吐量为 21 798 万标准箱，等等，显然不是抽象的量，而是我国在 2016 年这一具体条件下粮食种植与生产、货物运输与周转、港口集装箱吞吐的数量表现。

4. 社会性

统计研究客体是社会经济现象，包括政治、经济、文化、教育、科技等，因而具有明显的社会性。同时，统计既然是一种社会认识活动，就要受到一定的社会、经济观点的影响，并为一定的社会集团利益服务。在社会主义制度下，进行统计活动的主体是国家的各级统计组织及其工作人员，他们的工作和人民的根本利益是一致的，能够得到社会和广大人民群众的支持。可见，统计的主体也具有社会性。

■ 三、统计的作用

统计的特点决定了它在社会认识活动中有着极为重要的作用。

（1）统计是认识世界、获取有用信息的主要手段。人们当今生活的世界是广泛运用统计数据的世界，是信息的时代。现代社会越发展、科学技术越进步，对获取大量的、灵敏的、可靠有用信息的需求越加迫切。可以说，统计已经进入一切社会领域。统计以它自己特有的观察和分析研究方法，如实而具体地反映社会经济现象各个领域的情况，帮助人们认识世界。例如，一种新药只有依靠大量临床服用的反馈数据及应用正确统计方法，才能确定其疗效的好坏；国家经济的发展是否存在比例失调以及经济效益好坏的确定，都有赖于大量统计资料和统计方法的正确应用。这些充分说明，人们要更好地认识世界就必须借助于统计这一工具。另外，统计信息更是社会经济信息的主题，商品生产与交换越发展，经济越开放，就越需要有健全、发达的现代化统计工作，以便及时地调查、分析和提供准确、丰富的统计数据，作为人们进行生产经营活动和科学研究的向导。

（2）统计是制订计划、政策及实行宏观调控的依据。统计是国家管理和政府科学决策的一项重要基础工作。目前我国已进入全面建设小康社会，推进我国现代化进程的新的发展阶段，是社会发展和经济发展的关键时期。统计信息是国家编制长短期规划的重要依据，各级领导都离不开统计，只有这样才能使计划工作建立在科学可靠的基础之上。计划制订后还要监督、检查、搞好经济预测、进行宏观调控，这些工作同样需要以统计为依据。

通过统计调查，搜集各种社会经济信息，并通过整理、分析形成系统反映现象总体数量表现、比例关系的数据资料，是国家确定战略目标、制订长远发展规划和社会经济计划的基础，也是各级领导科学决策和管理、指导工作的重要依据。

（3）统计是企业进行经营管理的重要工具。社会发展需要统计，企业经营管理也离不开统计，统计已在社会各界达成共识。统计既是一种认识工具，也是一种管理手段，为企业生产经营决策提供依据，是企业管理中的一个重要组成部分。企业运用统计特有的方法，通过搜集、整理、提供企业内部生产、经营活动的基本数据资料，以及企业生产经营相关的社会经济信息资料，为企业的预测工作提供依据；通过统计分析、预测为企业领导提供各种决策备选方案，有助于企业科学决策；统计信息作为企业信息的主体，还可以通过分析，对企业生产、经营活动过程起到监督作用，从而促进企业经营活动有序、高效运行。

（4）统计是为社会提供咨询服务的主要方式。统计信息作为社会经济信息的主体，具有信息资源优势，统计方法作为认识社会的特有方法，具有特殊重要作用。统计利用所掌握的丰富的信息资源，运用统计特有的科学方法和技术手段，深入开展综合分析和各项专题研究，为政府、企业、社会公众提供所关心的经济、社会问题数据分析和调研咨询报告。专门的统计调查机构还可以接受社会团体、企业集团委托，开展专题社会调查和商品市场信息调研分析，为企业经营决策提供更加完备的统计资料、建议和咨询报告，指导企业更加理性地发展。

（5）统计是监督国民经济和社会发展的有效工具。统计是实行监督的强有力的手段之一。统计监督主要是通过搜集、整理、分析统计信息，及时、全面地反映社会经济运行状态，检查、分析、监督和预警社会经济活动是否符合预定目标，发现和揭示社会经济运行过程中偏离预定目标的方向和程度，或及早预测可能出现的问题和错误，从而提出意见和建议，帮助各级政府和部门领导者，以及企业决策者采取措施，保证社会经济活动能沿着预定的目标轨道运行。特别是在市场经济条件下，各种不可控因素的大量存在，作为领导者必须及时掌握出现的新情况、新问题，关注统计提出的预警信号，掌握驾驭全局的能力，促进社会经济协调、全面、可持续地发展。

第二节　统计学的研究方法与特点

■ 一、统计学的研究方法

统计学根据研究对象的性质和特点，形成了它自己专门的研究方法，这些基本方法是：大量观察法、统计描述法、统计推断法和实验设计法。

（一）大量观察法

所谓大量观察法就是依据大数定律，对所要研究的社会经济现象事物的全部或足够多的单位进行观察，以反映总体数量特征的方法。其中大数定律是关于随机事件和随机变量分布规律的描述，其基本含义是：随机事件在大量重复性试验中的频率一般总是稳定在它的概率附近；随机变量在多次观测中所得到的平均数也总会稳定在它的期望值附近。大数定律可以通过掷硬币试验加以证明。在掷硬币试验中，每掷一次只有两种结果：正面朝上或反面朝上。试验次数越多，正面朝上（或反而朝上）的频率就越接近于50%的概率。通过大量观察，一方面可以掌握认识事物所必需的总体的各种总量；另一方面还可以通过个体离差的相互抵消，在一定范围内排除某些个别现象偶然因素的影响，从数量上反映总体的本质特征。

在我国统计实践中，广泛运用大量观察法组织多种统计调查，如全面统计报表、普查、重点调查和抽样调查等。当然，在统计观察和分析中，也常常对个别典型单位进行深入细致的研究，但是，它的最终目的仍然是说明总体的本质特征。

（二）统计描述法

统计描述是指对由实验或调查而得到的数据进行登记、审核、整理、归类、计算出各种能反映总体数量特征的综合指标，并加以分析从中抽出有用的信息，用表格或图象把它表示出来。统计描述是统计研究的基础，它为统计推断、统计咨询、统计决策提供必要的事实依据。统计描述也是对客观事物认识的不断深化过程，它通过对分散无序的原始资料的整理归纳，运用分组法、综合指标法和统计模型法得到现象总体的数量特征，揭露客观事物内在数量的规律性，以达到认识的目的。

（1）分组法。分组法是根据统计研究目的和所研究现象总体的特点，按照一定的标志，把所研究的现象总体划分为两个或两个以上组成部分（或组）的统计研究方法。社会经济现象是十分复杂的，具有多种多样的类型。从数量方面认识事物不能离开对事物的质的分析，将所研究的现象总体区分为不同性质的组成部分是统计进行加工整理和深入分析的前提。例如，要研究工业行业结构及其对国民经济的影响，就必须首先把工业区分为冶金、电力、煤炭、石油、化工、机械、建材、食品、纺织、造纸等若干部门，然后分别调查和分析各个部门的产量、固定资产、能源消耗、资金占用、利润及职工工资总额等方面的情况；要研究改革开放以来我国经济结构特别是非公经济的发展情况，就应选择所有制作为分组标志进行分组。分组法在整个统计工作研究过程中具有重要意义，贯穿于统计工作全过程。统计调查离不开分组，在对统计资料的加工整理过程中，统计分组更是关键的环节，统计指标和指标体系是统计分析的基本工具，在统计分析中综合指标的应用更是建立在统计分组的基础之上。

（2）综合指标法。综合指标法就是指利用综合指标对现象总体的数量特征和数量关系进行描述、研究和分析的方法。如前所述，统计研究对象的基本特点之一是数量性，即研究社会经济现象总体的数量表现、数量关系和质量互变的数量界限和规律性，而对大量社会经济现象总体数量特征的研究当然离不开统计指标和指标体系。所以，综合指标法理所当然地成为统计研究的基本方法之一。在统计实践中，广泛应用着总量指标、相对指标、平均指标等综合指标，分别从静态和动态上综合反映和分析现象总体的规模、水平、结构、比例和依存关系等数量特征和数量关系。

综合指标和统计分组是密切联系、相互依存的。统计分组如果没有相应的统计指标来反映现象的规模水平，就不能揭示现象总体的数量特征；而综合指标如果没有科学的统计分组就无法划分事物变化的数量界限，掩盖现象的矛盾，成为笼统的指标。所以在研究社会经济现象的数量关系时，必须科学地进行分组，合理地设置统计指标，统计指标体系和统计分组体系应该相适应。综合指标法和统计分组法应结合起来应用。

（3）统计模型法。统计模型法是根据一定的经济理论和假定条件，用数学方程去模拟现实经济现象数量关系的一种研究方法。利用这种方法可以对社会经济现象和过程中存在的数量关系进行描述，并利用模型对社会经济现象的变化进行数量上的评估和预测。统计模型法是统计研究方法系统化和精确化发展的产物，它把客观存在的总体内部结构、各因素的相互关系，通过一定的数学形式有机地结合起来，大大提高了统计的认识能力。

（三）统计推断法

统计在研究现象的总体数量关系时，需要了解的总体对象的范围往往是很大的，有时甚至是无限的，而由于经费、时间和精力等各种原因，以致有时在客观上只能从中观察部分单位或有限单位进行计算和分析，根据局部观察结果来推断总体。例如，要说明一批灯泡的平均使用寿命，只能从该批灯泡中抽取一小部分进行检验，从而推断这一批灯泡的平均使用寿命，并给出这种推断的置信程度。这种在一定置信程度下，根据样本资料的特征，对总体的特征做出估计和预测的方法称为统计推断法。统计推断是现代统计学的基本方法，在统计研究中得到了极为广泛的应用，它既可以用于对总体参数的估计，也可以用于对总体某些分布特征的假设检验。从这种意义上来说，统计学是在不确定条件下做出决策或推断的一种方法。

（四）实验设计法

统计是要分析数据的，但首先需要考察的是，数据的来源是否合适，实验采集的数据是否符合分析的目的要求。由于安排不科学，使实验数据不能反映现象的真实情况，或不能用以估计总体的数量特征，那么接着一系列分析工作也就白费工夫了。例如，要比较某农作物 A 品种和 B 品种的收获率高低，分别在两地段播种 A 品种和 B 品种，结果获得 A 品种单位面积产量高于 B 品种的数据。如果根据这个数据判断 A 品种优于 B 品种，这个结论就太不可靠了。原因是影响收获率高低的因素不但有种子品种的差异，还有土地区位、肥沃程度等差异，所以我们需要事先做出安排，使实验结果数据的差异排除可控因素（土地）的差异，而显示不可控因素（品种）的差异。所谓实验的统计设计就是指设计实验的合理程序，使得收集得到的数据符合统计分析方法的要求，以便得出有效而客观的结论。实验设计法主要适用于自然科学研究和工程技术领域的统计数据搜集。

实验的统计设计要遵循以下三个基本原则：

（1）重复性原则。重复性原则即允许在相同条件下重复多次实验。如果只把一次实验所得的数据作为总体的估计量，精度会很差，这时实验的误差等于观察的误差，观察误差可能是实验误差的结果，很难用观察的数据来代表总体情况。多次重复实验的好处是显然的，其一可以获得更加精确的效应估计量；其二可以获得实验误差的估计量。这些都是提高估计精度或缩小误差范围所需要的。

（2）随机性原则。随机性是指在实验设计中，对实验对象的分配和实验次序都是随机安排的。这种安排可以使可控的影响因素作用均匀化，突出不可控影响因素的作用。例如，在种子品种的实验中如果不是将 A 品种固定在甲地段、B 品种固定在乙地段，而是两地段随机地选择不同品种多次重复实验，可以断定这种安排在不同品种收获率的差异中，由于土地因素的影响大大减少了，而品种因素的影响大大提高了。所以随机性原则是实验设计的重要原则。

（3）区组化原则。区组化原则即利用类型分组技术，对实验对象按有关标志顺序排队，然后依次将各单位随机地分配到各处理组，使各处理组组内标志值的差异相对扩大，而处理组组间的差异相对缩小，这种实验设计安排称为随机区组设计。这样就可以提高处理组的估计精度。

二、统计学研究方法的特点

从认识论的角度看，统计学的研究方法有以下主要特点：

1. 定性认识和定量认识相结合

统计属于定量认识的范畴，但统计是研究大量社会经济现象的总体数量特征，并不是从定量认识而是从定性认识开始的。要从数量方面认识现象总体的特征，就必须确定总体的内涵和范围、进行统计分组、设置统计指标和指标体系。这就首要要对统计分组的标准和方法以及统计指标的性质和口径有明确而具体的认识。所以，离开定性认识，定量认识就失去了可以依据的基础和方向，没有定性认识就不会有真正的定量认识。另外，对事物仅仅停留在定性认识阶段还远远不够，也可以说，统计的定量认识是它的定性认识的深化和具体化。

2. 从个体认识到总体认识

统计的最终目的是要认识现象的总体特征，但它却是从认识个体特征开始的，对个体特征的调查、了解和反映是统计研究的基础，但它又不停留在个体特征认识上，而是通过归纳个体特征综合概括出总体特征，最后达到对现象总体规律性的认识。

3. 从已知量的描述到未知量的推断

统计总是对已经存在的事实进行观察调查，并描述现象在具体时间、地点、条件下的数量表现，但统计的目的通常是要根据已知的数据去推断所关心的未知数量或情况。例如，根据已知的样本资料推断未知的总体数量特征，根据已知的资料推断未来的发展趋势，根据已知的这一方面的资料推断另一方面的相关情况，等等。所以，从统计描述到统计推断，是统计认识的延伸和拓展。

在运用统计研究方法时，还必须根据实际情况，按照需要与可能，分别采用不同的统计方法，多种统计方法结合运用，相互补充。

第三节 统计工作

■ 一、统计工作的职能

统计工作是在质的规定前提下，对社会经济现象进行量的研究。它既可以观察量的活动范围，又可以研究质的数量界限，还可以观察现象之间相互影响的数量关系。因此，统计具有信息、咨询、监督三大职能。

信息职能是统计的最基本职能，它是根据自己的研究对象，运用科学的统计调查方法，灵敏、系统地采集、处理、传递、存储和提供大量的以数量描述为基本特征的各种各样的信息，从而为公共部门和社会大众的决策提供服务。

统计的咨询职能是统计信息职能的延续和深化，它是利用已经掌握的丰富的统计信息资源，运用科学的分析方法和先进的技术手段，深入开展综合分析和专题研究，为经济活动的科学决策和管理提供各种可供选择的咨询建议与对策方案。

统计的监督职能是通过信息反馈来评判、检验和调整决策方案，它是根据统计调查和统计分析资料，及时、准确地从总体上反映社会经济的运行状态，并对其实行全面、系统的定量检查、监督和预警，以促进国民经济按照客观规律的要求持续、稳定、协调地发展。

■ 二、统计工作的过程

和人类其他所有的认识活动一样，统计活动也要经过一个由现象到本质、由矛盾的特殊性到普遍性、由感性认识到理性认识的不断深化的过程。从具体的统计认识活动来看，统计工作是由统计设计、统计调查、统计整理和统计分析四个环节组成的。

1. 统计设计

统计设计是指根据统计研究对象的性质和研究目的，对统计工作各个方面和各环节所作的通盘考虑和安排，它的结果表现为各种标准、规定、制度、方案和办法，如统计分类标准、目录、统计指标体系、统计报表制度、统计调查方案、普查办法、统计整理或汇总方案等。

统计工作是一项高度集中统一和科学性很强的工作，无论是统计总体范围、统计指标的口径和计算方法，还是统计分类和分组的标准，都必须统一，不能各行其是。只有科学地进行统计设计，才能做到统一认识、统一步骤、统一行动，使整个统计工作有序、协调地进行，从而从根本上保证统计工作和统计资料的质量。因此，统计设计是统计工作的先导。

统计设计的主要内容有：统计指标和指标体系的设计、统计分类和统计分组的设计、统计表的设计、统计资料搜集方法的设计、统计工作各个部门和各个阶段的协调与联系、统计力量的组织与安排。

2. 统计调查

统计调查是根据统计方案的要求，采用各种调查组织形式和调查方法，有组织、有计划地对所研究总体的各个单位进行观察、登记，准确、及时、系统、完整地搜集统计原始资料的过程。

统计调查是统计认识活动由定性认识过渡到定量认识的阶段，这个阶段所搜集的资料是否客观、全面、系统、及时，直接影响到统计整理的好坏，关系到统计分析结论的正确性，决定着整个统计工作的质量。所以，统计调查是整个统计工作的基础。

3. 统计整理

统计整理是根据统计研究的目的和任务，对统计调查阶段所取得的原始资料进行审核、分组和汇总，将分散的、零星的反映总体单位特征的资料转化为反映各组总体数量特征的综合资料的过程。

统计整理是将对总体单位特征的认识过渡到对总体数量特征的认识的桥梁和纽带，它既是统计调查的继续，又是统计分析的必要前提，在统计工作中，处于中间环节，起着承上启下的作用。

4. 统计分析

统计分析是指在统计调查和统计整理的基础上，用科学的分析方法，对所研究的现象总体进行全面、系统的数量分析，认识和揭示事物的本质和规律性，进而向有关单位和部门提出咨询建议，以及进行必要的分析、预测的统计工作过程。统计分析是统计工作的最后阶段，也是统计发挥信息、咨询和监督职能的关键阶段。

从认识论的角度来说，统计设计属于对社会经济现象进行的定性认识；统计调查和统计整理是实现对事物个体特征过渡到对总体数量特征认识的关键环节，属于定量认识的范畴；统计分析则是运用统计方法对资料进行比较、判断、推理和评价，揭示社会经济现象的本质和规律性的重要阶段。统计工作的过程是经过统计设计（定性）到统计调查和统计整理（定量），最后通过分析而达到对事物本质和规律性的认识（定性）的，这种质—量—质的认识过程是统计认识的一个主要特点。统计设计、统计调查、统计整理和统计分析的有机统一，体现了统计要在质与量的辩证统一中研究社会经济现象总体数量特征的原则要求，而贯穿于整个统计认识过程的中心问题，是如何正确地对待量和质的关系问题。

一般来说，统计工作过程的四个阶段是依次进行的，各有自己的特定内容。同时，它们又相互联系、相互制约，任何一个阶段的工作失误，都会影响到整个统计工作的大局。在某些情况下，为了保证从整体上取得良好效果，各阶段也可以相互渗透、交叉进行。例如，根据实际工作需要，可以实行边设计、边调查、边整理、边分析；有时，在调查、整理阶段进行一些必要的分析，或者对原设计方案进行适当的改进；有时，在统计分析中现有资料不能满足需要而做一些必要的补充调查、加工整理和计算工作等。

第四节　统计学的基本概念

一、统计总体和总体单位

（一）统计总体

统计总体简称总体，是指客观存在的、在同一性质基础上集合起来的许多个别单位的整体。构成总体的这些个别单位称为总体单位。例如，要研究A市民营企业的生产经营情况，那么该市的所有民营企业就构成了一个总体，每一个民营企业就是一个总体单位。

总体可分为有限总体和无限总体。有限总体是指总体中的总体单位数可以计数或穷尽的总体。例如，一个企业的全体职工、一个国家的全部人口等都是有限总体。如果总体中的单位数是一个无穷大量，或准确地度量它的单位数是不经济或没有必要的，这样的总体称为无限总体。例如，在连续生产的生产线上产出的全部零件数，一片树林中生长的林木数，江河湖海中生长的鱼的尾数，等等。对于有限总体既可以进行全面调查，也可以进行非全面调查。但对于无限总体则只能抽取一部分单位进行非全面调查，据以推断总体。

统计总体具有同质性、大量性和变异性三个主要特点。

（1）同质性。所谓同质性是指构成统计总体的各个单位必须在某些方面而且至少在某一个方面具备共同的性质。同质性是构成总体的前提。

（2）大量性。大量性是指总体是由许多总体单位组成的，只有一个单位的总体是不存在的。当然，研究目的不同，统计总体就不一样，总体中所包含的总体单位的数量也就不同，一个总体究竟包含多少总体单位，最终取决于统计研究的目的。

（3）变异性。简言之，变异就是事物之间的差异或不同。从统计研究的角度来说，变异性是指构成总体的各个单位之间存在的差别。例如，学生的性别具体表现为男、女，学生的成绩表现为78分、85分、92分等。变异是统计的前提。

在此，有三个问题需要特别说明：首先，变异是客观的，没有变异的事物是不存在的；其次，变异对于统计非常重要，没有变异就没有统计，这是因为如果总体单位之间不存在变异，我们只需要了解一个总体单位的资料就可以推断总体情况了；最后，变异性和同质性之间相互联系、相互补充，是辩证统一的关系。用同质性否定变异性或用变异性否定同质性都是错误的。

（二）总体单位

总体单位是构成统计总体的个别单位，或称个体。

（三）总体与总体单位的相互关系

总体和总体单位的关系是整体与个体、集合同元素的关系，如果说总体是集合的概念，那么总体单位就是集合的元素。两者相互依存、相互联系，不存在没有总体的总体单位，也不存在没有总体单位的总体。

总体和总体单位的具体形式随着统计研究目的的不同而不同，可以是人，也可以是物，还可以是组织（企业或家庭）或时间、空间、行为等。

总体和总体单位的关系不是一成不变的，随着研究目的的变动，两者可以相互转化。在一定研究目的下，一个事物可以作为总体而存在，然而当研究目的发生变化后，这个事物可能就成为总体单位了。例如，当研究 A 市民营企业的生产经营情况时，全部该市的民营企业就是一个总体，其中的每一家民营企业就是一个总体单位；如果要研究一家民营企业的生产经营情况，那么这家民营企业就成为总体了；而如果要研究 B 省的民营企业的生产经营情况，该省整个民营企业组成总体，而其中 A 市的民营企业又变成总体单位了。

二、标志和指标

（一）标志

1. 标志的含义

统计标志简称标志，是指统计总体各单位所具有的共同特征的名称。从不同角度考察，每个总体单位可以有许多特征。例如，A 市一家民营企业作为总体单位，其"企业性质""企业类型""生产能力""年产值""销售收入""职工人数""工资总额"等都是标志。

与标志相联系的另外一个概念是标志表现。所谓标志表现，是指总体单位特征在某一标志上的具体表现。如一个人的性别是"男"、年龄"50 岁"、民族"汉族"；某企业是"股份制公司"、年产值"1 亿元"。

2. 标志的分类

（1）标志按是否可以用数值表示来看，可分为品质标志和数量标志两种类型。品质标志是说明总体单位属性特征的名称，如"企业性质""企业类型"等，品质标志只能用文字而不能用数值表示。数量标志是说明总体单位数量特征的名称，如"生产能力""年产值""销售收入""职工人数"等，数量标志可以用数值表示。品质标志主要用于分组，将性质不相同的总体单位划分开来，便于计算各组的总体单位数，计算结构和比例指标。数量标志既可用于分组，也可用于计算标志总量以及其他各种质量指标。

任何标志都由两部分组成，一是名称，二是具体表现，如图 1-3 和图 1-4 所示。

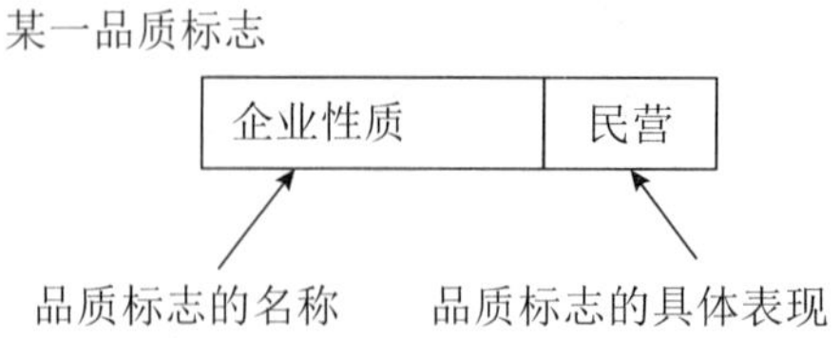

某一品质标志

企业性质	民营

品质标志的名称　　品质标志的具体表现

图 1-3　品质标志的构成

某一数量标志

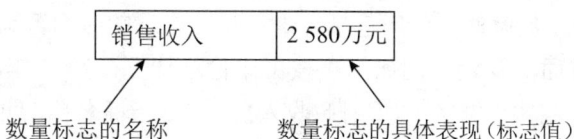

销售收入	2 580万元

数量标志的名称　　　　数量标志的具体表现（标志值）

图1-4　数量标志的构成

由于数量标志的具体表现为一个数值，因此又称为标志值。在同一总体内，对于名称相同的标志，无论总体单位数有多少个，只能算是一个标志，而标志的具体表现则与总体单位数相同。如所有的 A 市民营企业为总体时，共有 1.2 万家企业，对于每家企业（总体单位）而言，产值是数量标志，且对该总体内的所有总体单位而言，也只能算是一个数量标志，但其具体表现（标志值）则有 1.2 万个。

（2）标志按总体单位在标志上的具体表现是否存在差异，可分为不变标志和可变标志。不变标志体现为总体的同质性。组成一个总体的各个总体单位必须有一个或几个不变标志，不变标志是使许多个别单位组合成一个总体的前提。例如，以 A 市所有的中小民营企业为一总体，这里的各民营企业均有所有制、企业规模这两个不变标志。一家 A 市的中小民营企业如果不具备这两者中任何一个方面特征的话，就不能成为这个总体的一个单位。

可变标志是指具体表现在总体各个单位上不相同或不完全相同的那些标志。一般来说，组成总体的各个总体单位具有许多可变标志。例如，把 A 市所有的中小型民营企业作为一个统计总体，那么厂址、隶属关系、职工人数、资金额、生产能力、工业增加值、工业总产值、劳动生产率、平均工资、利税额等就是这个总体各单位的可变标志。

（二）统计指标

1. 统计指标的含义

统计指标，简称指标，是反映社会经济现象总体数量特征的概念和具体数值。例如，要表明 A 市全部民营企业这个总体的数量特征，其数量表现可以有：该市 2015 年年底有民营企业 3.9 万家，全年总产值 870 亿元，职工人数 52.04 万人，人均产值 3.6 万元，总产值比上年增长 14%。

单就指标本身而言，其构成主要有两部分：①指标名称。指标名称为指标内容和所包括的范围，即指标质的规定性；②指标数值。指标数值为指数量的特征，是指标量的规定性。统计指标离不开数值，其构成如图 1-5 所示。

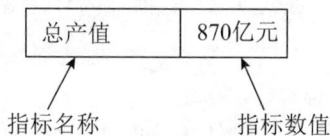

总产值	870亿元

指标名称　　　　指标数值

图1-5　统计指标的构成

然而，由于社会经济现象中的事物都是具体的，都是在一定的地点、时间、条件下发生的，其量的表现就必然带有特定场合和特定历史的痕迹。所以，一个完整的统计指标除了包括指标名称、指标数值外，还应包括计量单位、指标的时间范围、指标的空间范围及指标的计算方法等方面的要素。例如，"按可比价格计算，2015年A市实现财政收入总额182亿元人民币"。在这个例子中，"财政收入总额"是指标名称，"182"是指标数值，"亿元人民币"是指标的计量单位，"2015年"是指标的时间范围，"A市"是指标的空间范围，"按可比价格计算"是指标的计算方法。显然，上述六个要素在说明总体数量特征方面都是不可缺少的，否则就失去了作为一个统计指标的意义，也就不能称其为指标了。

2. 统计指标的特点

（1）数量性。数量性即所有的统计指标都是可以用数值来表现的，这是统计指标最基本的特点。统计指标所反映的是客观现象的数量特征，这种数量特征，是统计指标存在的形式，没有数量特征的统计指标是不存在的。正因为统计指标具有数量性的特点，它才能对客观总体进行量的描述，才使统计研究运用数学方法和现代计算技术成为可能。

（2）综合性。综合性是指统计指标既是同质总体大量个别单位的总计，又是大量个别单位标志差异的综合，是许多个体现象数量综合的结果。例如，某人的年龄，某人的存款额不能叫作统计指标，一些人的平均年龄，一些人的储蓄总额，人均储蓄才叫做统计指标。统计指标的形成都必须经过从个体到总体的过程，它是通过个别单位数量差异的抽象化来体现总体综合数量的特点的。

（3）具体性。统计指标的具体性有两个方面的含义：一是统计指标不是抽象的概念和数字，而是一定的具体的社会经济现象的量的反映，是在质的基础上的量的集合。这一点使社会经济统计和数理统计、数学相区别。二是统计指标说明的是客观存在的，已经发生的事实，它反映了社会经济现象在具体地点、时间和条件下的数量变化。这一点又和计划指标相区别。统计指标反映的是过去的事实和根据这些事实综合计算出来的实际数量，而计划指标则说明未来所要达到的具体目标。

3. 标志与指标的区别和联系

标志和指标，两者既有区别又有联系。区别主要有以下四点：

（1）标志是说明总体单位（个体）特征的；而指标是说明总体特征的。

（2）标志中的数量标志是可以用数值表示，品质标志不能用数值表示；而所有的指标都是用数值表示的，不存在不能用数值表示的指标。

（3）标志中的数量标志不一定经过汇总，可以直接取得；而指标是由数量标志汇总得来的。

（4）标志一般不具备时间、地点等条件；而作为一个完整的统计指标，一定要有时间、地点、范围。

标志和指标的联系有以下两点：

（1）有许多统计指标的数值是从总体单位的数量标志值汇总而来的，如图1-6和表1-1所示。既可指总体各单位标志值的总和，也可指总体单位数的总和。例如，A市民营企业的产值是由该市每家企业的产值汇总而来的；该市的民营企业数则是由总体单位数汇总而来的。

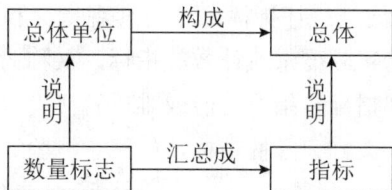

图 1-6　总体单位和总体、标志和指标的关系

表 1-1　总体单位构成总体、数量标志汇总成指标

总体单位	数量标志名称	标志值（万元）
民营企业 1	产值	2 580
民营企业 2	产值	11 642
民营企业 3	产值	5 976
⋮	⋮	⋮
民营企业 n	产值	4 215
构成↓	名义汇总↓	实际汇总↓
总体	指标名称	指标数值
所有 A 市民营企业	总产值	870 亿元

（2）指标和数量标志之间存在着一定的变换关系。由于研究目的的不同，当原来的总体变成为总体单位时，相应的统计指标也就变成数量标志了（这时，指标名称变成数量标志名称，指标数值变成标志值）；反之亦然。例如，在研究 A 市某一民营企业时，该民营企业为总体，其产值为指标，每一个车间为总体单位，车间的产值为数量标志；而当研究 A 市的民营企业时，所有该市的民营企业则构成一个总体，该市的总产值为指标，而此企业则变成为一个总体单位，其产值则为数量标志了，如图 1-7 所示。

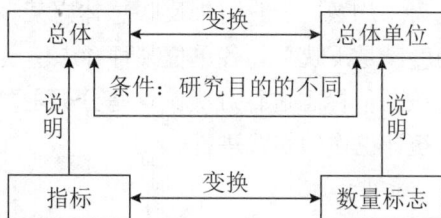

图 1-7　总体和总体单位、指标和标志的变换

4. 统计指标的分类

（1）按其反映的事物性质不同，统计指标可分为实体指标和行为指标两类。实体指标是指它所反映的是具有实物形态、客观存在的具体事物数量特征，如产品产量指标、职工人数指标、固定资产价值指标等；行为指标是指它所反映的是某种行为的数量特征，如工伤事故指标、犯罪行为指标等。

（2）按其数据的依据不同，统计指标可分为客观指标和主观指标两类。客观指标是指其取值依据是对统计对象的实际度量或计数的指标，又称为显性指标，如产品产量、职工人数等都是客观指标；主观指标是指不可能或难以直接度量或计数取值而只能凭人们的感受、评价确定其量的指标，又称为隐性指标，如民意测验、对事物综合评价等指标就属于主观指标。

（3）按其反映社会经济的功能不同，统计指标可分为描述指标、评价指标和预警指标。描述指标是反映社会经济现象的现实状况、变化过程和运行结果的统计指标，如反映生产经营条件的物质技术设备数、职工人数、生产总值、总销售收入、利润总额等。评价指标是用于考核、评估、比较社会经济活动质量及其效果的统计指标，如设备利用率、资金周转率、职工劳动效率等。预警指标是对社会经济活动过程中的关键点进行监测，通过与正常值的比较而发出警示的统计指标，如宏观经济中的通货膨胀率、失业率、物价指数、社会积累率，微观经济中的资金利用率、成本利润率、工资利润率等。

（4）按其反映总体内容的不同，统计指标可分为数量指标和质量指标。数量指标是反映总体范围、总体规模、总体水平的统计指标，也称为外延指标，其表现形式一般为绝对数。如 A 市民营企业数、投资总额、固定资产总值、总销售收入等。质量指标是反映总体内部结构、比例以及相互数量关系或发展变化的指标，也称为内涵指标，一般表现为相对数或平均数等，如该市民营企业生产效率、流通费用率、销售收入的增长率等。

（5）按其数量对比关系的不同，统计指标可分为总量指标、相对指标、平均指标和标志变异指标四类。这是统计学上常用的指标，也是最重要的分类。总量指标，又称绝对指标或绝对数，是反映总体的规模和现象发展结果的指标，其表现形式为绝对数，一般用以反映总体的总规模、总水平和工作总量。相对指标，又称相对数，是两个有联系的统计指标的对比而形成的比率，其表现形式为相对数，一般用来反映总体的内部结构、现象间的数量对比关系和相对水平等。平均指标，又称平均数，是指总体中某一数量标志的一般水平，其表现形式为平均数，一般用来反映总体内某一数量标志的集中趋势等。标志变异指标又称标志变动度，是反映总体各单位某种标志值之间差异程度的统计指标。

此外，统计指标还可以按其他标志进行分类。这些分类主要是为了便于在实际工作中的有效运用，因此可以结合统计工作的实践进行。

■ 三、变异与变量

（一）变异

统计中的标志和指标都有可变的部分，如人的性别有男女之分，各时期、各地区、各部门的工业总产值各有不同等，这种差别叫作变异。变异就是有差别的意思，包括质的差别和量的差别。变异是统计的前提条件。

（二）变量

1. 变量的含义

变量是可变的数量标志与可变的统计指标。

当各个总体单位在某一数量标志上的具体表现（标志值）都相同时，则为不变量。假如 A 市的民营企业上交的税率都是 23%，则这些企业就税率这个数量标志来说，其具体表现（标志值）都是相同的，那对于所有该市民营企业这个总体而言，税率就是一个不变量。

当各个总体单位在某一数量标志上的具体表现（标志值）不相同或不完全相同时，则这个数量标志就称为变量。因此，变量就是可变的数量标志。例如，把所有 A 市的民营企业作为一个统计总体，那么"生产能力""年产值""销售收入""职工人数""工资总额"等就是变量。

变量也由两部分组成：一是变量的名称；二是变量的具体表现，即变量值，如图 1-8 所示。

某一变量

销售收入	2 580万元

变量的名称　　（变量的具体表现）变量值

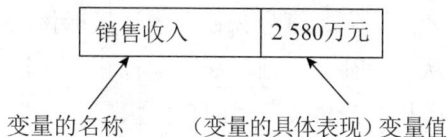

图 1-8　变量的构成

例如，职工人数是一个变量，因为各个企业的职工人数是不同的，甲企业有 852 人，乙企业有 1 686 人，丙企业有 964 人，都是职工人数这个变量的具体数值，也就是变量值，而它们的平均数，不能说是三个"变量"的平均数，因为这里只有"职工人数"这一个变量，并没有三个变量，而所要平均的是这一个变量的三个数值，即三个变量值。

2. 变量的分类

（1）变量按其取值是否连续，可分为离散变量和连续变量。其中，离散变量的变量值只能表现为整数。例如：工人数、工厂数、机器台数等。连续变量的数值连续不断，在相邻的两值之间可无穷分割，表现为无穷小数。例如：粮食产量、身高、体重、总产值、资金、利润等。

（2）变量按其所受因素影响的不同，可分为确定性变量和随机性变量。其中，确定性变量，即能在事先确定下来的变量，如中奖人数等。随机性变量则是由各种因素引起，数值随机生成，有多种可能性，事先无法确定，如中奖号码等。

▍四、统计指标体系

社会经济现象是一个复杂的总体，各类现象之间存在着相互依存、相互影响的关系。一个统计指标往往只能反映复杂现象总体某一方面的特征，要了解客观现象在各个方面及其发展变化的全过程，仅靠单个的统计指标是不行的，必须建立和运用统计指标体系。

所谓统计指标体系，就是指若干个反映社会经济现象数量特征的相对独立又相互联系的统计指标所组成的整体。例如，一家民营企业把产品产量、净产值、劳动生产率、产品质量、消耗、成本、销售收入等统计指标联系起来就组成了指标体系。这便于人们全面、准确地评价该企业的生产经营情况。

由于社会经济现象内在联系的不同特点，统计指标体系的形成一般有两种类型：一是数学式联系的指标体系，如"商品销售额＝商品销售量×商品销售价格""期初库存量＋本期购进量＝本期销售量＋期末库存量"等。二是框架式联系的指标体系，如国家统计局与原国家计委于1995年联合制定的"全国人民小康生活水平"的指标体系就包括经济水平、物质生活、人口素质、精神生活和生活环境五大方面，其指标包括人均国内生产总值、人均收入水平、人均居住水平、人均蛋白质摄入量、城乡交通状况、恩格尔系数、成人识字率、人均预期寿命、婴儿死亡率、教育娱乐支出比重、电视机普及率、森林覆盖率和农村初级卫生保健基本合格以上县的百分比率13个指标。

由于社会经济现象相互联系的多样性和人们认识问题的多视角性，反映现象总体的统计指标体系也可以从不同的角度进行分类。

指标体系按其反映内容的不同，可分为社会统计指标体系、经济指标体系和科学技术统计指标体系。它们分别从人口社会、国民经济运行和科学技术发展三个方面，反映一定时期、一定范围内国民经济和社会科技发展的总体状况。

指标体系按其考核的范围不同，可分为宏观指标体系、中观指标体系和微观指标体系。宏观指标体系反映整个社会、经济和科技情况；中观指标体系反映各个地区和各个部门、行业的社会、经济和科技情况；微观指标体系反映各企、事业单位的生产经营或工作运行情况。

指标体系按其作用不同，可分为描述性指标体系、评价性指标体系和决策性指标体系。描述性指标体系主要是反映社会经济现象的现状、运行过程和结果；评价性指标体系主要是比较、判断社会经济现象的运行过程、结果是否正常；决策性指标体系是为了保证社会、经济科技等方面有序、协调地发展。

上述各类统计指标体系都有其自身的特点，实际工作中可以根据统计研究的目的选择运用或结合运用，以便充分发挥统计的信息、咨询和监督的整体功能。

例如：各地区城市设施水平指标体系包括：人均房屋使用面积、人均居住面积、城市人口用水普及率、城市煤气普及率、每万人拥有公共汽（电）车、人均拥有铺装道路面积等。

本章小结

本章介绍四个主要问题：①统计的研究对象、特点以及统计的职能作用；②统计学的研究方法与特点；③统计的工作过程与方法；④统计中常用的基本概念。

统计有三层含义：统计工作、统计资料、统计学。统计的研究对象为社会经济现象总体的数量方面，通过对社会经济现象总体数量方面的研究，以便认识社会经济现象的现状、本质、现象间的数量关系和发展变化的趋势与规律。它具有数量性、总体性、具体性、社会性四个特点。统计学的基本研究方法有大量观察法、统计描述法、统计推断法和实验设计法，其中统计描述法包括分组法、综合指标法和统计模型法。统计学研究方法的特点：定性认识与定量认识相结合、从个体认识到总体认识、从已知量的描述到未知量的推断。

思考与练习

一、单项选择题

1. "统计"一词的三层含义是（　　　）。

    A. 统计调查、统计整理、统计分析   B. 统计设计、统计分组、统计计算

    C. 统计方法、统计分析、统计预测   D. 统计科学、统计工作、统计资料

2. 要了解某企业职工的文化水平情况，则总体是（　　　）。

    A. 该企业的全部职工   B. 该企业每个职工的文化程度

    C. 该企业的每个职工   D. 该企业全部职工的平均文化程度

3. 调查某大学 2 000 名学生学习情况，则总体单位是（　　　）。

    A. 2 000 名学生   B. 2 000 名学生的学习成绩

    C. 每一名学生   D. 每一名学生的学习成绩

4. 统计指标按其说明的总体现象的内容不同，可以分为（　　　）。

    A. 基本指标和派生指标   B. 数量指标和质量指标

    C. 实物指标和价值指标   D. 绝对数指标、相对数指标和平均数指标

5. 某县农村居民的 2015 年的年人均收入 16 000 元是（　　　）。

    A. 离散变量   B. 数量标志

    C. 统计指标   D. 品质标志

6. 小明月工资 8 000 元，则"工资"是（　　　）。

    A. 数量指标   B. 质量指标   C. 数量标志   D. 品质标志

7. 统计学的基本方法包括（　　　）。

    A. 调查方法、整理方法、分析方法、预测方法

    B. 调查方法、汇总方法、预测方法、实验设计

    C. 相对数法、平均数法、指数法、汇总法

    D. 实验设计、大量观察、统计描述、统计推断

8. 要了解某市国有工业企业生产设备情况，则统计总体是（　　　）。

    A. 该市国有的全部工业企业   B. 该市国有的每一个工业企业

    C. 该市国有的某一台设备   D. 该市国有制工业企业的全部生产设备

9. 变量是（　　　）。

    A. 可变的质量指标   B. 可变的数量标志和可变的统计指标

    C. 可变的品质标志   D. 可变的数量标志

10. 构成统计总体的个别事物称为（　　　）。

    A. 调查单位　　　　B. 总体单位　　　　C. 调查对象　　　　D. 填报单位

11. 统计总体的基本特征是（　　　）。

    A. 同质性、大量性、差异性　　　　　　B. 数量性、大量性、差异性

    C. 数量性、综合性、具体性　　　　　　D. 同质性、大量性、可比性

12. 下列属于品质标志的是（　　　）。

    A. 工人年龄　　　　　　　　　　　　　B. 工人性别

    C. 工人体重　　　　　　　　　　　　　D. 工人工资

13. 标志是说明（　　　）。

    A. 总体单位的特征的名称　　　　　　　B. 总体单位量的特征的名称

    C. 总体质的特征的名称　　　　　　　　D. 总体量的特征的名称

二、多项选择题

1. 统计指标的特点有（　　　）。

    A. 数量性　　　　　B. 社会性　　　　　C. 总体性　　　　　D. 综合性

    E. 具体性

2. 变量按其是否连续可分为（　　　）。

    A. 确定性变量　　　B. 随机性变量　　　C. 连续变量　　　　D. 离散变量

    E. 常数

3. 品质标志表示事物的质的特征，数量标志表示事物的量的特征，所以（　　　）。

    A. 数量标志可以用数值表示　　　　　　B. 标志可以用数值表示

    C. 数量标志不可以用数值表示　　　　　D. 品质标志不可以用数值表示

    E. 两者都可以用数值表示

4. 某企业是总体单位，数量标志有（　　　）。

    A. 所有制　　　　　　　　　　　　　　B. 职工人数

    C. 月平均工资　　　　　　　　　　　　D. 年工资总额

    E. 产品合格率

5. 统计指标的构成要素有（　　　）。

    A. 指标名称　　　　　　　　　　　　　B. 计量单位

    C. 计算方法　　　　　　　　　　　　　D. 时间限制和空间限制

    E. 指标数值

6. 下列总体中属于有限总体的有（　　　）。

    A. 全国人口　　　　B. 池塘的鱼　　　　C. 某市的工业企业

    D. 某企业的全部设备　　　　　　　　　E. 某工业企业连续大量生产的产品

7. 调查某市工业企业的生产经营情况，下列属于数量标志的有（　　　）。

    A. 企业的职工人数　　　　　　　　　　B. 企业总数

    C. 企业的所有制性质　　　　　　　　　D. 企业现有设备台数

    E. 企业的平均产值

8. 下列属于离散变量的有（　　　）。

　　A. 人口数　　　　　　　　　　B. 播种面积

　　C. 设备台数　　　　　　　　　D. 工资总额

　　E. 企业数

9. 对某企业职工进行调查，下列属于品质标志的有（　　　）。

　　A. 平均工资　　　B. 工作年限　　　C. 文化程度

　　D. 年龄　　　　　E. 职称

10. 指标与标志之间的转换关系是指（　　　）。

　　A. 在同一研究目的下，指标与标志可以相互对调

　　B. 指标可能成为数量标志

　　C. 数量标志可能成为指标

　　D. 在不同研究目的下，指标与标志可以相互对调

　　E. 在任何情况下，指标与标志可以相互对调

三、判断题

1. 用文字表示的统计指标是质量指标，用数字表示的统计指标是数量指标。（　　　）

2. 数量标志就是变量。（　　　）

3. 数量标志与指标在一定条件下可以转化。（　　　）

4. 总体与总体单位不是固定不变的，随着研究目的的改变可以相互转化。（　　　）

5. 某学生的性别是男，"男"就是品质标志。（　　　）

四、简答题

1. 简述统计和统计学的含义。

2. 统计研究对象和特点如何？

3. 简述统计的工作过程。

4. 简述统计学的研究方法。

五、技能实训题

[实训 1] 要调查某商店销售的全部洗衣机情况，试指出总体、总体单位是什么？试举若干品质标志、数量标志、数量指标、质量指标。

[实训 2] 假定某市 2016 年商业企业有关统计资料如表 1-2 所示。

表 1-2　某市 2016 年商业企业统计表

企业所有制类型	企业个数 / 个	销售额 / 亿元		人均销售额 / 亿元	
		2016 年	2016 年为 2015 年的百分比 /%	2016 年	2016 年为 2015 年的百分比 /%
全民所有制	28	33	105.0	23	99.0
集体所有制	34	16	107.0	19	100.0
个体所有制	237	19	111.0	30	114.0
其他	19	8	103.0	21	111.0
全市合计	318	76	106.7	24	104.0

要求：（1）请指出表 1-2 中的总体、总体单位、指标、数量指标、质量指标。

（2）为得到表 1-2 中的资料，应调查总体单位的哪些标志？哪些标志是品质标志？哪些标志是数量标志？哪些数量标志是变量？哪些变量是离散变量？

六、案例阅读

扫描此码　案例学习

第二章　统计设计与统计数据的收集

本章学习目的

　　了解统计设计的概念、种类及基本内容；

　　明确统计数据的收集过程；

　　理解统计调查的概念、地位、要求及种类；

　　掌握调查方案的内容，并能制订统计调查方案；

　　掌握各种调查方法的特点及其应用条件；

　　掌握调查问卷的结构，并能设计调查问卷；

　　掌握用 Excel 进行统计数据的收集。

　　理解并掌握关键词：统计设计、统计调查、调查方案、统计报表、普查、重点调查、典型调查、抽样调查、调查问卷、调查表。

引导案例

　　在我国经济建设中，为了搞清国情、国力必须掌握有关社会经济现象的许多资料，这就需要定期或不定期开展相关统计调查。比如我国开展的三次经济普查、六次人口普查。

　　（1）经济普查，是国家为掌握国民经济第二产业、第三产业的发展规模、结构、效益等信息，建立健全基本单位名录库及其数据库系统，为研究制定国民经济和社会发展规划，提高决策和管理水平，按照统一方法、统一标准、统一时间、统一组织对工业、建筑业、第三产业的所有单位和个体经营户进行的一次性全面调查。国务院发布的《全国经济普查条例》第七条 经济普查每 5 年进行一次，标准时点为普查年份的 12 月 31 日。除 2004 年条例发布第一次经济普查为 2004 年外，以后逢"3"年份和逢"8"年份为经济普查年，第二次、第三次经济普查标准时点分别为 2008 年 12 月 31 日与 2013 年 12 月 31 日，普查时期资料分别为 2008 年与 2013 年年度资料。

　　（2）人口普查，是指在国家统一规定的时间内，按照统一的方法、统一的项目、统一的调查表和统一的标准时点，对全国人口普遍地、逐户逐人地进行的一次性调查登记。人口普查工作包括对人口普查资料的搜集、数据汇总、资料评价、分析研究、编辑出版等全部过程，它是当今世界各国广泛采用的搜集人口资料的一种最基本的科学方法，是提供全国基本人口数据的主要来源。从 1949 年至今，中国分别在 1953 年、1964 年、1982 年、1990 年、2000 年与 2010 年进行过六次全国性人口普查，前三次人口普查，是不定期进行的。根据《中华人民共和国统计法实施细则》和国务院的决定，自 1990 年开始改为定期进行，即每 10 年一次，在年号末位逢"0"年份举行。两次普查之间，进行一次简易人口普查。

　　1953 年以 7 月 1 日零时为人口调查的标准时间进行了第一次人口普查，调查项目包括本户地址、姓名、性别、年龄、民族、与户主关系6项,在新中国历史上第一次查清了中国人口底数,主要目的是准备全国人民代表大会及地方人民代表大会的选举做好选民登记工作,并为国家的经济、文化建设提供确实的人口数字。第二次人口普查以1964年7月1日零时为人口调查标准时间,增加了本人成分、文化程度、职业3个调查项目,主要目的是给编制国民经济建设第三个五年计划和长远规划提供依据。1982年以7月1日零时为标准时间进行了第三次人口普查,调查项目增加到19项,并第一次使用电子计算机进行数据处理,主要目的是进行社会主义现代化建设,统筹安排人民的物质和文化生活,制定人口政策和规划,提供人口资料。第四次人口普查以1990年7月1日零时为标准时间进行,登记的项目共21项,是以往历次人口普查调查项目最多的一次,主要目的是查清中国人口在数量、地区分布、结构和素质方面的变化,为科学地制定国民经济和社会发展战略与规划,安排人民的物质和文化生活,检查人口政策执行情况,提供可靠的资料。与前三次人口普查采取的设立普查登记站的办法相比,这次人口普查改为主要采取普查员入户点查询问、当场填报的方式进行。2000年11月1日进行第五次中国人口普查,普查项目增加到49项,并首次采用光电录入技术,将为中国经济社会进一步发展提供重要的人口依据。第六次人口普查2010年11月1日在全国展开,是我国进入21世纪后进行的第一次全国范围的人口普查。具体情况如表2-1所示。

表2-1　我国新中国成立以来六次人口普查总人口情况表

序　号	时　间	总人口 / 亿人	序　号	时　间	总人口 / 亿人
第一次	1953年7月1日	5.82	第四次	1990年7月1日	11.34
第二次	1964年7月1日	6.95	第五次	2000年11月1日	12.66
第三次	1982年7月1日	10.08	第六次	2010年11月1日	13.39

通过新中国成立以来我国人口普查历史的简要回顾,调查目的不同,调查所搜集的资料也不同;调查技术在不断改进;表2-1统计数据反映了不同时期我国总人口的规模,显示了我国人口基数过大,人口增长速度过快的基本国情,所以控制人口增长,提高人口素质成为我国20世纪70年代以来的一项基本国策。

通过我国人口普查的简单回顾,你对普查这种重要的调查方法有所了解了吗?表2-1中的数据是如何搜集到的?在调查过程中应该做哪些工作?注意哪些问题?你还知道哪些调查方法?

第一节　统计设计

■ 一、统计设计的概念、作用与意义

统计设计是统计工作的首要阶段,是根据统计研究的目的和研究对象的特点,对统计

工作各个方面与各个环节通盘考虑与安排，明确统计指标和指标体系，以及对应的分组方法，并以分析方法指导实际的统计活动，其基本任务是制订出各种统计工作方案，是统计工作过程不可缺少的重要环节之一，也是统计工作的指导依据。统计设计所制订的方案包括：统计指标体系、统计分类目录、统计报表制度、统计调查方案、统计汇总或整理方案以及统计分析方案等诸多方面的内容。

统计设计是统计工作实施的基本依据，是使统计工作协调地、有秩序地、顺利地进行的必要条件，是保证以后统计调查、统计整理和统计分析诸阶段工作质量的重要前提。统计设计对整个统计工作起两方面的作用：①从认识上讲，是对统计总体的定性认识和定量认识的连接点。它将研究对象作为一个整体进行全面的反映和研究，避免统计标准的不统一。②从工作上讲，它起通盘安排的作用，分清主次先后，按需要和可能采用不同的统计方法，避免重复和遗漏，使统计工作有秩序地、顺利地进行。

统计设计有四方面的重要意义：①统计是需要高度集中统一的工作，这就要求必须事先制订出经过通盘考虑过的设计方案才能实现；②统计工作不再是仅仅以单项的统计活动为主体，而是要把认识对象作为一个整体来进行全面的、综合的反映和研究；③从认识顺序来讲，统计工作是从对客观对象的定性认识开始的，没有这种定性认识，就不知道去调查什么和怎么调查，也不知道去研究什么和怎么研究；④从统计实践来看，加强和重视统计设计工作对完成整个统计工作，保证统计工作的质量是必需的。

二、统计设计的内容

统计设计的内容是对统计研究对象的内容和统计工作过程通盘规划和统筹规划的综合，各项统计工作由于研究目的不同，在统计设计的内容上会存在具体差异，但它们在主要内容上是具有共性的，一般包括以下几个方面：①确定统计指标和指标体系。统计指标和指标体系是客观认识事物的工具，也是统计设计的中心内容。无论何种类型的统计设计都要解决统计指标与指标体系的设计问题。②与统计指标体系相联系的统计分类和分组。这里的分类与分组指的是社会经济现象本身的分类与分组，如生产资料按所有制类型分类、国民经济按部门分类、人口按职业分类、人口按年龄分组、家庭按平均年收入分组等。统计分类是一项很重要的定性认识活动，有些统计分类比较复杂，需要统计设计人员具有广博的理论知识与丰富的实践知识，常常需要聘请有关方面的专家、学者及实际工作经验丰富的人员共同讨论研究，制定出统一的分类目录，规定出对各种复杂情况的处理方法。③搜集统计资料的方法。④统计工作各个部门和各个阶段的协调与关联。⑤统计力量的组织和安排。

统计全阶段设计的内容主要有：①明确规定统计工作的目的与任务。明确规定统计工作的目的与任务是统计设计的首要环节，也是确定统计内容和方法的出发点，如果目的不明确、任务不清楚，就无法确定要统计什么和怎样统计，可能导致整个统计工作路线的偏离。因此，明确规定统计工作的目的与任务是统计设计的首要问题。②确定统计对象的范围，规定统计的空间标准和时间标准。③根据统计研究的目的，制定出调查登记的项目，分类和分组的方法以及统计指标的计算方法。④制定保证统计资料准确性的方法。⑤规定各个阶段的工作进度、时间安排，各个工作阶段的联系和各阶段的基本方法。⑥安排好统计工作全过程的组织工作。

■ 三、统计设计的种类

通常，统计研究对象内容的设计可称为横向设计，统计工作过程的设计则可称为纵向设计。

1. 按研究对象范围划分：整体设计和专项设计

整体设计是将统计研究内容作为一个整体，对其进行全面的设计。比如一个企业、事业基层单位统计工作的全盘设计、全国国民经济统计工作的设计是整体设计。

专项设计是从研究对象的某一部分出发，对该方面的具体内容进行设计，即对认识对象的某个方面、某个部分进行的设计。例如：人口普查的设计、工业企业经济效益统计的设计。

整体设计是主要的，专项设计从属于整体设计。两者的划分是相对的。例如，从全社会来看，工业统计设计是专项设计，但就工业为独立的研究对象看，工业统计设计则是一个整体设计。

2. 按工作阶段划分：全过程设计和单阶段设计

全过程设计是对统计工作中经历的各个阶段所进行的全面设计，从确定统计任务、统计内容、统计指标体系开始到分析研究全过程的通盘考虑和安排，其中包括统计工作各阶段所有的设计方案以及统计各工作阶段间的协调统一。单阶段设计则是对统计工作过程中某一具体阶段所进行的设计，一般体现某一阶段具体的统计设计方案，比如统计调查的设计、统计整理的设计以及统计分析的设计等。

全过程设计偏重于安排各阶段的联系，单阶段设计则要细致地安排工作进度与方法，两者各有分工与侧重，相比较而言，全过程设计是主要的，单阶段设计是以全过程设计为基础进行的。

3. 按时期不同划分：长期设计、中期设计和短期设计

长期设计是指较长时期的统计设计，如五年以上的统计设计。短期设计一般是指一年或年度内的统计设计。一般介于长期设计与短期设计之间的属于中期设计，比如两年或三年的统计工作设计，一般称为中期统计设计。

第二节　数据的计量与类型

■ 一、数据的计量

统计研究客观事物的数量方面，离不开统计数据，统计数据是对客观现象进行计量的

结果。对统计数据的属性、特征进行分类、标示和计算，称为统计计量或统计量度。例如，对工业企业经济效益的统计，对居民生活水平的统计，也可以说是对工业企业经济效益的计量，对居民生活水平的计量，如此等等。由于客观事物有的比较简单，有的比较复杂，有的特征和属性是可见的（如人的外貌体征），有的则是不可见的（如人的偏好和信仰），有的表现为数量差异，有的表现为品质差异。因此，统计计量也就有定性计量和定量计量的区别，并且可分为不同的层次。美国社会学家、统计学家史蒂文斯（S. S. Stevens）1968年按照变量的性质和数学运算的功能特点，将统计计量划分为四个层次或四种计量尺度。

（一）定类尺度

将数字作为现象总体中不同类别或不同组别的代码，这是最低层次的尺度。在这种情况下，不同的数字仅表示不同类（组）别的品质差别，而不表示它们之间量的顺序或量的大小。这种尺度的主要数学特征是"＝"或"≠"。例如，将国民经济按其经济类型，可以分为国有经济、集体经济、私营经济、个体经济等类，并用（01）代码表示国有经济，（02）表示集体经济，（03）表示私营经济，（04）表示个体经济。并且用（011）代表国有经济中的国有企业，（012）代表国有联营企业；用（021）表示集体经济中集体企业，（022）表示集体联营企业；用（031）表示私营经济中的私营独资企业，（032）表示私人合伙企业，（033）表示私营有限责任公司；用（041）表示个体经济中的个体工商户，（042）表示个人合伙；等等。其中两位代码表示经济大类，而三位代码则表示各类中的构成。不同代码反映同一水平的各类（组）别，并不反映其大小顺序。各类中虽然可以计算它的单位数，但不能反映第一类的一个单位可以相当于第二类的几个单位，等等。

（二）定序尺度

定序尺度不但可以用数表示量的不同类（组）别，而且也可以反映量的大小顺序关系，从而可以列出各单位、各类（组）的次序。这种尺度的主要数学特征可以是">"或"<"。例如，对合格产品按其性能和好坏，分成优等品、一等品、合格品等。这种尺度虽然也不能表明一个单位一等品等于几个单位二等品，但却明确表示一等品性能高于二等品，而二等品性能又高于三等品，等等。定序尺度除了用于分类（组）外，在变量数列分析中还可以确定中位数、四分位数、众数等指标的位置。

（三）定距尺度

定距尺度也称间隔尺度，是对事物类别或次序之间间距的计量，它通常使用自然或度量衡单位作为计量尺度。定距尺度是比定序尺度高一层次的计量尺度，它不仅能将事物区分为不同类型并进行排序，而且可以准确地指出类别之间的差距是多少，例如，学生某门课程的考分，可以从高到低分类排序，形成90分、80分、70分，直到零分的序列。它们不仅有明确的高低之分，而且可以计算差距，90分比80分高10分，比70分高20分，等等。定距尺度的计量结果表现为数值，可以进行加或减的运算，但却不能进行乘或除的运算，其原因是在等级序列中没有固定的、有确定意义的"零"位。例如，学生甲得90

分，学生乙得 0 分，可以说甲比乙多得 90 分，却不能说甲的成绩是乙的 90 倍或无穷大。因为 " 0 " 分在这里不是一个绝对的标准，并不意味着乙学生毫无知识。恰如我们不能说 40℃比 20℃暖和 2 倍一样。没有确定的标准的 "零" 位，但有基本的确定的测量单位，如学生成绩的测量单位是 1 分，质量价差的测量单位量 1 元，温度的测量单位是 1℃，等等，这是定距尺度的显著特点。

（四）定比尺度

定比尺度是在定距尺度的基础上，确定可以作为比较的基数，将两种相关的数加以对比，而形成新的相对数，用以反映现象的构成、比重、速度、密度等数量关系。由于它是在比较基数上形成的尺度，所以能够显示更加深刻的意义。定比尺度的主要数学特征是"÷"或"×"。例如，将某地区人口数和土地面积对比计算人口密度指标，说明人口相对的密集程度。甲地区人口可能比乙地区多，但甲地区的土地更广阔，用人口密度指标就可以说明相对来说甲地区人口不是多了，而是少了。又如将一个国家（地区）的国内生产总值与该国（地区）居民对比。计算人均国内生产总值，可以反映国家（地区）的综合经济能力。2016 年我国国内生产总值约占世界生产总值的 14.84%，排列全球第二位，堪称世界经济大国，但我国人口占世界总人口的 19.23%，如果按人均国内生产总值计算，在世界各国中居于第 69 位，说明我国仍属于发展中国家。

上述四种计量尺度对事物的计量层次是由低级到高级、由粗略到精确逐步递进的。高层次的计量尺度具有低层次计量尺度的全部特性，但不能反过来。显然，我们可以很容易地将高层次计量尺度的测量结果转化为低层次计量尺度的测量结果，比如将考试成绩的百分制转化为五等级分制。在统计分析中，一般要求测量的层次越高越好，因为高层次的计量尺度包含更多的数学特性，所运用的统计分析方法越多，分析时也就越方便，因此应尽可能使用高层次的计量尺度。

▌二、数据的类型

统计数据是采用某种计量尺度对事物进行计量的结果，采用不同的计量尺度会得到不同类型的统计数据。从上述四种计量尺度计量的结果来看，可以将统计数据分为以下四种类型：

定类数据——表现为类别，但不区分顺序，是由定类尺度计量形成的。

定序数据——表现为类别，但有顺序，是由定序尺度计量形成的。

定距数据——表现为数值，可进行加、减运算，是由定距尺度计量形成的。

定比数据——表现为数值，可进行加、减、乘、除运算，是由定比尺度计量形成的。

前两类数据说明的是事物的品质特征，不能用数据表示，其结果均表现为类别，也称为定性数据或品质数据（qualitative data）；后两类数据说明的是现象的数量特征，能够用数值来表现，因此也称为定量数据或数量数据（quantitative data）。由于定距尺度和定比尺度属于同一测度层次，所以可以把后两种数据看作是同一类数据，统称为定量数据或数值型数据。

区分测量的层次和数据的类型是十分重要的，因为对不同类型的数据将采用不同的统计方法来处理和分析。比如，对定类数据，通常计算出各组的频数或频率，计算其众数和异众比率，进行列联表分析和 x^2 检验等；对定序数据，可以计算其中位数和四分位差，计算等级相关系数等非参数分析；对定距或定比数据还可以用更多的统计方法进行处理，如计算各种统计量、进行参数估计和检验等。我们所处理的大多为数量数据。

这里需要特别指出的是，适用于低层次测量数据的统计方法，也适用于较高层次的测量数据，因为后者具有前者的数学特性。比如：在描述数据的集中趋势时，对定类数据通常是计算众数，对定序数据通常是计算中位数，但对定距和定比数据同样也可以计算众数和中位数。反之，适用于高层次测量数据的统计方法，则不能用于较低层次的测量数据，因为低层次数据不具有高层次测量数据的数学特性。比如，对于定距和定比数据可以计算平均数，但对于定类数据和定序数据则不能计算平均数。理解这一点，对于选择统计分析方法是十分有用的。

第三节　原始数据的收集

在对实际问题的研究中，往往需要利用统计数据，那么应从哪里获得必要的统计数据呢？从统计数据本身的来源看，统计数据最初都是来源于直接的调查或试验。但从使用者的角度看，统计数据主要来源于两种渠道：一是来源于直接的调查和科学试验，对使用者来说，这是统计数据的直接来源，称为第一手或直接的统计数据；二是来源于别人调查或试验的数据，对使用者来说，这是统计数据的间接来源，称为第二手或间接的统计数据。本部分从使用者的角度讲述一手统计数据最基本的收集方法——统计调查。

■ 一、原始数据收集的原则与方法

统计数据收集过程中一般应遵循以下原则：①准确性原则，即如实反映客观事物与现象，符合事物、现象的客观实际情况，这是保证统计资料质量的首要环节，是统计工作的生命。如果资料不真实必将给统计各阶段的工作带来消极影响，并且难以完成统计工作。②及时性原则，即时效性，要求在资料收集的规定时间内及时提供各项统计资料以满足各种需要。如果统计资料提供不及时，即使统计资料准确可靠，也会失去应有的作用。值得注意的是：统计调查的及时性和准确性是辩证统一的关系，不能顾此失彼。既不能强调及时性而忽视准确性，也不能强调准确性而不顾及时性原则，时过境迁的统计资料是没有多大意义的。③系统性原则，是指收集的资料应该有条理、合乎逻辑，不杂乱无章，便于整理汇总。④完整性原则，也即全面性，是指在规定时间内对调查单位不重复、不遗漏，对所列调查项目资料毫无遗漏地收集起来。如果统计资料残缺不全，就不可能反映所研究对象的全貌和正确认识社会经济现象总体的特征，最终也就难以对社会经济现象的规律性做出准确的判断，甚至会得出错误的结论。⑤经济性原则，指以尽量少的投入获得所要求的统计资料，也即统计调查也要讲究经济效益。

综上所述，统计调查资料的准确性、及时性、系统性、完整性和经济性，是对统计工作的基本原则与要求，它们之间存在着有机的联系。以上原则中，准确性是基础，要在准确中求及时、求系统、求完整、求效益。

二、收集数据的具体技术

实际中，为研究一些特定的社会经济问题，还需要进行一些特定的调查，如市场调查机构进行的市场调查等。这些调查也是取得直接统计数据的重要手段。特别是随着市场经济的发展，市场调查越来越被人们所重视，一些企业已逐步把市场调查作为取得企业所需生产和经营信息的重要手段。在实际调查中，搜集数据的具体方法主要有以下几种：

（一）访问调查

访问调查又称派员调查，它是调查者与被调查者通过面对面的交谈从而得到所需资料的调查方法。访问调查的方式有标准式访问和非标准式访问两种。标准式访问又称结构式访问，它是按照调查人员事先设计好的、有固定格式的标准化问卷，有顺序地依次提问，并由受访者做出回答；非标准式访问又称非结构式访问，它事先不制作统一的问卷或表格，没有统一的提问顺序，调查人员只是给一个题目或提纲，由调查人员和受访者自由交谈，以获得所需的资料。

（二）邮寄调查

邮寄调查是通过邮寄或其他方式将调查问卷送至被调查者，由被调查者填写，然后将问卷寄回或投放到指定收集点的一种调查方法。邮寄调查是一种标准化调查，其特点是调查人员和被调查者没有直接的语言交流，信息的传递完全依赖于问卷。邮寄调查的问卷发放方式有邮寄、宣传媒介传送和专门场所分发三种。

邮寄调查的基本程序是：在设计好问卷的基础上，先在小范围内进行预调查，以检查问卷设计中是否存在问题，以便纠正；然后选择一定的方式将问卷发放下去，进行正式的调查；再将问卷按预定的方式收回，并对问卷进行处理和分析。

（三）电话调查

电话调查是调查人员利用电话同受访者进行语言交流，从而获得信息的一种调查方式。电话调查具有时效快、费用低等特点。随着电话的普及，电话调查的应用也越来越广泛。电话调查可以按照事先设计好的问卷进行，也可以针对某一专门问题进行电话采访。用于电话调查的问题要明确、问题数量不宜过多。

（四）座谈会

座谈会也称为集体访谈法，它是将一组受访者集中在调查现场，让他们对调查的主题

（如一种产品、一项服务或其他话题等）发表意见，从而获取调查资料的一种方法。通过座谈会，研究人员可以从一组受访者那里获得所需的定性资料，这些受访者与研究主题有某种程度上的关系。为获得此类资料，研究人员通过严格的甄别程序选取少数受访者，围绕研究主题以一种非正式的、比较自由的方式进行讨论。这种方法适用于搜集与研究课题有密切关系的少数人员的倾向和意见。

参加座谈会的人数不宜太多，通常为 6～10 人，并且是有关调查问题的专家或有经验的人。讨论方式主要取决于主持人的习惯和爱好。通过小组讨论，能获取访问调查无法取得的资料。而且，在彼此间交流的环境里，各个受访者之间相互影响、相互启发、相互补充，并在座谈过程中不断修正自己的观点，从而有利于取得较为广泛、深入的想法和意见。座谈会的另一个优点是不会因为问卷过长而遭到拒访。当然，这要求主持人一般要受过心理学或行为科学方面的训练，具有很强的组织能力足以控制一群不同背景的陌生人，并尽可能多地引导受访者说出他们的真实意见或想法。

（五）个别深度访问

深度访问是一次只有一名受访者参加的特殊的定性研究。"深访"这一术语也暗示着要不断深入受访者的思想当中，努力发掘他行为的真实动机的意思。深访是一种无结构的个人访问，调查人员运用大量的追问技巧，尽可能让受访者自由发挥，表达他的想法和感受。

深度访问常用于动机研究，如消费者购买某种产品的动机等，以发掘受访者非表面化的深层意见。这一方法最宜于研究较隐秘的问题，如个人隐私问题，或较敏感的问题，如政治性的问题。对于一些不同人之间观点差异极大的问题，采用深度访问法比较合适。

座谈会和个别深访属于定性方法，它通常围绕一个特定的主题取得有关定性资料。在此类研究中，从挑选的少数受访者中取得有关意见。这种方法和定量方法是有区别的，定量方法是从总体中按随机方式抽取样本取得资料，其研究结果或结论可以进行推论。而定性研究着重于问题的性质和未来趋势的把握，不是对研究总体数量特征的推断。

（六）网上调查

1. 网上调查的优点

网上调查在 20 世纪 90 年代开始热门起来，发展也很迅速，其优点表现在以下几个方面：

（1）速度快。由于省略了印制、邮寄和数据录入后过程，问卷的制作、发放及数据的回收速度均得以提高。可以短时间内完成问卷并统计结果及报表。

（2）费用低。印刷、邮寄、录入及调研员的费用都被节省下来，而调研费用的增加却很有限。因此，进行大规模的网上调研较其他如邮寄或电话调研方法可省下一笔可观的费用。

（3）易获得连续性数据。随着网上固定样本调研的出现，调研员能够通过跟踪受访者的态度、行为和时间进行纵向调研。复杂的跟踪软件能够做到根据上一次的回答情况进行本次问卷的筛选，而且还能填补落选项目。

（4）调研内容设置灵活。打一个电话却只提两三个问题在费用上是不值得的。但在网上，调研内容可以很容易包含在市场、商贸或其他一般站点上。例如，如果一个人访问了银行主页，击活"信用卡"链接，在进入正式网页之前，他可以被询问几个有关被认为是最重要的信用卡特性问题。

（5）调研群体大。网上可以接触很多人。目前很难想象还有什么媒体可以提供那么大的调研群体，随着互联网的普及，计算机产品购买者或是互联网使用者，是使用互联网调研的理想对象。利用互联网的企事业单位使用者也是不错的可发展的调研对象。目前估计有 40% 的企事业单位已上网，这个群体还在日益扩大。

（6）可视性强。网上调查还有一个独一无二的优点，即它们在视觉效果上能够吸引人，互联网的图文及超文本特征可以用来展示产品或介绍服务内容。对于那些有较新版本 Neboape 及 III（两个最为流行的网上浏览器）的用户，声音及播放功能还可以加入到问卷中，这是其他调研方式所无法比拟的。

2. 网上调查的缺点

（1）代表性问题。网上调查在目前来说还有不少缺点。最大的一点恐怕就是上网的人不能代表所有人口。使用者多为男性，教育水平高、有相关技术，较年轻和较高收入的人。不过，这种情形正有所改变，越来越多的人开始接触互联网。

（2）安全性问题。现在很多使用者为私人信息的安全性担忧，加上媒体的报道及针对使用者的各种欺骗性文章，更使人忧心忡忡。然而，考虑到对互联网的私人信息，诸如信用卡账号之类进行担保的商业目的，提高安全性仍是互联网有待解决的重要问题。

（3）无限制样本问题。这是指网上的任何人都能填写问卷，它完全是自我决定的，很有可能除了网虫外并不代表任何人。如果同一个人重复填写问卷的话，问题就变得复杂了。

3. 互联网样本

互联网样本可以分为三类：随意样本、过滤性样本和选择样本。

随意样本在上文已经提到了，即网上任何人都可以称作被调查单位，只要其愿意，没有任何对调查单位的限制条件。过滤性样本是指通过对期望样本特征的配额限制一些自我挑选的未具代表性的样本。这些特征通常是一些统计特征，如性别、收入、地理区域位置或与产品有关的标准，如过去的购买行为、工作责任、现有产品的使用情况等。对于过滤性样本的使用与随意样本基本类似。

过滤性样本通常是以分支或跳问形式安排问卷，以确定被选者是否适宜回答全部问题。有些互联网调研能够根据过滤性问题立即进行市场分类，确定被访者所属类别，然后根据被访者不同的类型提供适当的问卷。

另外一种方式是一些调研者创建了样本收藏室，将填写过分类问卷的被访者进行分类重置。最初问卷的信息用来将被访者进行归类分析，被访者按照专门的要求进行分类，而只有那些符合统计要求的被访者，才能填写适合该类特殊群体的问卷。

互联网选择样本用于互联网中需要对样本进行更多限制的目标群体。被访者均通过电话、邮寄、邮件或个人访问等方式进行补充完善，当认定符合标准后，才向他们发送邮件问卷或直接到与问卷连接的站点。在站点中，通常使用密码账号来确认已经被认定的样本，因为样本组是已知的，因此可以对问卷的完成情况进行监视或督促未完成问卷以提高回答率。

选择样本对于已建立抽样数据库的情形最为适用，如以顾客数据库作为抽样框选择参与顾客满意度调查的样本。

4. 进行网上调查的方法

进行互联网调查主要有以下三种基本方法：邮件、交互式 CATI 系统、互联网 CGI 程序与手机 APP。下面我们就每一种进行简要介绍。

（1）邮件问卷。问卷就是一份简单的邮件，并按照已知的 e-mail 地址发出。被访者回答完毕将问卷回复给调研机构，有专门的程序进行问卷准备、编制 e-mail 地址和收集数据。

邮件问卷制作方便，分发迅速。由于出现在被访者的私人信箱中，因此能够得到注意。但是，它只限于传输文本，图形虽然也能在邮件中进行链接，但与问卷文本是分开的。

（2）交互式 CATI 系统。利用一种软件语言程序在 CATI 上设计问卷结构并在网上进行传输。互联网服务站可以设在调研机构中，也可以租用有 CAT 装置的单位。互联网服务器直接与数据库连接，收集到的被访者答案直接进行储存。

交互式 CATI 系统能够对于 CATI 进行良好抽样及对 CATI 程序进行管理，他们还能建立良好的跳问模式和修改被访者答案，并能够当场对数据进行认证，对不合理数据要求重新输入。交互式 CATI 系统为网上 CATI 调研的使用者提供了一个方便的工具，而且支持程序问卷的再使用。

作为不利的一面，网上 CATI 系统产品是为电话—屏幕访谈设计的。被访者的屏幕格式受到限制，而且 CATI 语言技术不能显示互联网调研在图片、播放等方面的优势。

（3）网络调查系统。有专门为网络调查设计的问卷链接及传输软件。这种软件设计为无须使用程序的方式，包括整体问卷设计、网络服务器、数据库和数据传输程序。一种典型的用法是：问卷由简易的可视问卷编辑器产生，自动传送到互联网服务器上，通过网站，使用者可以随时在屏幕上对回答数据进行整体统计或图表统计。

平均每次访谈，网络调查系统均比交互式 CATI 费用低，但对小规模的样本调查（低于 500 名）的费用都比邮件调查高。低费用是由于使用了网络专业工具软件，而且购置费用和硬件费用由中心服务系统提供。

第四节　统计调查

▎一、统计调查的含义与种类

统计调查是按照统计任务的要求，运用科学的调查方法，有计划、有组织地向社会实际搜集各项资料的过程。统计调查担负着提供原始资料的任务，是统计工作的基础环节，决定着整个统计工作质量的重要环节，又是统计整理和分析的前提。如果统计调查工作做得好，能准确、及时、全面、系统地占有丰富的统计资料，那么就为统计整理和分析打好了一个坚实的基础，从而有利于正确认识被研究现象的本质及其规律性；反之，若调查工作做得不好，所得到的资料不完整、不真实或不及时，即使是经过科学的整理、严谨周密的分析，也不能得到正确的判断，这将直接影响整个统计工作的成果。因此，调查工作的好坏、取得资料是否完整、准确和及时，将直接影响到以后各个阶段工作的好坏，影响整个统计工作任务的完成。统计调查按照不同的标准可以分为如下几类：

1. 按被调查者包括的范围不同，分为全面调查和非全面调查

（1）全面调查是指对调查对象中的全部单位，都无一例外地进行登记或观察的一种调查方法，如普查和全面统计报表。

（2）非全面调查是指只对调查对象中的一部分单位进行登记或观察的一种调查方法，如重点调查、典型调查和抽样调查。进行非全面调查的必要性主要表现在：①节省人力、物力、财力和时间。②有时不需要全面调查，当只要了解基本情况时，一般用重点调查；当只要了解典型情况时，常常用典型调查；而当需要从部分推断总体时，则通常用抽样调查。③很难或不可能进行全面调查，如职工家庭收支情况调查、产品质量检查（破坏性检验）等。

2. 按调查的组织形式不同，可分为统计报表制度和专门调查

（1）统计报表制度是指根据统计法规的规定，按一定的表式和要求（指标、表格形式、计算方法等），自上而下统一部署，自下而上逐级提供统计资料的一种统计调查方法。

（2）专门调查是指为了研究某些专门问题而专门组织的调查，如为了解一定时点状态上的资料，而组织的人口普查，多属一次性专门调查，如普查、抽样调查；可以是全面调查，也可以是非全面调查，如重点调查、典型调查、抽样调查。

3. 按调查登记时间是否连续不同，分为经常性调查和一次性调查

（1）经常性调查是指随着调查对象在时间上的变化而进行连续不断的登记或观察，以了解事物在一定时期内发生、发展的全过程。这种调查在工业等物质生产活动中应用广泛，如工业产品产量调查、主要原材料、动力、燃料消耗等。当研究的现象在一定时期内数量上变化较大时；或研究的目的是一定时期内客观现象的全部过程，一般用经常性调查。

（2）一次性调查是指对调查对象在某一时刻的状况进行一次性登记，以反映事物在一定时点上的发展水平（状态），是不连续的调查，如人口可隔一段时间进行一次普查。当研究的现象在一定时期内变动不大时，如固定资产总值、一国人口数等；或研究对象在某一时间上达到什么水平时（库存调查），通常用一次性调查。

4. 按收集资料的方法不同，分为直接观察法、报告法（凭证法）、采访法（询问法或通信法）、问卷调查法等

（1）直接观察法是指调查人员深入现场对调查对象直接进行点数、测定和计量而取得资料的方法。如为了及时了解农作物产量而进行的实割实测、脱粒、晾晒、过秤计量；又如为了解工业企业期末的在制品存量，调查人员进入到生产现场进行观察、计数、测量等。但有些社会经济现象还不能用直接观察法进行测量，如对农民或职工家庭收支情况资料的搜集，就不宜直接计量和观察。

（2）报告法，又称凭证法，是指要求调查对象以原始记录、台账和核算资料为依据，向有关单位提供统计资料的方法。如报表制度等，当前我国企、事业单位向上级填报统计报表，就是报告法。报告法具有统一项目、统一表式、统一要求和统一上报程序的特点。

（3）采访法，又称询问法或通信法，是指由调查人员向被调查者提问，根据被调查者的答复来收集资料的方法。这一方法又分为个别访问和开调查会两种。个别访问是由调查人员向被调查者逐一询问来收集资料的方法。开调查会是指邀请了解情况的人参加座谈会，以此来收集资料的方法。

（4）问卷调查法，问卷是指为了统计调查所用的、以提问的形式表述问题的表格。问卷调查法就是调查者用问卷对所研究的社会经济现象进行度量，从而搜集到可靠的社会经济资料，深刻认识某一现象的一种方法。随着社会、经济和科技的发展，政府、企业和个人对各类信息的需求与日俱增，于是出现了大量的信息中心、数据工厂、简报中心、市场调查公司、电话呼叫中心、媒体研究公司等专业调研机构。统计调查的手段也不断更新，如计算机辅助电话调查、计算机辅助面访调查、搭车调查、网络调查和各种检测记录仪器的问世，使今天的统计数据更加准确、及时和完整，进一步提高了统计调查的速度和质量，降低了统计调查的费用支出。

上述各种分类并非相互排斥，而是从不同的角度对同一调查进行的不同分类，它们是相互联系、交叉融合的。例如，普查既是全面调查，又是一次性调查，也是专门调查。统计调查的方式多种多样，这就要求调查者熟悉和掌握各种统计调查方式。只有这样，才能在实际应用时根据调查对象的特点、调查的目的、任务与要求，结合具体情况选择运用，或者根据需要将多种调查方式结合运用。

■ 二、统计调查方案的设计

统计调查是一项复杂的系统工程，为了在调查工作过程中统一认识、统一内容、统一方法、统一步骤，顺利完成任务，在实施统计调查之前，应当明确"由何人主持调查及向谁调查？何时开始调查？在何地进行调查？调查的内容是什么？如何进行调查？"五个问题，即统计学家通常所说的"4W1H"(who、when、where、what、how)。因此，调查者首先要根据需要与可能，制订科学的调查方案，它是调查工作的依据，是保证调查顺利进行的前提。调查方案主要包括下列内容：

（一）确定调查目的

制订调查方案，首先要明确调查目的，即明确为什么要进行调查，调查要解决什么样的问题。调查目的决定着被调查者、调查内容和方法。有了明确的目的，才能做到有的放矢，正确地确定调查的内容和方法，才能根据调查目的搜集与之有关的资料，而舍弃与之无关的资料。这样，就可以节约人力、物力，缩短调查时间，提高调查资料的时效性。

例如，2010 年第六次全国人口普查的目的："为科学制定国民经济和社会发展规划，统筹安排人民的物质和文化生活，实现可持续发展战略，构建社会主义和谐社会，提供科学准确的统计信息支持。"

（二）确定调查对象、调查单位和报告单位

确定调查对象和调查单位，是为了解决向谁调查、由谁来具体提供资料的问题。

调查对象，是指需要调查的那些社会经济现象的总体即总体单位，是说明向谁调查的问题。确定调查对象，首先需要根据调查目的，对研究对象进行认真分析，掌握其主要特征，科学地规定调查对象的含义；其次要明确规定调查对象总体的范围，划清它与其他社会现象的界限。只有调查对象的含义确切、界限清楚，才能避免登记的重复或遗漏，保证统计资料的准确。例如，调查目的是收集某地区工业企业的生产情况的资料时，调查对象就是该地区所有工业企业；又如，当调查的目的是收集某地区工业企业 200 万元以上设备时，则调查对象就是该地区所有工业企业的 200 万元以上设备。

调查单位，是指调查对象中所要调查的具体单位，即总体单位。需要进行登记的标志（项目）的承担者。说明谁来提供资料的问题。调查单位的确定取决调查目的和调查对象。如上述三个例子中，调查单位分别是该区的每一家工业企业、该地区工业企业的每一台 200万元以上的设备、人口普查中上述总体中的每个人。

明确调查单位还需要把它与报告单位相区别。报告单位也称填报单位，它是负责向上汇报调查内容、提交统计资料的单位。填报单位一般是在行政上、经济上具有一定独立性的单位，而调查单位既可以是人、单位，也可以是物。根据调查目的，调查单位与报告单位有时一致，有时不一致。例如：对工业企业调查，每个工业企业既是调查单位又是填报单位；调查企业设备情况时，调查单位是企业的设备，而填报单位则是企业；人口普查时，调查单位是总体中的每个人，而填报单位则是家庭（户）。

（三）确定调查项目，设计调查表

调查提纲由调查项目组成。调查项目就是要调查的内容，也就是被调查单位的特征，即标志。确定调查提纲所要解决的问题是：向调查单位调查什么？调查单位有哪些特征？用什么标志反映调查单位的特征？在调查中涉及哪些调查项目？这些都应根据调查目的和调查单位的特点而定，并贯彻"少而精"的原则进行处理。例如，2000 年第五次人口普查根据调查项目拟定了姓名、性别、年龄、民族、文化程度、职业、行业、婚姻状况、迁来本地的原因等 26 个记录调查项目；2010 年第六次人口普查主要调查人口和住户的基本情况，内容包括：性别、年龄、民族、受教育程度、行业、职业、迁移流动、社会保障、婚姻生育、死亡、住房情况等。

调查项目所要解决的问题是向被调查者调查什么，也就是需被调查者回答什么问题，再确定所要登记的标志，即调查项目时，注意以下几点：①各调查项目必须是可行的，是能够取得的确切资料。即必须从实际出发，只列出能够取得资料的项目，不可能取得资料

的项目就不应列入提纲。②要有科学的理论依据和统一的解释，即列入调查提纲的内容含义要明确、具体，不能有两种或两种以上的解释，以免调查人员按照各自不同的理解填写，使调查结果无法汇总。③调查项目要少而精，即只列出调查目的所必需的项目，登记与问题本质有关的标志，以免内容庞杂，增加工作量，造成调查工作的浪费。④各调查项目之间尽可能做到相互联系，彼此衔接，以便于相互核对和分析。例如，总产值 ÷ 在职人数 = 全员劳动生产率。

调查表是指调查项目按照一定的顺序排列起来形成的一定的表式，这是统计工作收集资料的基本工具。调查目的、被调查者都可以从调查表中反映出来。调查表主要用于统计调查阶段，是搜集原始资料的基本工具，且便于填写或汇总整理。

调查表一般有单一表和一览表两种。单一表是指一张调查表上只登记一个调查单位的表格，它可以容纳较多的项目（标志），便于整理和分类。一览表是指把许多调查单位填写在一张表上，便于合计和核对差错，但它容纳的调查项目有限。

单一表、一览表的应用：一是看项目的多少，调查项目多时一般用单一表，反之则用一览表；二是看填报单位与调查单位是否一致，一致时常用单一表，不一致时用一览表。如我国人口普查的调查表采用的是一览表，统计报表的基层表（即调查表）多采用单一表的形式。

调查表要说明注意事项和项目解释、指标含义、计算方法、分类目录、统计编码等。例如，2010 年人口普查表分为《第六次全国人口普查表短表》和《第六次全国人口普查表长表》。普查表长表抽取 10% 的户填报，普查表短表由其余的户填报。在境内居住的港澳台和外籍人员，在现住地进行登记，填写供港澳台和外籍人员使用的普查表短表。

调查表从内容上看，一般由表头、表体和表脚三部分组成。①表头，由核对项目组成，包括调查表的名称、填报单位的名称、性质、隶属关系及表号等。这些项目不属于调查所要研究的项目，是对调查资料进行核实与复查所需要的项目。②表体，由调查项目组成，是调查表的主体，包括调查项目的名称、计量单位及其将来登记的标志表现等。③表脚，由调查者项目组成，包括调查与审核人员的签名、填表单位等，这类项目也不属于统计研究的项目，属于明确调查责任的项目。

单一调查表的内容组成如表 2-2 所示，一览表的内容组成如表 2-3 所示。

表 2-2　2016 年年末职工家庭就业人口调查表

户主姓名：　　　　　　　　　　←── 表头

家庭人口（　　）人				就业人口（　　）人			
姓名	与户主关系	性别	年龄	工作单位	职业	职务/职称	备注

（表体）

填表人：　　　　　　　填表日期：　　年　月　日　←── 表脚

表 2-3 某高校学生实习情况表

系别：　　　　　　　　专业：　　　　　　　　　　年级：　　　　　　　　　}←——表头

姓名	学号	性别	实习单位	岗位	实习起止时间	备注

↑ 表体

填表人：　　　　　　　　填表日期：　　　年　月　日　←——表脚

调查表设计好之后，需要编写填表说明，其内容包括调查表中有关项目的含义、所属范围、计算方法以及填表注意事项等。填表说明要简明、清楚，易于理解。

（四）确定调查时间、调查期限、调查地点与调查方法

调查时间包括两方面的含义：①调查资料所属的时间（时期或时点），如果所调查的是时期现象，就要明确规定反映的调查对象从何年何月何日起到何年何月何日止的资料；如果所要调查的是时点现象，就要明确规定统一的标准时点，如 2010 年第六次人口普查的标准时间是 11 月 1 日 0 时。②调查期限，即整个调查工作的期限，包括收集资料及报送资料的整个工作所需要的时间。为了保证资料及时性，对调查期限的规定，要尽可能短。如第六次人口普查登记工作的期限从 2010 年 11 月 1 日开始，11 月 10 日结束。

（五）制订调查的组织实施计划

为了保证整个统计调查工作的顺利进行，在调查方案中还应该有一个周密的组织实施计划，也就是要明确调查机构、调查步骤、调查人员及组织训练、资料报送方法、经费来源、检验方法等，是统计过程的总方案。

三、统计调查的组织形式

（一）普查

1. 普查的概念

普查是为了某种特定的目的而专门组织的一次性的全面调查，用以搜集重要国情国力和资源状况的全面资料，为政府制定规划、方针政策提供依据，如人口普查、科技人员普查、工业普查、物资库存普查等。普查多半是在全国范围内进行的，而且所要搜集的是经常的、定期的统计报表所不能提供的更为详细的资料，特别是诸如人口、物资等时点的数据。

2. 普查的方式

普查的组织方式一般有两种：一种是建立专门的普查机构，配备大量的普查人员，对调查单位进行直接的登记，如人口普查等；另一种是利用调查单位的原始记录和核算资料，

颁发调查表,由登记单位填报,如物资库存普查等。这种方式比第一种简便,适用于内容比较单一、涉及范围较小的情况,特别是为了满足某种紧迫需要而进行的"快速普查",就可以采用这种方式,它由登记单位将填报的表格越过中间一些环节直接报送到最高一级机构集中汇总。例如,我国采取第一种方式普查的有:1953 年第一次全国人口普查,1995 年私营商业及饮食业普查,1964 年第二次全国科技售货员普查,1977 年全民所有制单位实际用工人数普查,1978 年全国科技人员普查,1982 年第三次全国人口普查,1990年全国第四次人口普查,2000 年第五次全国人口普查等;采取上述第二种方式普查的有:1954 年黑色金属、有色金属和木材库存普查,1954 年以后所进行的多次物资库存普查,1985 年第二次全国工业普查等。

3. 普查特点

普查作为一种特殊的数据搜集方式,具有以下几个特点:

(1)普查通常是一次性的或周期性的。由于普查涉及面广、调查单位多,需要耗费大量的人力、物力和财力,通常需要间隔较长的时间,一般每隔 10 年进行一次。如我国的人口普查从 1953—2010 年共进行了 6 次。今后,我国的普查将规范化、制度化,即每逢末尾数字为"0"的年份进行人口普查,每逢"3"的年份进行第三产业普查,每逢"5"的年份进行工业普查,每逢"7"的年份进行农业普查,每逢"1"或"6"的年份进行统计基本单位普查。

(2)规定统一的标准时点。标准时点是指对被调查对象登记时所依据的统一时点。调查资料必须反映调查对象的这一时点上的状况,以避免调查时因情况变动而产生重复登记或遗漏现象。例如,我国第六次人口普查的标准时点为 2010 年 11 月 1 日 0 时,就是要反映这一时点上我国人口的实际状况;农业普查的标准时点定为普查年份的 1 月 1 日 0 时。

(3)规定统一的普查期限。在普查范围内各调查单位或调查点尽可能同时进行登记,并在最短的期限内完成,以便在方法和步调上保持一致,保证资料的准确性和时效性。

(4)规定普查的项目和指标。普查时必须按照统一规定的项目和指标进行登记,不准任意改变或增减,以免影响汇总和综合,降低资料质量。同一种普查,每次调查的项目和指标应力求一致,以便于进行历次调查资料的对比分析和观察社会经济现象发展变化情况。

(5)普查的数据一般比较准确,规范化程度也较高,因此它可以为抽样调查或其他调查提供基本依据。

(6)普查的使用范围比较窄,只能调查一些最基本及特定的现象。

普查既是一项技术性很强的专业工作,又是一项广泛性的群众工作。我国历次人口普查都认真贯彻群众路线,做好宣传和教育工作,得到了群众的理解和配合,因而取得了令世人瞩目的成果。

(二)抽样调查

抽样调查是实际中应用最广泛的一种调查方法,它是从调查对象的总体中随机抽取一部分单位作为样本进行调查,并根据样本调查结果来推断总体数量特征的一种非全面调查方法。

（三）统计报表

统计报表是一种以全面调查为主的调查方式，它是由政府主管部门根据统计法规，以统计表格形式和行政手段自上而下布置，而后由企、事业单位自下而上层层汇总上报逐级提供基本统计数据的一种调查方式。它的任务是经常地、定期地搜集反映国民经济和社会发展基本情况的资料，为各级政府和有关部门制订国民经济和社会发展计划，以及检查计划执行情况服务。

统计报表按其性质和要求不同，有如下几种分类。

（1）按报表内容和实施范围不同，分为国家统计报表、部门统计报表和地方统计报表。国家统计报表——国民经济基本统计报表，由国家统计部门统一制发，用以搜集全国性的经济和社会基本情况，包括农业、工业、基建、物资、商业、外贸、劳动工资、财政等方面最基本的统计资料。部门统计报表——为了适应各部门业务管理需要而制定的专业技术报表。地方统计报表——针对地区特点而补充制定的地区性统计报表，是为本地区的计划和管理服务的。

（2）按报送周期长短不同，分为日报、旬报、季报、半年报和年报。周期短的，要求资料上报迅速，填报的项目比较少；周期长的，内容要求全面一些；年报具有年末总结的性质，反映当年中央政府的方针、政策和计划贯彻执行情况，内容要求更全面和详尽。

（3）按填报单位不同，分为基层统计报表和综合统计报表。基层统计报表是由基层企、事业单位填报的报表，综合统计报表是由主管部门或部门根据基层报表逐级汇总填报的报表。

统计报表主要用于搜集全面的基本情况，此外，也常为重点调查等非全面调查所采用。

统计报表具有以下三个显著的优点。

（1）它是根据国民经济和社会发展宏观管理的需要而周密设计的统计信息系统，从基层单位日常业务的原始记录和台账（即原始记录分门别类的系统积累和总结）到包含一系列登记项目和指标，都可以力求规范和完善，使调查资料具有可靠的基础，保证资料的统一性，便于在全国范围内汇总、综合。

（2）它是依靠行政手段执行的报表制度，要求严格按照规定的时间和程序上报，因此，具有100%的回收率，而且填报的项目和指标具有相对的稳定性，可以完整地积累形成时间序列资料，便于进行历史对比和社会经济发展变化规律的系统分析。

（3）它既可以越级汇总，也可以层层上报、逐级汇总，以便满足各级管理部门对主管系统和区域统计资料的需要。

统计报表是以生产资料公有制为基础，适应政府管理职能的需要而产生和发展起来的，曾经是高度集中的计划经济体制不可分割的组成部分。作为一种全面的基本情况的调查方式，经过调整和改进，同样也是社会主义市场经济体制下国家对国民经济和社会发展进行计划管理和宏观调控的重要工具，是政府统计执行其"信息、咨询和监督"基本职能的主要手段。

统计报表制度是一个庞大的组织系统，它不仅要求各基层单位有完善的原始记录、台账和内部报表等良好的基础，而且要有一支熟悉业务的专业队伍。因此，它占用很大的人力和财力。总结历史的经验教训，要很好地发挥统计报表制度的积极作用，必须严格按照统计法规办事，实行系统内的有效监督和管理；报表要力求精简，既要防止多、乱、滥发报表，又要防止虚报、瞒报和漏报。这样，才能保证统计数字的质量，降低统计的社会成本。

（四）重点调查

1. 重点调查的概念和特点

重点调查是专门组织的一种非全面调查，它是在总体中选择个别的或部分重点单位进行调查，以了解总体的基本情况。所谓重点单位，是指在总体中具有举足轻重地位的单位。这些单位虽然少，但它们调查的标志值在总体标志总量中占有绝大比重，通过对这些单位的调查，就能掌握总体的基本情况。例如，鞍钢、武钢、首钢、包钢和宝钢等特大型钢铁企业，虽然在全国钢铁企业中只是少数，但它们的产量却占全国钢铁产量的绝大比重。对这些重大企业进行调查，便能省时省力而且及时地了解全国钢铁生产的基本情况，满足调查任务的要求。

重点调查的优点在于调查单位少，可以调查较多的项目的指标，了解较详细的情况，取得及时的资料，使用较少的人力和时间，取得较好的效果，当调查任务只要求掌握总体的基本情况，而且总体中确实存在重点单位时，采用重点调查是比较适宜的。但必须指出，由于重点单位与一般单位的差别较大，通常不能由重点调查的结果来推算整个调查对象的总体指标。

2. 重点单位的选择

重点调查的关键问题是确定重点单位，首先重点单位的多少，要根据调查任务确定。一般来说，选出的单位应尽可能少些，而其标志值在总体中所占比重应尽可能大些，其基本标准是所选出的重点单位的标志必须能够反映研究总体的基本情况。其次选择重点单位时，要注意重点是可以变动的，即要看到，一个单位在某一问题上是重点，而在另一问题上不一定是重点；在某一调查总体上是重点，在另一调查总体中不一定是重点；在这个时期是重点，在另一时期不一定是重点，因此，对不同问题的重点调查，或同一问题不同时间的重点调查，要随着情况的变化而随时调整重点单位。当然选中的单位应是管理健全、统计基础工作较好的单位，以有利于统计调查的实施。

重点调查主要采取专门调查的组织形式，有时也可以颁发定期统计报表，由调查的重点单位填报，定期观察这些重点单位的主要技术经济指标的完成情况及其变动，重点调查收集资料的方法，主要指用以企事业单位的原始资料为依据的报告法。

（五）典型调查

典型调查也是专门组织的一种非全面调查，它是根据调查研究的目的和要求，在对总体进行全面分析的基础上，有意识地选择其中有代表性的典型单位进行深入细致的调查，借以认识事物的本质特征、因果关系和发展变化的趋势。所谓有代表性的典型单位，是指那些最充分、最集中地体现总体某方面共性的单位。只要客观地、正确地选择典型单位，通过对典型单位的深入细致的调查，既搜集详细的第一手数字资料，又掌握生动具体的情况，就可以获得对总体本质特征的深刻认识，特别是对一些复杂的社会经济问题的研究，典型调查可以了解得更深入、更具体、更详尽。

典型调查具有以下两个突出的作用：①研究尚未充分发展、处于萌芽状况的新生事物或某种倾向性的社会问题。通过对典型单位深入细致的调查，可以及时发现新情况、新问题，探测事物发展变化的趋势，形成科学的预见。②分析事物的不同类型，研究它们之间的差别和相互关系。例如，通过调查可以区别先进事物与落后事物，分别总结它们的经验教训，进一步进行对策研究，促进事物的转化与发展。

此外，在总体内部差别不大，或分类后各类型内部差别不大的情况下，典型单位的代表性很显著，也可用典型调查资料来补充和验证全面调查的数字。

典型调查的中心问题是如何正确选择典型单位。选择典型单位必须依据正确的理论进行全面的分析，切忌主观片面性和随意性；它不仅要求调查者有客观的、正确的态度，而且要有科学的方法。根据不同的研究目的和要求，有以下三种选典方法：①"解剖麻雀"的方法。这种选典方法适用于总体内各单位差别不太大的情况。通过对个别代表性单位的调查，即可估计总体的一般情况。②"划类选典"的方法。总体内部差异明显，但可以划分为若干个类型组，使各类型组内部差异较小。从各类型组中分别抽选一两个具有代表性的单位进行调查，即称为划类选典。这种调查既可用于分析总体内部各类型特征，以及它们的差异和联系，也可综合各种类型对总体情况做出大致的估计。③"抓两头"的方法。从社会经济组织管理和指导工作的需要出发，可以分别从先进单位和落后单位中选择典型，以便总结经验和教训，带动中间状态的单位，推动整体的发展。

典型调查通常是为了研究某种特殊问题而专门组织的非全面的一次性调查。但是，有时为了观察事物发展变化的过程和趋势，系统地总结经验，也可对选定的典型单位连续地进行长时间的跟踪调查。例如，对新生事物或处于萌芽状态的事物的研究，就适宜采用这种定点的跟踪调查。

以上调查组织形式还可以从不同的角度进行分类，从调查的时间分为经常性调查和一次性调查，经常性调查是对调查对象进行连续不断的经常性的登记，一次性调查是对调查对象在某一时点的情况进行调查，同类的调查以后在某一时点可以再次进行，也可以不再进行。按调查的范围分为全面调查和非全面调查，全面调查是对调查对象的所有单位毫无例外地逐个进行调查登记，非全面调查则是只对调查对象的一部分单位进行调查登记。按调查的组织形式还可以分为统计报表制度和专门调查等。

■ 四、统计调查误差及其防止

（一）统计调查误差的概念与分类

统计调查误差，就是调查结果所得的统计数字与调查总体实际数量之间的差别。例如，对某市的工业增加值进行调查的结果为 34 亿元，而该市工业增加值实际为 33 亿元，那么，统计调查误差就是 1 亿元。

1. 统计调查误差按照产生方式,可分为登记性误差和代表性误差

(1) 登记性误差又称调查误差,是由于调查过程中各个有关环节的失误造成的,不管是全面调查还是非全面调查都会产生登记性误差,该类误差主要包括计量错误、记录错误、计算错误、抄录错误、在逐级上报过程中的汇总错误、被调查者所报不实或调查者有意虚报瞒报以及调查方案的规定不明确造成的误差等。

(2) 代表性误差,一般在非全面调查中的抽样调查才有,全面调查不存在这类误差。抽样调查由于只对调查现象总体的一部分单位进行观察,并用这部分单位算出的指标来估计总体的指标,而这部分单位不能完全反映总体的性质,它同总体的实际指标会有一定差别,这就发生了误差。代表性误差又可分为两种:①偏差,一般由于没有按照随机原则从总体中抽选调查单位而造成的。②抽样误差,在抽样调查中即使严格按照随机原则,消除了偏差,也存在着另一种不可避免的代表性误差。该类误差是由抽样的随机性带来的,在抽样调查中无法避免和消除,但可以设法控制。

2. 统计调查误差按产生的性质,可分为空间误差、时间误差、方法误差和人为误差四种

(1) 空间误差是指由统计调查范围所产生的误差,包括重漏统计调查单位、跨区域统计等。

(2) 时间误差是指统计调查对象因时期或时点界定不准确所产生的误差,如企业核算时间不能满足统计部门的报表制度要求而估报所产生的误差;延长或缩短时期所产生的误差;时期错位产生的误差等。

(3) 方法误差是因使用特定的统计调查方法所产生的误差,如抽样调查中的代表性误差(抽样平均误差),它是指采用抽样调查方法中的随机样本(非全面单位)来推算总体所产生的误差的平均值,不是绝对的统计误差。对代表性误差一般可以根据组织方法和抽取样本的容量,计算其平均误差,而且通过扩大样本量或优化调查的组织方法来缩小。又如,统计部门因人力、物力和财力等资源不足,致使报送渠道不畅通,统计调查不到位,推算方法不科学、不规范所产生的误差。

(4) 人为误差是指在统计设计、调查、整理汇总和推算等过程中因人为过错产生的误差。人为误差是统计误差中产生因素最多的一类,它又分为度量性误差、知识性误差、态度性误差和干扰性误差。度量性误差是指统计指标因计量或者从生产量到价值量换算所产生的误差;知识性误差是指统计人员因统计知识不够,对统计指标的含义不理解或错误理解所产生的误差;态度性误差是指统计人员因对统计工作不负责而随意填报统计数据而产生的误差,包括乱报、漏填或不按规定的计量单位填报等;干扰性误差是指统计对象或统计部门受某种利益驱动而虚报、漏报或者捏造统计数据所形成的误差。

3. 统计误差按工作环节,分为源头误差、中间环节误差和最终误差三种

(1) 源头误差是指由填报单位或申报者所产生的误差。

(2) 中间环节误差是指统计调查数据在逐级上报过程中所产生的误差,包括加工整理、汇总和推算等环节产生的误差。

（3）最终误差是指下级各基层数据汇总数或规范的方法得到的推算数与最终使用数之间的差异值。按工作环节划分的统计误差类别是相对的，中间环节误差在不同的场合有可能是源头误差，也可能是最终误差。源头误差在有些场合也叫调查误差，或叫登记误差。

（二）统计调查误差的防止

为了取得准确的统计资料，必须采取各种措施，防止可能发生的统计调查误差，把它缩小到最低限度。对于登记性误差主要做好以下工作：首先，要正确制订统计调查方案，包括明确调查对象的范围，说明调查项目、指标的具体含义和计算方法，选定合理的调查方法，使之切合调查对象的实际，并使调查人员或填报人员有一个统一的依据，能够明确执行，不产生歧义。其次，要切实抓好调查方案的实施工作。包括：①对统计人员的业务培训，提高统计人员的素质，使每个调查人员都能严格执行统计调查方案；②扎扎实实搞好统计基础工作，建立统计机构，配备必要的统计人员；③健全计量工作，建立完善原始记录、统计台账和内部报表等制度，使统计资料的来源准确可靠；④在统计调查过程中，加强对数字填报质量的检查与审核工作，发现差错及时纠正。最后，为了防止弄虚作假所产生的登记误差，应从建立健全统计法制入手，教育统计人员严格执行统计法，坚持原则，同一切弄虚作假的行为作斗争，维护统计数字的真实性。

关于代表性误差的防止，主要做好两方面的工作：一方面，用重点调查和典型调查结果估计总体，调查前应从多方面加以研究，并广泛征求有关方面意见，使选出的调查单位具有较高的代表性；另一方面，如是抽样调查则应严格遵守随机原则，同时保证足够的样本容量，选择适当的抽样调查方式方法，以控制误差的范围。

第五节　统计调查问卷的设计

问卷又称调查表或询问表，是以问题的形式系统地记载调查内容的一种印件。问卷可以是表格式、卡片式或簿记式。设计问卷，是询问调查的关键。完美的问卷必须具备两个功能，即能将问题传达给被问的人和使被问者乐于回答。要完成这两个功能，问卷设计时应当遵循一定的原则和程序，并运用一定的技巧。

■ 一、调查问卷设计的原则、程序、方法与结构

（一）调查问卷设计的原则

决定调查质量的关键是调查问卷的设计质量，调查问卷是调查活动的核心和灵魂。美国有名的"兰德"调查公司认为，调查问卷设计的总要求是有较高的信度、效度、适度。具体表述为以下几个调查问卷设计原则：

1. 可信原则

可信原则，是指调查问卷的设计要能够使被调查者讲真话，而不会对被调查者产生误导，能够对被调查者的心理活动进行了解并得到可靠反映的原则。现代市场调查和问卷的设计，其水平主要看是否能够收集到真实的信息资料，即"信度"的高低。"信度"是指调查问卷和收集的信息资料反映实际情况的可信、可靠程度。信度可以简单地区分为再测信度、复本信度和折半信度。

再测信度是指用同一种调查问卷，对同一群被调查者进行前后两次测量，然后根据两次测量的结果计算其相关系数，根据相关系数确定再测信度。在实际调查设计中，可以把同一个问题，用相同的语言在不同的时间，询问同一位（组）被调查者。复本信度是指用两个题型、题量、内容和回答难度上一致，但语言表达和调查形式差异的调查问卷（复本），分别组织调查人员用变换提问的方法，对于相同的调查群体进行前后两次调查，然后对两次调查结果进行相关系数的计算和相关性判定。折半信度是指按照被调查者的回答（测量）情况，按照题目的单、双分成两半记分，然后再计算它们之间的相关系数，由此确定调查问卷的可信程度。

为了提高调查问卷的"信度"，可以在调查问卷设计初步完成后进行试问。对试问结果，可以采取进行相关系数的计算和比较的方法、或主观分析判断的方法、或与同类调查结果进行比较的方法、或验证调查结果与理论推断的一致性等方法，判断"信度"的高低。如果有不满意的地方，可以进行改进，直到满意为止。

2. 有效原则

调查问卷的效度，是指通过对调查问卷的使用，使得到的信息资料能够对企业的决策和其他研究问题的有用程度。这需要调查人员深入了解企业进行调查的根本目的和具体要求，使调查问卷的设计有比较高的针对性。效度只是程度上的差别，因此，只是一个相对的概念和评定，而没有绝对的区别。调查问卷效度的具体评定方法一般有内容效度和准则效度等。

内容效度，是指调查问卷的内容是否包含了所有的与企业经营决策有关的特点和范围。如果包含了，则可以认为调查问卷有基本的内容效度。包含程度越高，可以认为内容效度也越高。准则效度是指对同一概念或者对象，如果用两个以上的测量标准方法进行测量或者调查，可以得出相同的结果，或者说，用不同的方法按照相同的准则进行的测量具有相同的结果，则可以认为两种方法的效度比较高。

3. 适度原则

适度就是指调查问卷对于企业问题的解决与调查成本的适宜程度。坚持调查问卷的适度原则就是指坚持调查问卷设计和策划的适度原则。即指调查问卷的内容和范围、需要被调查者回答的问题数量，以及调查问卷印制的数量、被调查者的样本数量等，都应该比较合适。既不会因为简单而使应该了解的内容没有了解到，也不会因为内容过多或者太多的重复而增加费用。

以上三个"度"的问题，可以通过对调查问卷的分析和题目效果的量化进行比较。为了慎重起见，往往会进行些初步的调查，以确定问卷符合要求后，再开展大规模的正式调查活动。

（二）调查问卷设计的程序

（1）确定主题和资料范围。根据调查目的和要求，研究调查内容、所需收集的资料及资料来源、调查范围等，酝酿问卷的整体构思，将所需要的资料一一列出，分析哪些是主要资料，哪些是次要资料，哪些是可要可不要的资料，淘汰那些不需要的资料，再分析哪些资料需要通过问卷取得、需要向谁调查等，并确定调查地点、时间及对象。

（2）分析样本特征。分析了解各类调查对象的社会阶层、社会环境、行为规范、观念习俗等社会特征；需求动机、潜在欲望等心理特征；理解能力、文化程度、知识水平等学识特征，以便针对其特征来拟题。

（3）拟定并编排问题。首先构想每项资料需要用什么样的句型来提问，尽量详尽地列出问题，然后对问题进行检查、筛选，看它有无多余的问题，有无遗漏的问题，有无不适当的问句，以便进行删、补、换。

（4）进行试问试答。站在调查者的立场上试行提问，看看问题是否清楚明白，是否便于资料的记录、整理；站在应答者的立场上试行回答，看看是否能答和愿答所有的问题，问题的顺序是否符合思维逻辑。估计回答时间是否合乎要求。有必要在小范围进行实地试答，以检查问卷的质量。

（5）修改、付印。根据试答情况，进行修改，再试答，再修改，直到完全合格以后才定稿付印，制成正式问卷。

（三）调查问卷设计的方法

调查问卷是以书面的形式记录和反映调查对象的看法和要求，问卷设计的好坏对调查结果影响很大。因此，调查问卷的设计应主题明确、重点突出、通俗易懂、便于回答，同时还应便于计算机对问卷的汇总和处理。问卷的设计，可根据具体情况采用不同的设计方法，基本的方法有以下几种：

（1）自由询问式。这种方法是只提问不设答案，由被调查者自由回答。它适用于对所有问题提问，但如果出现被调查者不愿或不便用文字形式表达自己看法的情况时，就会影响调查结果的全面性与准确性。此外，这种方法不利于进行资料的整理和统计。

（2）两项选择式。这种方法的问卷只是让被调查者在两个可能答案中选择一个，如"是"与"不是"，"有"与"没有"等。此类方法易于发问，也易于回答，且方便统计汇总，但不便于调查人员了解形成答案的原因。

（3）多项选择式。这种询问方法设置了多种答案供被调查者选择，能较全面地反映被调查者的看法，又较自由询问易于统计和整理，但在设计时应注意供选择的答案不宜过多，只要能概括各种可能情况即可，一般不应超过 10 个。

（4）顺位式。这是让被调查者依据自己的爱好和认知程度对调查项目中所列答案定出先后次序。顺位式一般分为两种：一种是预先给出多个答案，由被调查者定出先后顺序；另一种是不预先给出答案，而由被调查者按先后顺序自己填写。

（5）赋值评价式。这是指通过打分数或定等级来评价事物的好坏或优劣的方法。打分时，一般用百分制或十分制，等级一般定 1～5 级或 1～10 级。这种方法简便易行，评价的活动余地较大，而且便于统计处理和比较。缺点是分数的多少和等级的高低不易掌握分寸，而且往往因人而异，差异较大。因此，采用这种方法时，应当对打分或定级的标准做出统一的规定，以便调查者有所参考。上述的 5 种设计形式，第 1 种属于开放式问卷，第 2、第 3、第 5 种属于封闭式问卷，第 4 种既可以用于封闭式问卷中，也可以用于开放式问卷中。此外，还可以采取其他的设计方法。

（四）调查问卷设计的结构

在设计调查问卷时，应该注意问卷的整体结构，问卷的整体结构可以分为四个部分：

1. 开头

调查问卷的开头是十分重要的。大量的实践表明，几乎所有拒绝合作的人都是在开始接触的前几秒钟内就表示不愿参与的。如果潜在的调查对象在听取介绍调查来意的一开始就愿意参与的话，那么绝大部分都会合作，而且一旦开始回答，就几乎都会继续并完成，除非在非常特殊的情况下才会中止。问卷的开头应该有这样的内容：

（1）标题。问卷的标题应该简单而明确，一般情况下不超过 15 个字，指出"关于××的调查问卷"即可。

（2）开场白。调查问卷的开场白应该简单说明调查的目的和希望被调查者能够配合的语言。目的是接近被调查者，获得被调查者的合作。一般包括以下几项：

① 称呼、问候，如"×× 先生、女士：您好"。

② 调查人员自我说明调查的主办单位和个人的身份。

③ 简要地说明调查的内容、目的、填写方法。

④ 说明作答的意义或重要性。

⑤ 说明所需时间。

⑥ 保证作答对被调查者无负面作用，并替他保守秘密。

⑦ 表示真诚的感谢，或说明将赠送小礼品。

开场白的语气应该是亲切、诚恳而礼貌的，简明扼要，切忌啰唆。具体语言如"现在邀请您参与关于××的调查，感谢合作"等；有的调查问卷只是要求调查人员进行口头式的开场白而不在调查问卷上列出；有的调查问卷在提第一个正式问题前，列一个与调查问题有关但是又比较风趣的问题，以便引起被调查者的兴趣，使被调查者能够把注意力转移到调查问卷上来，借以代表开场白。需要注意的是，应力求避免在开头提出一些比较私人性的问题，如年龄和收入等，因为这样的问题往往会使被调查者因为厌烦而拒绝回答后续问题。

同时需要注意，在调查问卷的开头应设计询问或者排除的问题，以确定被调查者是否符合调查者的条件。如果符合即开始进行正式调查，如果不符合，则需要放弃调查，以确保调查资料的针对性和有用性。例如，有的公司确定需要在本市连续居住 5 年以上者为被调查者，于是询问对方"何时到本市"等。此外，为了能了解到真实的信息资料，在调查问卷的开头，还应该排除一些可能会给调查活动带来不利影响的因素。例如，与调查内容在职业上有关联的被调查者、曾经接受过调查的人士（职业受访者）、属于其他调查公司人员的被调查者，以及可能在调查活动中提供虚假信息的其他人士或者情况。

（3）填表说明。即用来指导被调查者填写问卷的说明。它一般在开场白之后，并标有"填表说明"的标题，其内容应对填表的方法、要求、注意事项等作一个简明介绍。当然，对于一些比较复杂的问题，也应当有填表说明附在问题后面并用括号括起来，其作用在于指导被调查者填写该问题。凡是问卷中有可能使被调查者不清楚的地方，都应予以明确的指导。

2. 正文

正文，也就是问卷所提问题与答案，这是调查问卷最基本、最主要的组成部分，调查资料的搜集主要是通过这一部分来完成的，也是使用问卷的目的所在。这一部分设计如何，关系到该项调查有无价值和价值的大小。通常在这一部分既提出问题，又给出回答方式。从形式上看，问题有开放与封闭、客观与主观、直接与间接、假设与断定、文字与图形等题之分；从内容上看，又有背景问题、行为问题、态度问题与解释性问题之别。问题的内容取决于调查目的和调查项目。从形式上分的问题类型将在随后的内容中专门介绍。

调查问卷的正文实际上包含了三大部分。第一部分包括向被调查者了解最一般的问题。这些问题应该是适用于所有的被调查者，并能很快很容易回答的问题。在这一部分不应有任何难答的或敏感的问题，以免吓坏被调查者。第二部分是主要的内容，包括涉及调查的主题的实质和细节的大量的题目。这一部分的组织结构安排要符合逻辑性并对被调查者来说应是有意义的。第三部分一般包括的内容是敏感性或复杂的问题，以及测量被调查者的态度或特性的问题。

同时设计调查问卷正文时，应该注意如下问题：

（1）问题应该从易到难。按照需要提问的内容，应该从一般的容易回答的问题开始。例如，"有"或"没有"，"是"或"不是"等是非问题，或者叫"客观题"。然后再到比较复杂的心理动机、潜在意识以及需要进行广泛性探讨的问题等。使被调查者在不知不觉中回答重要和难以回答的问题。

（2）针对主要问题提问。调查问卷的正文部分，应该对涉及企业进行市场调查的主要目的和内容进行详细的调查提问，应该包括比较多的内容和比较大的范围，应该尽量探讨被调查者的内心活动和心理效应等，不要因为怕浪费时间和精力而压缩主要问题的提问内容。

3. 最后部分

在调查问卷的最后部分，可以提出一些需要自由回答的问题以及更深层次的问题。因为这些问题，需要被调查者作一定程度的思考，所以应该放在调查问卷的后半部分。因为只有这时，被调查者才不知不觉地进入对调查问题的深度思考，被调查者也可能会愿意将调查问卷进行到底。

4. 被调查者的基本情况

这一资料是对调查资料进行分类研究的基本依据。一般而言，被调查者包括两大类，一是个人，二是单位。如果被调查者是个人，则基本情况包括姓名、性别、年龄、文化程度、职业、职务、个人或者家庭收入等。如果被调查者是企事业等单位，则包括单位名称、经济类型、行业类别、职工人数、规模、资产等。若采用不记名调查，则被调查者的姓名可在基本情况中省略。当然，如果被调查者不想讲，也不要勉强。最后应该对被调查者的合作表示感谢。如果有礼物的话，则不要忘记把礼物送给被调查者。

二、调查问卷的基本类型

调查问卷作为收集资料的工具，在使用过程中并非完全一致。由于调查者的研究目的、调查内容、调查方式各有不同，就决定了调查问卷的形式不尽相同。

1. 按问卷的填写方式不同，可将调查问卷分为自填式问卷和访问式问卷

这两种类型的调查问卷在设计上有所区别，使用过程中也各有优缺点。

（1）自填式问卷。这类问卷是指通过邮寄或分发的方式，由被调查者自己填写的问卷。在这种情况下，被调查者可以不受其他影响，如实表达自己的意见，尤其是敏感性问题的调查，自填式问卷往往可以得到较为可靠的资料。但这类问卷也存在不足：如果问卷填写的答案含糊不清，或对某些问题拒绝回答，则是难以补救的；也无法知道被调查者是否独立完成答案及其回答问题的环境，以致影响问卷质量的判断。

（2）访问式问卷。这类问卷是指由调查人员通过现场询问，根据被调查者口头回答的结果代为填写的问卷。这类问卷的应答率高、可控性强，调查人员可以设法确保被调查者独立回答问题，并能控制按问卷问题的设计顺序回答，从而保证应答的完整性。同时，调查人员还可以观察被调查者的态度及其回答问题的环境，有利于进一步分析、判断相关问题。但这类问卷也存在不足：一般费用高，容易受调查人员的影响，匿名性也差；当被调查者对调查人员的某些举止有偏见或不理解时，就会导致差错或有意说谎；调查人员有时对被调查者的意思没有正确理解或正确记录也可能出错。另外，运用这类问卷调查，由于调查人员知道被调查者的基本情况，有时会给被调查者带来心理压力，甚至出现拒答的情况。

2. 按问卷的问题是否有规定，可将调查问卷分为开放型问卷和封闭型问卷

这是比较常用的两种类型的调查问卷，使用过程中各有优缺点。

（1）开放型问卷。开放型问卷，是指对问卷的问题不事先做出任何选择答案，被调查者可根据自己的情况自由回答的问卷。例如：

① 您如何看待我国当前的住房价格？

② 您对家乐福超市的评价如何？

开放型问卷的优点在于：一是有利于探索性研究。因为通过开放型问卷的调查，可能得到某些研究人员未曾预料到的结果。二是可使用于问卷表上所列问题种类过多时。问题过多，易引起被调查者的厌烦而拒绝填写；删除某些问题，又会缺少该类问题而影响调查效果。在这种情况下，就可以通过设立几个开放型问题，将所要调查的内容归纳于其中的解决。三是能给被调查者较多的创造性或自我表述的机会。

开放型问卷的缺点在于：一是它可能导致搜集无价值和不相干的资料。因为被调查者自由发表看法，其看法不一定都与所问主题相关，因而无法保证无价值和不相干的信息不掺杂进去。二是回答的内容常常非标准化，给统计汇总及分析增添了难度。三是开放型问卷常常占去被调查者较多的时间和精力，容易引起较高的拒答率。

（2）封闭型问卷。封闭型问卷是指问卷的每一个问题都事先列出了若干个可能的答案，由被调查者根据自己的情况，在其中选择认为恰当的一个或多个答案的问卷。例如：

① 您经常去家乐福超市购物吗？

A. 经常去　　　　　B. 偶尔去　　　　　C. 不去

② 您认为目前 A 市的房价怎样？

A. 太高了　　　　　B. 一般　　　　　C. 不高

封闭型问卷的优点：①有标准答案，材料利于统计分析；②所问的问题具体且清楚，被调查者容易且愿意回答，可获得较高的回收率，调查所得材料的可信度也较高。

封闭型问卷的缺点：①它对问题的答案做了限定，不利于被调查者的自我表述；②它很容易被一个不知道如何或对该问题没有看法的被调查者随便乱答；③容易使一个找不到合适答案的被调查者不回答。

三、调查问卷的问题类型

在调查问卷中经常使用的问题类型和问题设计方法有很多，而且在不断地创新。从形式上看，有开放式问题与封闭式问题、客观性问题与主观性问题、直接问题与间接问题、假设性问题与断定性问题、顺序题、对比题、品牌语意差别题、文字形问题与图形问题等之分。

（一）开放式问题

开放式问题又称自由式问题，或无结构的问答题。在采用开放式问题时，应答者可以用自己的语言自由地发表意见，在问卷上没有已拟定的答案。

例如：您抽香烟多久了？您通常在什么情况下抽烟？您喜欢看哪一类的电视节目？

显然，应答者可以自由回答以上的问题，并不需要按照问卷上已拟定的答案加以选择，因此应答者可以充分地表达自己的看法和理由，并且比较深入有时还可获得研究者始料未及的答案。通常而言，调查问卷上要有一个问题采用自由式问题，让应答者有机会尽量发表意见，这样可制造有利的调查气氛，缩短调查者与应答者之间的距离。

然而，开放式问题亦有其缺点。例如，调查者的偏见，因记录应答者答案是由调查者执笔，极可能失真，或并非应答者原来的意思。如果调查者按照他自己的理解来记录，就有出现偏见的可能。但这些不足可运用录音机来弥补。开放式问题的第二个主要缺点是资料整理与分析的困难。由于各种应答者的答案可能不同，所用字眼各异，因此在答案分类时难免出现困难，整个过程相当耗费时间，而且免不了夹杂整理者个人的偏见。因此，开放性问题在探索性调研中是很有帮助的，但在大规模的抽样调查中，它就弊大于利了。

（二）封闭式问题

封闭式问题又称有结果的问答题，与开放式问题相反，它规定了一组可供选择的答案和固定的回答格式，即在调查问卷上已经事先设定了答案，调查对象只能在已经设定的答案中选择性回答的问题。根据备选答案的多寡和选择答案的多少，封闭式问题又可分为是非题、单选题或者多选题。

1. 是非题

是非题是指提出一些非此即彼（即在两个备选答案中只能选其一）的问题，让被调查者从两个答案中选择一个进行回答的提问方法。可分为是非客观题，如"您本星期去过家乐福购物吗？"（答案只能在去过或没有中选择一个），是非主观题，如"您喜欢去家乐福购物吗？"（答案只能在喜欢和不喜欢中选择一个）。

2. 单选题

单选题是指在多个备选答案中只能选择一个的问题。同样，单选题可也以分为主观性问题和客观性问题。例如：

（1）您去家乐福购物，最主要的原因是什么？只可以在下列答案中选择一个答案。
（　　）

A. 离住处近　　　　　　　　　　　B. 价格实惠

C. 服务态度好　　　　　　　　　　D. 感觉好

E. 商品质量信得过　　　　　　　　F. 说不清楚原因

（2）您购买商品房最主要的原因是什么？只可以在下列答案中选择一个。（　　）

A. 解决目前居住紧张问题　　　　　B. 改善居住环境

C. 为子女准备结婚用房　　　　　　D. 防止货币贬值

E. 低买高卖赚取差价　　　　　　　F. 说不清楚原因

（3）您认为近几年房价飙升的最主要原因是什么？只可以在下列答案中选择一个。
（　　）

A. 土地资源稀缺　　　　　　　　　B. 人口过多

C. 供不应求　　　　　　　　　　　D. 官商勾结

E. 建造成本提高　　　　　　　　　F. 说不清楚原因

单选题对于了解被调查者最关注的问题、调查产品属性权重的问题等，都有很好的效果。问题在于设计问卷时，应该把初步调查时获得的可能的答案，尤其是回答概率比较高的答案，都尽可能地写在调查问卷上，避免因为调查对象找不到心目中的答案而放弃回答。

3. 多选题

多选题是指在多个备选答案中可以选择多于一个的问题。例如：

（1）您去家乐福购物的原因是什么？可以在下列答案中选择多个答案。（　　）

A. 离住处近　　　　　　　　　　　B. 价格实惠

C. 服务态度好　　　　　　　　　　D. 感觉好

E. 商品质量信得过　　　　　　　　F. 说不清楚原因

（2）您购买商品房的原因是什么？可以在下列答案中选择多个答案。（　　）

A. 解决目前居住紧张问题　　　　　B. 改善居住环境

C. 为子女准备结婚用房　　　　　　D. 防止货币贬值

E. 低买高卖赚取差价　　　　　　　F. 说不清楚原因

（3）您认为近几年房价飙升的原因是什么？可以在下列答案中选择多个答案。（　　）

A. 土地资源稀缺　　　　　　　　　B. 人口过多

C. 供不应求　　　　　　　　　　　D. 官商勾结

E. 建造成本提高　　　　　　　　　F. 说不清楚原因

封闭式问题的优点包括以下几个方面：①答案是标准化的，对答案进行编码和分析都比较容易；②回答者易于作答，有利于提高问卷的回收率；③问题的含义比较清楚。因为所提供的答案有助于理解题意，这样就可以避免回答者由于不理解题意而拒绝回答。

封闭式问题也存在一些缺点：①回答者对题目不正确理解的，难以觉察出来；②可能产生"顺序偏差"或"位置偏差"，即被调查者选择答案可能与该答案的排列位置有关。研究表明，对陈述性答案被调查者趋向于选第一个或最后一个答案，特别是第一个答案，而对一组数字（数量或价格）则趋向于取中间位置的。为了减少顺序偏差，可以准备几种形式的问卷，每种形式的问卷答案排列的顺序都不同。

（三）主观性问题

主观性问题也叫意见性、倾向性问题，是指需要被调查者按照自己的主观愿望进行回答的问题，如提出关于态度、兴趣、购买意愿等方面的问题等。例如：向被调查者提出关于"您把钱存在银行的目的主要是（　　）""您购买衣服时主要考虑的因素有（　　）"等类似的问题。

（四）客观性问题

客观性问题也叫事实题、状态题，是指要求被调查者以实际状态进行实事求是回答的问题。例如：询问被调查者是否拥有或者是否购买过某个具体产品的问题，要求被调查者就家庭人口资料进行回答的问题等。

（五）直接问题

直接问题是指直接向被调查者本人进行提问的问题。例如问："您认为这个产品的名字叫起来有一种亲切感吗？""您喜欢这个产品的包装吗？"

（六）间接问题

间接问题是指向第三者提问的问题，或者假借一个提问对象间接向被调查者提问的问题。例如："您的朋友会喜欢这个产品吗？""您的邻居怎么看待这个包装？"间接题的设计和作用，使市场调查问卷设计水平有了很大的提高，受到业内人士的普遍欢迎。

（七）假设性问题

假设性问题是指调查人员不能确定被调查者对问题的态度而进行的提问。例如，"请问如果您的收入比现在增加两倍，您会首先购买什么呢？"（询问边际消费意向的自由题），"请问如果您的收入比现在增加两倍，您会购买轿车吗？"（封闭题）

根据假设和回答问题的方式，假设性问题又可分为：

（1）定性假设定性回答的问题，即提出一些可以用实体或者语言的形式进行定性表达的假设问题向被调查者提问，而被调查者也使用定性假设进行回答的问题。例如：

A市与B市相比，您认为A市的住宅价格怎样？（　　　）

A. 太便宜　　　　　B. 便宜　　　　　C. 适中

D. 稍贵　　　　　E. 贵得离谱　　　　F. 说不清

（2）定性假设定量回答的问题，即使用定性假设的提问方法，但要求向被调查者给予定量回答的问题。例如：

A市与B市相比，您认为A市的住宅价格下降到哪个档次比较合适？（　　　）

A. 4 000元/平方米以下　　　　　　　B. 4 000～4 500元/平方米

C. 4 500～5 000元/平方米　　　　　　D. 5 000～5 500元/平方米

E. 5 500～6 000元/平方米　　　　　　F. 6 000元/平方米以上

（3）定量假设定性回答的问题，即提出一些用数量表示的假设，向被调查者征询意见和态度，而被调查者可以使用定性假设进行回答的问题。例如：

如果A市市区的住宅价格下降到5 000～5 500元/平方米，您会购买吗？（　　　）

A. 会　　　　　　B. 不会　　　　　C. 不知道

（4）定量假设定量回答的问题，即提出一些定量的问题，也要求被调查者进行定量、定时、定概率的回答。例如：

如果A市市区的住宅价格下降到5 000～6 000元/平方米，您会在（　　　）时间内购买？

A. 1年内　　　　　B. 2年内　　　　　C. 3年内

D. 4年内　　　　　E. 5年内　　　　　F. 5年以上

（八）断定性问题

断定性问题是认为被调查者肯定持有某种态度，只是需要了解具体的细节问题而已。问题的类型，如"您会购买蓝色的轿车还是黄色的轿车？"（封闭题）"如果您购买轿车的话，那么您会购买什么颜色的轿车？"（自由题）

在实际的调查问卷设计中，往往会先问假设题，而后会立即进行断定题的提问，不能颠倒提问顺序。因为如果先问了断定题，而又断定错误的话，将使调查难以继续。

（九）顺序题

顺序题是在多选题的基础上发展起来的一种类型题。它属于态度量表之一，故也叫顺序量表，是指不仅要求被调查者指出答案，而且要求被调查者对答案进行重要性排序。

（1）正方向排序题。正方向排序题，是指用顺序符号">"表示重要性的顺序。即最重要的排在最前面，次重要的排在次前面，最不重要的排在最后面，并且用符号">"进行连接的问题和提问方法。例如：

"请挑选下面属于'您去好又多购物的原因'的题序号码，并且用符号'>'表示您对'原因'重要性的排列。最重要的排在前面，次重要的排在第二，最不重要的排在最后面，并且用符号'>'进行连接。最少需要进行三个以上原因的排列。"

（　　）>（　　）>（　　）>（　　）>（　　）>（　　）

A. 离住处近　　　　　B. 价格实惠　　　　C. 服务态度好

D. 感觉好　　　　　　E. 商品质量信得过　F. 说不清楚原因

（2）反方向排序题。反方向排序题，是指按照问题内容重要性，从相反方向对被调查者的心理活动或者态度进行调查与排序提问的方法。提问的内容可以是被调查者最不乐意看到的、最不乐意听到的、最惧怕的、最有危机感的事情，被调查者认为最不重要的、几乎没有考虑的问题等。回答时最不重要的内容排在最前面，依次排列，最重要的内容排在最后面。这样的提问方法和调查结果叫作反方向排序。例如：

"请挑选下面属于'您买住宅最担心的'的题序号码，填写在下面的括号内，并且用符号'>'表示您'最担心'程度的排列。最不重要的排在前面，次不重要的排在第二，最重要的排在最后面，并且用符号'>'进行连接。最少需要进行三个以上原因的排列。"

"我买住宅最担心的事情及其排序是（　　）>（　　）>（　　）>（　　）>（　　）>（　　）"。

A. 价格太高买后房价狂跌　　　　　B. 房屋质量太差

C. 房屋面积缩水　　　　　　　　　D. 交付延期

E. 小区环境不好　　　　　　　　　F. 物业管理混乱

（十）对比题

一对一的对比题是顺序题的一个特例，属于封闭题，是指由调查人员列举出若干个一对一的产品例子，大多是指品牌名称、竞争对手的产品、多种方案的选择、多个同类事物等，让被调查者进行对比。

（1）品牌对比题。例如：

"在以下品牌的空调器的对比中，您认为哪个更好？请在您认为更好的那个品牌（　　）内打'√'。"

A. 美的（　　）与海尔（　　）　　　B. TCL（　　）与海尔（　　）

C. 科龙（　　）与海尔（　　）　　　D. 格力（　　）与海尔（　　）

E. 万家乐（　　）与海尔（　　）　　F. 长虹（　　）与海尔（　　）

G. 松下（　　）与海尔（　　）　　　H. 西门子（　　）与海尔（　　）

I. 索尼（　　）与海尔（　　）　　　J. 日立（　　）与海尔（　　）

（2）属性对比题。可以罗列关于产品的各种功能，被调查者可能考虑的各种因素，以及其他方面的属性，然后两两对称，进行对比。例如：

"在空调以下的各种属性的对比中，您认为哪个更重要？请在您认为更重要的那个属性的后面的（　　　）内打'√'。"

A. 制冷（　　　）和安静（　　　）　　　B. 舒适（　　　）和价格（　　　）

C. 性能（　　　）和外观（　　　）　　　D. 制冷（　　　）和体积（　　　）

E. 价格（　　　）和服务（　　　）　　　F. 品牌（　　　）和价格（　　　）

G. 外观（　　　）和价格（　　　）　　　H. 耐用（　　　）和外观（　　　）

I. 耐用（　　　）和方便（　　　）　　　J. 性能（　　　）和价格（　　　）

（十一）品牌语意差别题

品牌语意差别题也被称为印象调查题，是指用语意差别的词语调查消费者对于某个事物的印象。比较经常调查的问题是品牌印象题。用有语意差别的词语调查消费者对于某个品牌印象的方法叫作品牌印象调查法，提问的问题称为品牌语意差别题。谈到茅台酒，人们会想起一些有关的词语。例如，国酒、历史悠久的酒、在国际上获得过金奖的酒等。这些与茅台酒品牌有关的文字联想和词语，都是对茅台酒的印象。印象，尤其是主要印象，是品牌在消费者心目中的客观定位，消费者往往是通过对于品牌的印象进行购买决策的。因此，了解消费的印象，并且通过产品的改进与促销活动，使产品在消费者心目中与他们的理想品牌接近，可以有效地确定和提高产品的市场定位，增加产品的市场销售。印象调查法多用于对产品品牌、产品包装、商标、CI 设计等方面的调查。

（十二）文字形问题

文字形问题是指以传统的文字形式进行设计的问卷问题。

（十三）图形问题

图形问题是指以图形、表格及它们与文字相结合的方式进行调查问卷设计的问题。一般而言，这种提问方式，更符合被调查者的心理活动规律，更能够了解到被调查者的真实意图，可以提高调查问卷的信度和效度。

四、问卷调查设计技巧

问卷调查设计技巧有以下几种：

（1）对于事实性问题，主要是要求应答者回答一些有关事实的问题。例如：你通常什么时候看电视？其主要目的在于求取事实资料，因此问题中的字眼定义必须清楚，让应答者了解后能正确回答。

市场调查中，许多问题均属"事实性问题"，如应答者个人的资料：职业、收入、家庭状况、居住环境、教育程度等。这些问题又称为"分类性问题"，因为可根据所获得的资料而将应答者分类。在问卷之中，通常将事实性问题放在后边，以免应答者在回答有关个人的问题时有所顾忌，因而影响以后的答案。如果抽样方法是采用配额抽样，则分类性问题应置于问卷之首，否则不知道应答者是否符合样本所规定的条件。

（2）对于意见性问题，即态度调查问题。例如：你是否喜欢××电视节目？应答者是否愿意表达他真正的态度，固然要考虑，而态度强度亦有不同，如何从答案中衡量其强弱，显然也是一个需要考虑的问题。通常而言，应答者会受到问题所用字眼和问题次序的影响，即不同反应，因而答案也有所不同。对于事实性问题，可将答案与已知资料加以比较。但在意见性问题方面则较难作比较工作，因应答者对同样问题所作的反应各不相同。因此意见性问题的设计远较事实性问题困难。这种问题通常有两种处理方法：一是对意见性问题的答案只用百分比表示，如有的应答者同意某一看法等；二是在衡量应答者的态度，故可将答案化成分数。

（3）对于困窘性问题，是指应答者不愿在调查员面前作答的某些问题，比如关于私人的问题，或不为一般社会道德所接纳的行为、态度，或属有碍声誉的问题。例如：平均说来，每个月你打几次麻将？如果你的汽车是分期购买的，一共分多少期？你是否向银行抵押借款购股票？你除了工作收入外，还有其他收入吗？

如果一定要想获得困窘性问题的答案，又避免应答者作不真实回答，可采用以下方法：

① 间接问题法。不直接询问应答者对某事项的观点，而改问他认为其他该事项的看法如何。

例如：用间接问题旨在套取应答者回答认为是旁人的观点。所以在他回答后，应立即再加上问题："你同他们的看法是否一样？"

② 卡片整理法。将困窘性问题的答案分为"是"与"否"两类，调查员可暂时走开，让应答者自己取卡片投入箱中，以减低困窘气氛。应答者在无调查员看见的情况下，选取正确答案的可能性会提高不少。

③ 随机反应法。根据随机反应法，可估计出回答困窘问题的人数。

④ 断定性问题。有些问题是先假定应答者已有该种态度或行为。

例如：你每天抽多少支香烟？

事实上该应答者极可能根本不抽烟，这种问题则为断定性问题。正确处理这种问题的方法是在断定性问题之前加一条"过滤"问题。

例如：你抽烟吗？

如果应答者回答"是"，用断定性问题继续问下去才有意义，否则在过滤问题后就应停止。

⑤ 假设性问题。有许多问题是先假定一种情况，然后询问应答者在该种情况下，他会采取什么行动。

例如：如果××晚报涨价至2元，你是否将改看另一种未涨价的晚报？

如果××牌洗衣粉跌价1元，你是否愿意用它？

你是否愿意加薪？

你是否赞成公共汽车公司改善服务？

以上皆属假设性问题，应答者对这种问题多数会答"是"。这种探测应答者未来行为的问题，应答者的答案事实上没有多大意义，因为多数人都愿意尝试一种新东西，或获得一些新经验。

▌五、问卷设计应注意的问题

问卷设计应注意的问题有以下几点：

（1）问卷的开场白，必须慎重对待，要以亲切的口吻询问，措辞应精心切磋，做到言简意明，亲切诚恳，使被调查者自愿与之合作，认真填好问卷。

（2）有明确的主题。根据调查主题，从实际出发拟题，问题目的明确，重点突出，没有可有可无的问题。

（3）注意问题的字眼与语言表达。由于不同的字眼会对被调查者产生不同的影响，因此往往看起来差不多的相同的问题，会因所用字眼不同，而使应答者作不同的反应，做出不同的回答。故问题所用的字眼必须小心，以免影响答案的准确性。一般来说，在设计问题时应留意以下几个原则：

① 避免一般性问题。如果问题的本来目的是在求取某种特定资料，但由于问题过于一般化，使应答者所提供的答案资料无多大意义。

例如：某酒店想了解旅客对该酒店房租与服务是否满意，因而作以下询问：

你对本酒店是否感到满意？

这样的问题，显然有欠具体。由于所需资料牵涉房租与服务两个问题，故应分别询问，以免混乱。例如：

你对本酒店的房费是否满意？

你对本酒店的服务是否满意？

② 问卷的语言要口语化，符合人们交谈的习惯，避免书面化和文人腔调或专业术语。

③ 对敏感性问题采取一定的技巧调查，使问卷具有合理性和可答性，避免主观性和暗示性，以免答案失真。

（4）要结构合理、逻辑性强。问题的排列应有一定的逻辑顺序，符合应答者的思维程序。一般是先易后难、先简后繁、先具体后抽象。有时问卷的头几个问题也可采用开放式问题，旨在使应答者多讲话，多发表意见，使应答者感到十分自在，不受拘束，能充分发挥自己的见解。当应答者话题多，其与调查者之间的陌生距离自然缩短。不过要留意，最初安排的开放式问题必须较易回答，不可具有高敏感性，如困窘性问题。否则一开始就被拒绝回答的话，以后的问题就难继续了。因此问题应是容易回答且具有趣味性，旨在提高应答者的兴趣。核心问题往往置于问卷中间部分，分类性问题如收入、职业、年龄通常置于问卷之末。

问卷中问题的顺序一般按下列规则排列：

① 容易回答的问题放前面，较难回答的问题放稍后，困窘性问题放后面，个人资料的事实性问题放卷尾。

② 封闭式问题放前面，开放式（自由式）问题放后面。由于开放式（自由式）问题往往需要时间来考虑答案和语言的组织，有时放在前面会引起应答者的厌烦情绪。

③ 要注意问题的逻辑顺序，按时间顺序、类别顺序等合理排列。

（5）要控制问卷的长度。回答问卷的时间控制在 20 分钟左右，问卷中既不浪费一个问句，也不遗漏一个问句。

（6）要便于资料的校验、整理和统计。

知识链接

关于大学生新媒体使用情况的调查问卷

扫描此码

案例学习

第六节　次级信息数据的收集

次级信息数据也称为二手信息数据，是指因为其他目的已经被收集好了的资料。与原始信息数据相比，二手信息数据收集起来更快更容易，所需的费用和时间也相对节约得多。

■ 一、次级信息数据的来源

次级信息数据有两个基本来源：内部信息数据和外部信息数据。

（一）内部信息数据

内部二手信息数据是从被调查单位内部直接获取的与调查有关的信息数据资料，如资产负债表、现金流量表、各种统计台账、统计报表等。另外，对于今天的企业来说，面对着 21 世纪的挑战，尤其是计算机网络的发展，一些企业已经或正在着手建立现在的和潜在的消费者以及内部生产、销售管理的信息数据库，利用已有的企业信息数据库，优秀的调查人员可以调查现有的市场营销活动和预测未来调查销售状况等。

（二）外部信息数据

1. 传统的二手信息数据

传统的外部的次级信息数据来源非常广泛，有各级政府、非营利机构、贸易组织和行业机构、商业性出版物等。其中政府机构所编辑出版的统计资料是宏观、微观信息数据的主要来源。

在我国，国家统计局出版的统计资料汇编刊物主要有：《中国统计年鉴》《国民收入统计资料汇编》《中国物价统计年鉴》《全国城镇居民家庭收支调查》《中国农村统计年鉴》《中国劳动工资统计年鉴》《中国证券期货统计摘要》《世界经济年鉴》《中国金融年鉴》《中国证券期货统计年鉴》《中国经济年鉴》等。

除了国内出版的刊物外，也可以利用国际和外国组织机构公开发表的资料汇编，如《联合国统计年鉴》《世界发展报告》《世界经济展望》《美国统计摘要》《日本统计月报》等。

随着信息技术的飞速发展，可以获得资料的渠道越来越多，各种年鉴、资料汇编也越来越多，内容越来越丰富，不过，任何已有的资料都是为了某种目的而收集并通过一定的方法整理汇编出来的，不是亲自收集的信息数据，有时难以满足某些特定研究的需要，特别是在所搜集到的次级信息数据资料不配套、不完整、不合要求时，仍然需要进行调整和估算，所以为了得到高质量的信息数据，亲自收集信息数据仍然是十分必要的。

2. 二手信息数据的新纪元 —— 在线信息数据库

收集传统的二手信息数据往往是一项艰苦的工作，它意味着政府部门、行业协会和其他部门联络，然后等待回音；数次往返图书馆寻找有关报告……今天，计算机基础上发展而来的在线信息数据库（on-line database）就可以解决这个难题。如果具备了一定的设备，任何人都可以及时地获取在线信息数据（on-line data）。

（1）计算机信息数据库的优点。与传统的印刷出版的信息数据相比，计算机信息数据库具有如下的优点：①因为出版商和信息数据收集编辑者现在都已将使用计算机作为最基本的生产技术，因此信息数据是最近的或是最新的；②一般联网的计算机可以提供几百个信息数据库的信息，因此使用起来又快又方便，相应的搜集过程更具综合性、更快、更简单；③因为查询的时间很短，所以费用也相对较低；④只要个人计算机与某种通信设备相连接，就可以容易地得到所需信息数据。

（2）计算机信息数据库的分类。计算机信息数据库可以分成联网与不联网的两大类。随着高级网络技术的发展，网络信息数据库的比重越来越大。

联网的和不联网的信息数据库都可以进一步分成参考文献、统计数字、全文、名录和其他信息数据库。参考文献信息数据库由刊物、杂志、报纸、市场研究、技术报告、政府文件等方面的引文组成，还常常可以提供资料的摘要或小结。统计数字信息数据库包括各种数字的统计资料。全文信息数据库包括一些文献的全文，如报纸的全文搜索服务。名录信息数据库提供关于个人、机构和服务单位的名单、地址和联系电话等，如著名的Yahoo。

毫无疑问，国际互联网（Internet）和万维网（WWW）的革命正在席卷全球，其运用的范围也越来越广和越来越深入，尤其在营销、管理、公共关系、产品销售、客户支持和电子交换方面，将有无限的潜能。作为调查人员，当然可借助这些现代技术搜集与调查有关的信息数据资料。

■ 二、二手信息数据资料的特点

（一）二手信息数据的优点

二手信息数据可以弥补收集原始信息数据成本高、时间长和不方便的缺点，因此调查人员可以广泛地使用二手信息数据。使用二手信息数据还有如下优点：①二手信息数据可以提供必要的背景信息和调查报告的创意。二手信息数据可以为调查人员提供丰富的背景资料，如潜在购买者和非潜在购买者的特征、产业资料、新产品受欢迎的特点、现有产品的优点和缺陷等。②二手信息数据有可能提供原始信息数据收集的方法。有的项目的原始信息数据调查可以在调查过程中为解决手边的问题而应用，如公开发表的同类调查报告和调查方法、问卷设计方法等，就可以征得有关方面许可而采用。③二手信息数据可以警示调查人员注意潜在的问题和困难。二手信息数据可以帮助调查人员辨明在调查过程中可能遇到的问题，如信息数据收集方法问题、样本确定问题或被访者的敌意等。

（二）二手信息数据的缺陷

虽然二手信息数据具有显著的优点，但是它也存在一些缺陷，比如说难以获得、相关性差和不准确等。首先，难以获得。对一些调查项目来说，其二手信息数据无法提供。如果调查某组织在各地区的形象，那么它只能通过原始信息数据的调查而完成。同样的例子还有对新产品的概念和性能的测试。其次，相关性差。二手信息数据不是为当前的问题所收集的，因此在现实中，调查人员往往因为信息数据抽样单元或测量方法不符，无法使用该信息数据，而类似统计年鉴的发表往往在时间上也要滞后许多。一般是 1 ～ 2 年，信息数据已经过时。最后，不准确。二手信息数据的使用者应该经常质疑信息数据的准确性，在研究者收集、编码、分析和表现信息数据时往往可能潜藏许多错误。没有提及误差和误差范围的报告是值得怀疑的。应该提出以下几个问题：①谁收集的？信息数据的来源是关系到信息数据准确程度的最关键因素。政府、大的市场调查机构等权威性较高的部门较为值得信赖。②研究的目的是什么？弄清研究的动机，有助于判断信息数据的质量。为了某一团体的利益而收集的信息数据是令人怀疑的，如企业自身所作的媒体调查、广告公司对广告效果的自我测量等。③什么内容？研究者一定要时时注意辨明信息数据的内容，即使二手信息数据的质量可以让人接受，但也可能难于使用或不能适应需要。④何时收集的？过时的信息数据是没有什么用处的，在收集二手信息数据时，一方面要注意其发表的时间；另一方面要注意其实施调查时间，因为调查结果发表和信息数据收集的真正时间常常是相隔很长的。

本章小结

本章主要介绍了统计设计、数据的计量与类型、原始数据的搜集、统计调查、统计调查问卷的设计、次级信息数据的收集六个问题。

统计设计是统计工作的首要阶段。统计设计按研究对象范围分为整体设计和专项设计；按工作阶段分为全过程设计和单阶段设计；按时期不同分为长期设计、中期设计和短期设计。

统计计量划分为定类尺度、定序尺度、定距尺度和定比尺度。据此，将统计数据分为定类数据、定序数据、定距数据和定比数据。

统计数据的收集一般应遵循准确性原则、及时性原则、系统性原则、完整性原则与经济性原则。收集数据的方法主要有访问调查、邮寄调查、电话调查、座谈会、个别深度访问、网上调查等。

统计调查是统计工作的基础环节。统计调查按被调查者包括的范围不同，分为全面调查和非全面调查；按调查的组织形式不同，分为统计报表制度和专门调查；按调查登记时间是否连续不同，分为经常性调查和一次性调查；按收集资料的方法不同，分为直接观察法、报告法（凭证法）、采访法（询问法或通信法）、问卷调查法等。

统计调查的组织形式有：普查、抽样调查、统计报表、重点调查、典型调查等。

统计调查误差按照产生方式可分为登记性误差和代表性误差；按产生的性质可分为空间误差、时间误差、方法误差和人为误差四种；按工作环节分为源头误差、中间环节误差和最终误差三种。

调查问卷设计的原则有：可信原则、有效原则、适度原则。调查问卷的设计程序为：确定主题和资料范围、分析样本特征、拟定并编排问题、进行试问试答、修改与付印。调查问卷的设计方法有：自由询问式、两项选择式、多项选择式、顺位式、赋值评价式等。

调查问卷的整体结构分为开头、正文、最后部分和被调查者的基本情况四个部分。

调查问卷按问卷的填写方式不同分为自填式问卷和访问式问卷；按问卷的问题是否有规定分为开放型问卷和封闭型问卷。调查问卷的问题从形式上看，有开放式问题与封闭式问题、客观性问题与主观性问题、直接问题与间接问题、假设性问题与断定性问题、顺序题、对比题、品牌语意差别题、文字形问题与图形问题等之分。

次级信息数据有两个基本来源：内部信息数据和外部信息数据。

技能训练：用 Excel 进行统计数据的收集

实训项目：用 Excel 进行抽样统计。

实训目的：掌握 Excel 在抽样调查中的应用，熟练运用 Excel 进行简单随机抽样与等距抽样。

实训要求：①用 Excel 进行简单的随机抽样，掌握抽样统计的"随机原则"，按照随机原则对各个调查单位进行编号；②用 Excel 进行等距抽样，掌握等距抽样。

实训资料：统计专业 120 名学生构成一个总体，即总体单位数为 120，按照简单随机原则从中抽取 20 名学生对其学习情况进行调查。

操作步骤：

第一步，启动 Excel，新建一个工作簿 Book1。检查 Excel 的"数据分析"功能，如果初次使用尚未安装"数据分析"，必须依次选择"工具""加载宏""分析工具库"，加载成功后，可以在"工具"下拉菜单中看到"数据分析"选项，如图 2-1 所示。

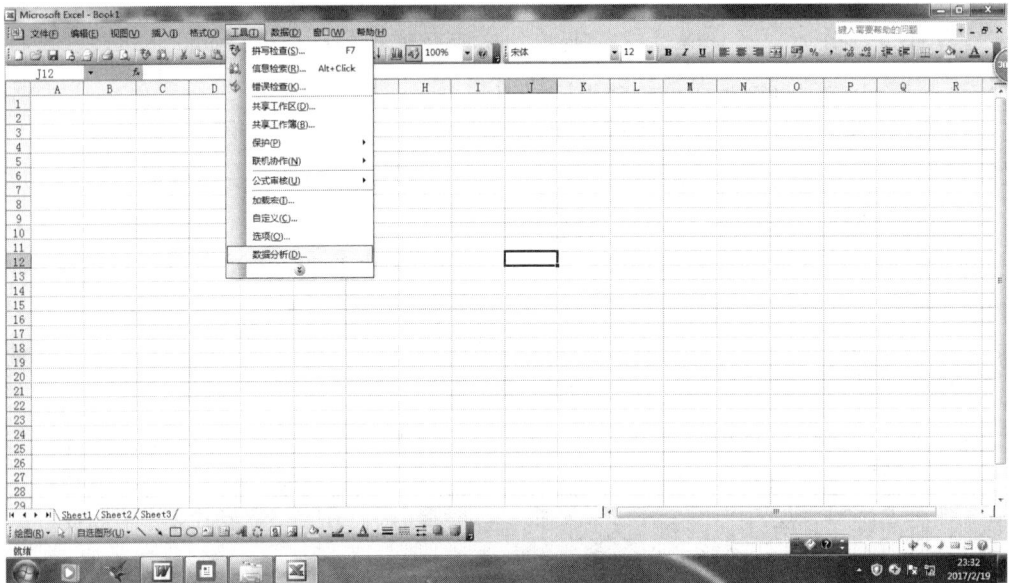

图 2-1　"工具"中出现"数据分析"选项

第二步，对 120 名学生编号，可以使用学号，也可以重新简单编号，将编号输入工作簿 Book1，如图 2-2 所示。

图 2-2　总体单位编号表

第三步，选择"工具"菜单，并选择"数据分析"选项，打开"数据分析"对话框（图2-3），从中选择"抽样"（图2-4）选项，单击"确定"按钮，弹出"抽样"对话框（图2-5）。

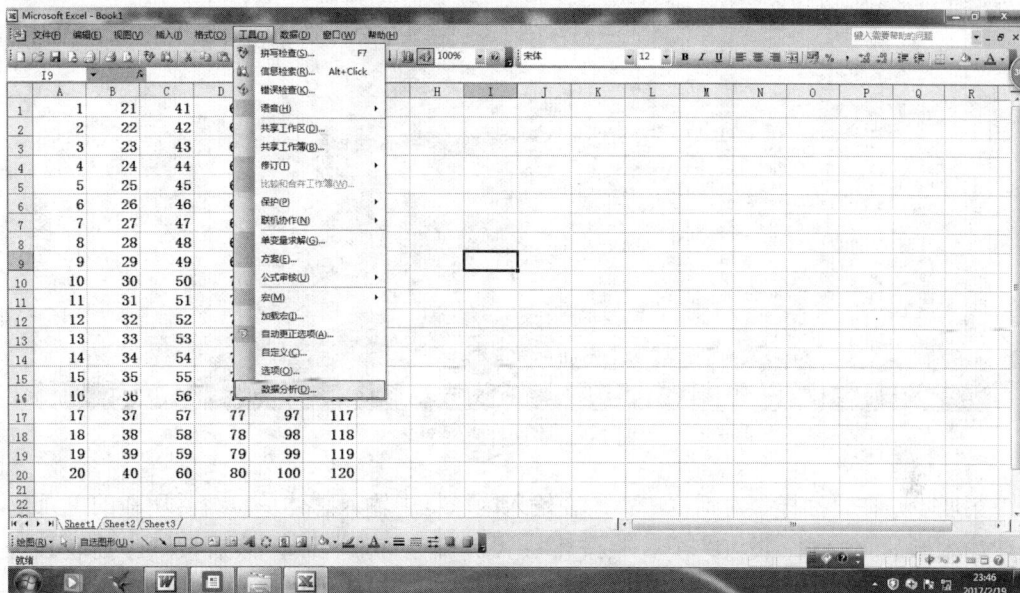

图2-3 选择"数据分析"选项

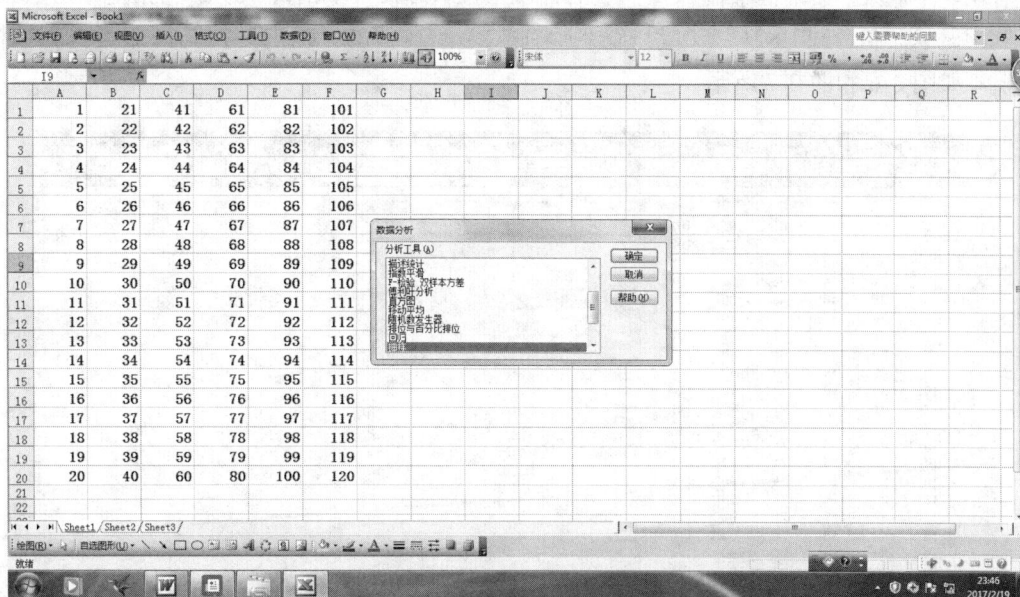

图2-4 "数据分析"对话框

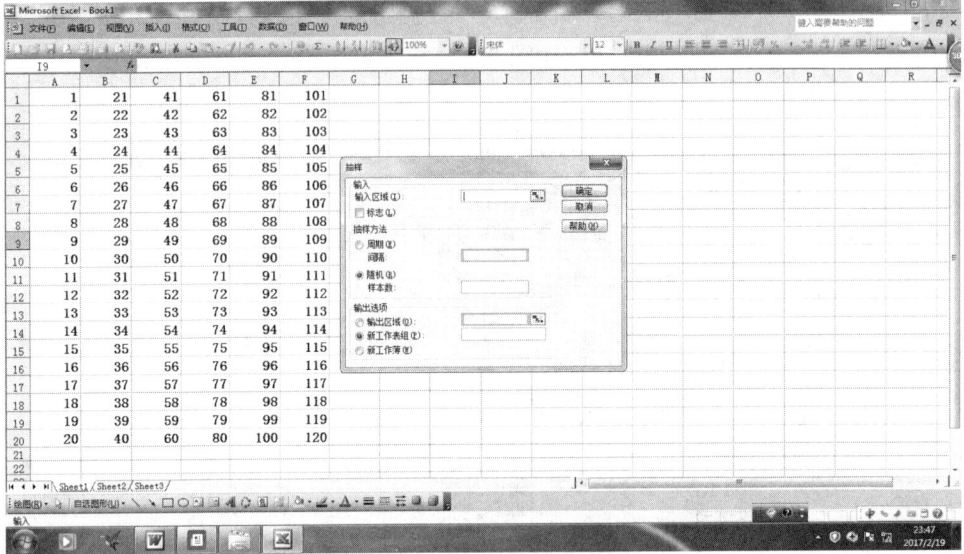

图 2-5 "抽样"对话框

第四步,在"抽样"对话框中:①在输入区域框中输入总体单位编号所在的单元格区域(如本例的"\$A\$1:\$F\$20"),系统将从 A 列开始抽取样本,然后按顺序抽取 B ～ F 列。如果输入区域的第一行或第一列为标志项(横行标题或纵栏标题),可单击标志复选框。②在抽样方法选项下,有"周期"和"随机"两种抽样模式,如果采用纯随机抽样,只需在"样本数"文本框中输入要抽取的样本单位数即可(本例为 20)。③指定输出区域,本例中输入"\$H\$2:\$H\$21"(或只输入"\$H\$2"),单击"确定"按钮,即可得到抽样结果,如图 2-6 和图 2-7 所示。

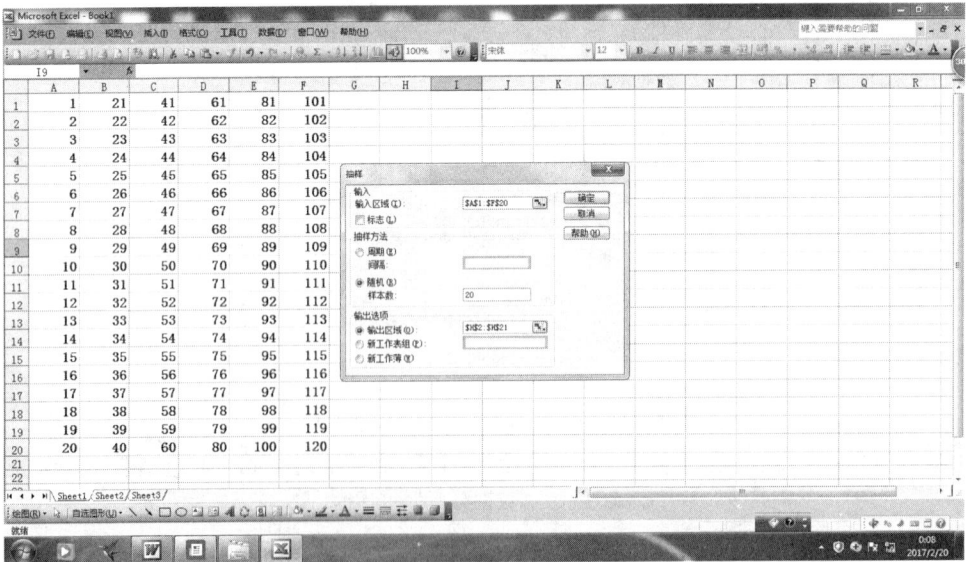

图 2-6 输入"抽样"对话框数据

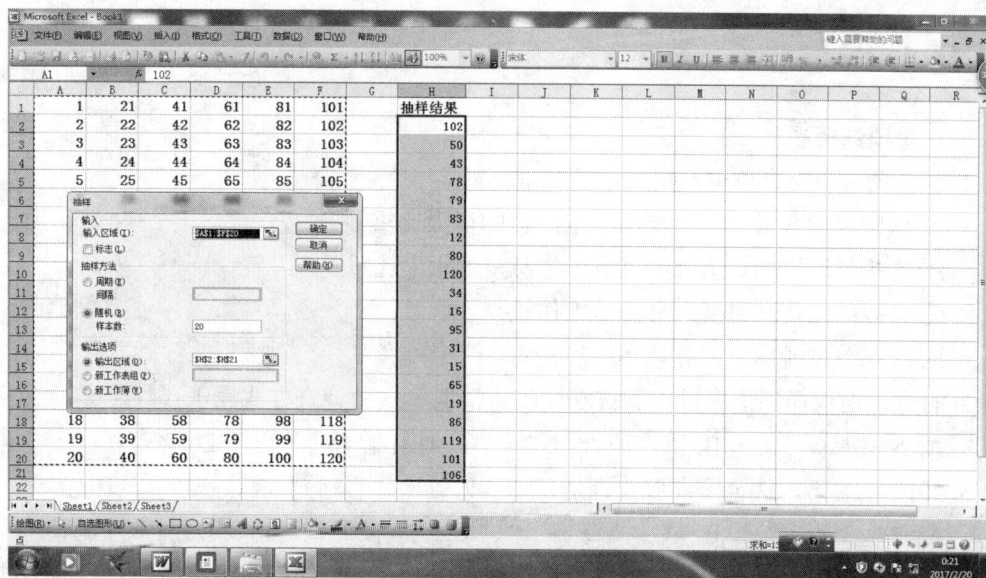

图 2-7 输出随机抽样结果

　　如果在抽样方法选项下，选择"周期"即为等距抽样。采用这种抽样方法，需将总体单位数除以要抽取的样本单位数，求得取样的周期间隔，本例中要在 120 个总体单位中抽取 20 个，则在间隔文本框中输入"6"，在指定输出区域只输入"$H$2"，单击"确定"按钮后，即可得到等距抽样结果，如图 2-8 所示。

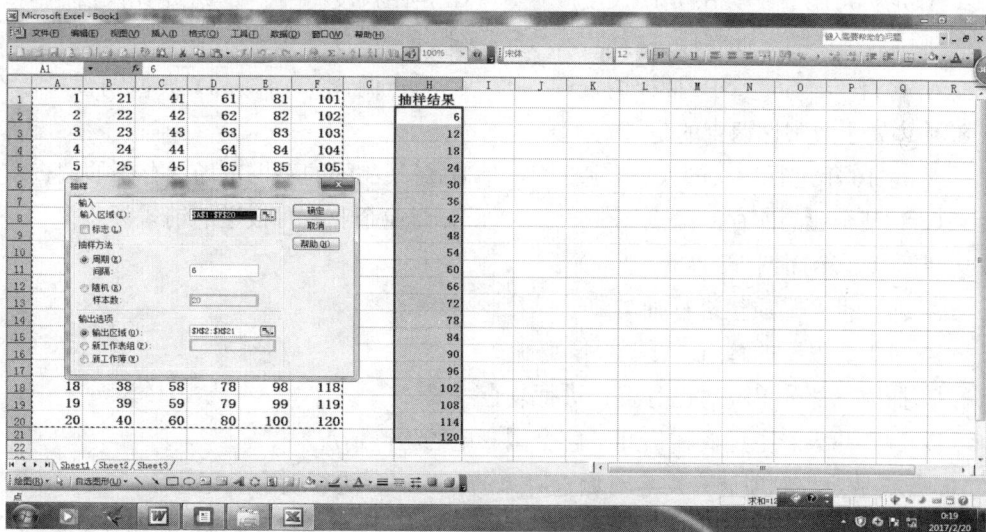

图 2-8 输出等距抽样结果

思考与练习

一、单项选择题

1. 重点调查中重点单位是按（　　　）选择的。

    A. 这些单位数量占总体全部单位总量的很大比重

    B. 这些单位的标志总量占总体标志总量的很大比重

    C. 这些单位具有典型意义，是工作重点

    D. 这些单位能用以推算总体标志总量

2. 有意识地选择三个农村点调查农民收入情况，这种调查方式属于（　　　）。

    A. 典型调查　　　　B. 重点调查　　　　C. 抽样调查　　　　D. 普查

3. 2010 年的第六次全国人口普查是（　　　）。

    A. 典型调查　　　　B. 重点调查　　　　C. 一次性调查　　　　D. 经常性调查

4. 调查大庆、胜利等几个主要油田来了解我国石油生产的基本情况，这种调查方式属于（　　　）。

    A. 普查　　　　　　B. 典型调查　　　　C. 重点调查　　　　D. 抽样调查

5. 某些不能够或不宜用定期统计表收集的全面统计资料，一般应采取的方法是（　　　）。

    A. 普查　　　　　　B. 重点调查　　　　C. 典型调查　　　　D. 抽样调查

6. 统计数据中，最基本的计量尺度是（　　　）。

    A. 定类尺度　　　　B. 定序尺度　　　　C. 定距尺度　　　　D. 定比尺度

7. 工厂对生产的一批零件进行检查，通常采用（　　　）。

    A. 普查　　　　　　B. 抽样调查　　　　C. 重点调查　　　　D. 典型调查

8. 下列属于经常性调查的是（　　　）。

    A. 每 10 年进行一次的人口普查　　　　B. 对某品牌的手机市场占有率的调查

    C. 对某企业的库存的盘点　　　　　　D. 商业企业按月报送的销售额

9. 下列属于全面调查的是（　　　）。

    A. 对一批产品质量进行抽测

    B. 对工业设备的普查

    C. 抽选一部分单位对已有资料进行复查

    D. 调查几大彩电厂商，借此了解全国彩电的生产情况

10. 普查是一种专项调查，是对调查对象的（　　　）进行观察登记。

    A. 全部单位　　　　B. 一部分单位　　　　C. 选择典型单位　　　　D. 一部分重点单位

11. 统计调查分为一次性调查和经常性调查，是根据（　　　）。

    A. 是否定期进行　　　　　　　B. 组织方式不同

    C. 是否调查全部单位　　　　　D. 时间是否连续

12. 统计报表是（　　　）。

    A. 全面调查　　　　　　　　　B. 非全面调查

C. 全面或非全面调查　　　　　　　　D. 一次性调查

13. 工业企业未安装设备普查，调查单位是（　　　）。

A. 工业企业全部未安装设备　　　　　B. 工业企业每一台未安装设备

C. 每个工业企业的未安装设备　　　　D. 每一个工业企业

14. 某市工业企业 2016 年生产经营成果年报呈报时间规定在 2017 年 1 月 31 日，则调查期限为（　　　）。

A. 一日　　　　　　B. 一个月　　　　　C. 一年　　　　　　D. 一年零一个月

15. 调查时间的含义是（　　　）。

A. 调查资料所属的时间　　　　　　　B. 进行调查的时间

C. 调查工作期限　　　　　　　　　　D. 调查资料报送的时间

16. 下列调查属于重点调查的是（　　　）。

A. 对全国几大石油企业进行调查，并借此了解全国石油生产的基本情况

B. 刘商业企业的库存情况进行普查

C. 对一批产品进行抽测

D. 抽选一部分单位对已有的资料进行复查

17. 下列调查中，调查单位与填报单位一致的是（　　　）。

A. 企业设备调查　　B. 人口普查　　　　C. 农村耕地调查　　D. 工业企业现状调查

18. 非全面调查中最完善最有科学根据的调查方式是（　　　）。

A. 非全面统计报表　B. 重点调查　　　　C. 典型调查　　　　D. 抽样调查

19. 调查项目的直接承担者是（　　　）。

A. 调查对象　　　　B. 调查单位　　　　C. 填报单位　　　　D. 填报对象

20. 统计调查方案的核心部分是（　　　）。

A. 调查项目　　　　B. 调查对象　　　　C. 调查单位　　　　D. 调查表

21. 在全面调查中不会出现的误差是（　　　）。

A. 登记性误差　　　B. 代表性误差　　　C. 测量误差　　　　D. 计算误差

二、多项选择题

1. 人口普查属于（　　　）。

A. 全面调查　　　　　　　　　　　　B. 非全面调查

C. 一次性调查　　　　　　　　　　　D. 经常性调查

E. 专项调查

2. 在工业设备普查中（　　　）。

A. 工业企业是调查对象　　　　　　　B. 工业企业的全部设备是调查对象

C. 每台设备是填报单位　　　　　　　D. 每台设备是调查单位

E. 每个工业企业是填报单位

3. 对灯管的寿命进行检验要求采取（　　　）。

A. 全面调查　　　　　　　　　　　　B. 非全面调查

C. 重点调查　　　　　　　　　　　　D. 典型调查

E. 抽样调查

4. 统计调查的组织形式有（　　　　）。

    A. 统计报表　　　　　　　　　　B. 重点调查

    C. 专题调查　　　　　　　　　　D. 典型调查

    E. 抽样调查

5. 非全面统计调查的有（　　　　）。

    A. 统计报表　　　　　　　　　　B. 抽样调查

    C. 全国经济普查　　　　　　　　D. 典型调查

    E. 重点调查

6. 下列属于统计调查收集统计资料的方法有（　　　　）。

    A. 大量观察法　　　　　　　　　B. 统计描述法

    C. 直接观察法　　　　　　　　　D. 报告法

    E. 采访法

7. 代表性误差可能产生于（　　　　）。

    A. 普查中　　　　　　　　　　　B. 重点调查中

    C. 抽样调查中　　　　　　　　　D. 典型调查中

    E. 全面统计报表中

8. 调查表从形式上看可分为（　　　　）。

    A. 日报表　　　　　　　　　　　B. 月报表

    C. 一览表　　　　　　　　　　　D. 单一表

    E. 年报表

9. 调查表从内容上看可分为（　　　　）。

    A. 表头　　　　　　　　　　　　B. 表体

    C. 一览表　　　　　　　　　　　D. 单一表

    E. 表脚

10. 第五次全国人口普查中（　　　　）。

    A. 每一个人是一个调查单位　　　　B. 每一户是一个调查对象

    C. 填报单位是每户家庭　　　　　　D. 每一个人是一个填报单位

    E. 全国所有人口是调查对象

11. 我国统计调查的常用方法有（　　　　）。

    A. 统计报表　　　　　　　　　　B. 普查

    C. 抽样调查　　　　　　　　　　D. 重点调查

    E. 典型调查

三、判断题

1. 全面调查就是对调查对象的各个方面都进行调查。（　　　）

2. 全面调查只适用于有限总体。（　　　）

3. 重点调查只能是一次性调查。（　　　）

4. 划类选典可以近似地估算总体资料。（　　）

5. 设计调查方案，必须首先明确调查目的。（　　）

四、简答题

1. 数据的计量尺度分为哪几种？不同计量尺度各有什么特点？

2. 定距尺度和定比尺度有何区别？

3. 统计数据可分为哪几种类型？不同类型的数据各有什么特点？

4. 简述普查和抽样调查的特点。

5. 统计数据的具体搜集方法有哪些？

6. 试指出下列的变量属于哪个测量层次：

（1）性别；（2）籍贯；（3）高校教师的职称；（4）民族；（5）温度；（6）宗教信仰；（7）托福成绩；（8）人的体重；（9）产品等级；（10）每月上课天数。

7. 统计调查误差有哪几种？应如何防止或尽量减少调查误差？

五、技能实训题

[**实训 1**] 某家用电器生产厂家想通过市场调查了解以下问题：企业产品的知名度；产品的市场占有率；用户对产品质量的评价及满意程度。

（1）你认为这项调查采取哪种调查方式比较合适？

（2）设计出一份调查问卷。

[**实训 2**] 用 Excel 搜集数据。

实验目的：掌握用 Excel 进行抽样。

实验资料：如某班 50 名学生统计学成绩如下：

56 80 66 49 85 65 97 71 70 52

59 72 83 75 67 73 72 70 88 69

79 61 64 86 74 73 61 90 68 57

68 63 92 39 77 90 73 72 85 83

78 83 65 75 67 85 98 72 77 86

实验要求：利用 Excel 从中抽样选取 15 人成绩，写出步骤。

六、案例阅读

第三章 统计数据的整理与显示

本章学习目的

理解统计数据整理的意义、原则、步骤；

熟悉统计分组的概念和分组类型，重点掌握统计分组的方法，掌握组距数列所涉及的几个概念，了解分组的作用；

重点掌握分配数列特别是变量数列的编制方法；

了解统计汇总技术；

掌握统计表和统计图的编制方法；

熟练运用 Excel 制作频数表、统计表与统计图；

理解并掌握关键词：统计整理、统计分组、分配数列、变量数列、统计表、统计图。

引导案例

张华是管理学院工商管理专业的学习委员，第一学期期末，他看到了本班 40 名学生的英语成绩单，具体情况如下：

```
95  69  88  91  75  65  87  58  63  78  86  91  74  59  69  79  84
90  72  83  80  66  76  68  73  96  48  82  93  72  84  69  77  86
78  56  87  91  73  84
```

张华很想帮助英语老师对本班成绩做点分析，面对上述零星的、分散的原始资料，他该如何做才能揭示本班这个统计总体的分布特征与本质规律呢？你能帮助他完成该项工作吗？

为了概括反映以上数据，统计工作经常使用一些图表，通过图表对数据进行归类整理、显示。如何整理这些数据，如何编制统计图表来显示这些数据的分布特征，就是本章要介绍的内容。

第一节 数据的预处理

通过各种渠道将统计数据搜集上来之后，首先应对这些数据进行加工整理，使之系统化、条理化，以符合分析的需要。通过整理可以大大简化数据，使我们更容易理解和分析。数据整理通常包括数据的预处理、分类或分组、汇总等几个方面的内容，它是统计分析之前的必要步骤。而数据的预处理是数据整理的先前步骤，是在对数据分类或分组之前所做的必要处理，包括数据的审核、筛选、排序和分组等。

▌一、数据的审核与筛选

在对统计数据进行整理时，首先要进行审核，以保证数据的质量，为进一步的整理与分析打下基础。从不同渠道取得的统计数据，其审核内容和方法有所不同，不同类型的统计数据在审核内容和方法上也有所差异。

对于通过直接调查取得的原始数据，应主要从完整性和准确性两个方面去审核。完整性审核主要是检查应调查的单位或个体是否有遗漏，所有的调查项目或指标是否填写齐全等。准确性审核主要包括两个方面：一是检查数据资料是否真实地反映了客观实际情况，内容是否符合实际；二是检查数据是否有错误、计算是否正确等。审核数据准确性的方法主要有逻辑检查和计算检查。逻辑检查主要是从定性角度审核数据是否符合逻辑，内容是否合理，各项目或数字之间有无相互矛盾的现象。比如中学文化程度的人所填的职业是大学教师，对于这种违背逻辑的项目应予以纠正。逻辑检查主要用于对定类数据和定序数据的审核。计算检查是检查调查表中的各项数据在计算结果和计算方法上有无错误。比如各分项数字之和是否等于相应的合计数，各结构比例之和是否等于 1 或 100%，出现在不同表格上的同一指标数值是否相同等。计算检查主要用于对定距数据和定比数据的审核。

对于通过其他渠道取得的第二手数据，除了对其完整性和准确性进行审核外，还应着重审核数据的适用性和时效性。第二手数据可以来自多种渠道，有些数据可能是为特定目的通过专门调查而取得的，或者是已经按特定目的的需要做了加工整理。对于使用者来说，首先应弄清楚数据的来源、数据的口径以及有关的背景材料，以便确定这些数据是否符合分析研究的需要，是否需要重新加工整理等，不能盲目生搬硬套。此外，还要对数据的时效性进行审核，有些时效性较强的问题，如果所取得的数据过于滞后，就失去了研究的意义。一般来说，应尽可能使用最新的统计数据。数据经过审核后，确认适合实际需要，才有必要做进一步的加工整理。

对审核过程中发现的错误应尽可能予以纠正。调查结束后，当数据中发现的错误不能予以纠正，或者有些数据不符合调查的要求而又无法弥补时，就需要对数据进行筛选。数据筛选包括两方面内容：一是将某些不符合要求的数据或有明显错误的数据予以剔除；二是将符合某种特定条件的数据筛选出来，对不符合特定条件的数据予以剔除。数据的筛选在市场调查中是十分重要的。

▌二、数据的排序

数据的排序是按一定顺序将数据排列，以便于研究者通过浏览数据发现一些明显的特征或趋势，找到解决问题的线索。除此之外，排序还有助于对数据检查纠错，为重新归类或分组等提供依据。在某些场合，排序本身就是分析的目的之一。例如，了解究竟谁是中国家电生产的三巨头，对于家电厂商而言是很有用的信息。美国的《财富》杂志每年都要排出世界 500 强企业，通过这一信息，经营者不仅可以了解自己企业所处的地位，清楚自己的差距，还可了解到竞争对手的状况，从而有效制订企业发展的规划和战略目标。

对于定类数据，如果是字母型数据，排序有升序与降序之分，但习惯上升序使用得更普遍，因为升序与字母的自然排列相同；如果是汉字型数据，排序方式很多，比如按汉字的首位拼音字母排列，这与字母型数据的排序完全一样，也可按笔画排序，其中也有笔画多少的升序降序之分。交替运用不同方式排序，在汉字型数据的检查纠错过程中十分有用。

定距数据和定比数据的排序只有两种，即递增和递减。设一组数据为 $X_{(1)}, X_{(2)}, \cdots, X_{(N)}$，递增排序后可表示为：$X_{(1)} < X_{(2)} < \cdots < X_{(N)}$；递减排序可表示为：$X_{(1)} > X_{(2)} > \cdots > X_{(N)}$。排序后的数据也称为顺序统计量（order statistics）。无论是品质数据还是数值型数据，排序均可借助于计算机完成。

■ 三、数据分组

（一）数据分组的含义与作用

数据分组也即统计分组，就是根据统计研究的目的和客观现象的内在特点，按某个变量（或几个变量）把被研究的总体划分成为若干个不同性质的组。构成总体的各个总体单位，在某一变量或某些变量上具有彼此相同的性质，而在另一些变量的具体表现上具有差异性。统计分组的基本要求就是：使各组内部保持同质性、各组之间呈现出质的差异性。因此，统计分组的实质是在现象总体内进行的一种分类，揭示总体内在的数量结构以及总体之间的数量依存关系。例如，温州大学学生这一同质总体中，就存在着录取批次的差别（一本、二本、三本、专科等），存在院系不同的差别（商学院、法政学院、人文学院等二十几个学院），存在入学年份的差别，为了研究问题的需要，就必须对总体进行各种分组，以便从数量方面深入了解和研究总体的特征。

统计分组是基本的统计方法之一，在数据整理和统计分析中都要广泛应用分组，并且是数据整理和统计分析的基础步骤。分组的好坏直接关系到统计能否整理出正确的、中肯的统计资料，关系到统计能否得出正确的结论。统计分组在统计研究中的重要作用表现为以下三个方面：①划分现象的类型。社会经济现象存在着复杂多样的类型，各种不同的类型有着不同的特点以及不同的发展规律。在整理大量统计资料时，有必要运用统计分组法将所研究的现象总体划分为不同的类型组来进行研究。例如：我国经济成分分为公有经济和非公有经济两大类型，公有经济包括国有及国有控股经济和集体经济，非公有经济包括个体经济、股份制经济、三资企业、民营经济等。②揭示现象内部结构。社会经济现象包括的多种类型，它们不仅在性质上有所差异，而且在总体中所占比重也不一样。各组比重大小不同，说明它们在总体中所处地位不同，对总体分布特征的影响也不同，其中比重大的，决定着总体的性质或结构类型。③分析现象之间的依存关系。社会经济现象之间存在着广泛的相互联系和制约关系，但现象之间发生联系的方向和程序各不相同。研究现象之间依存关系的统计方法很多，如相关和回归分析法、指数因素分析法、分组分析法等。分组分析法是最基本的方法，在研究过程中，往往是先通过分组分析法观察出现象之间的依存关系，然后在此基础上应用其他方法进一步深入分析。在社会经济现象之间，存在着许多依存关系，收入和消费之间有一定的联系，一般来说，收入越高，消费也越多；教育投入和就业工资存在一定的依存关系，一般来说，教育投入越多，就业工资也越高。这些都是一些正向的依存关系。此外，人口的文化程度与生育率水平之间的关系，是一种负向的依存关系。表 3-1 所示为某地区不同文化程度和收入水平之间存在依存关系的分组资料，它反映了随着文化程度的提高，平均收入水平也在不断提高，存在正向的依存关系。统计分组的上述三方面作用并不是相互孤立的，而是相辅相成、相互补充、配合应用的。

表 3-1　某地区不同文化程度的平均收入水平

文化程度	月平均收入 / 元
小学及以下	2 800
初中	3 400
高中	4 000
大学	5 500
研究生	7 500

（二）分组标志的选择

统计分组的关键是正确选择分组标志与划分各组的界限。

统计分组可以按照不同的标志进行分类，分组的标志是划分数据的标准和依据，分组的标志选择是否得当，关系到能否正确地反映总体数量特征及其变化规律。正确选择分组标志，需要考虑以下几点：①根据研究问题的目的来选择。每个研究对象都有许多特征或属性，分组标志选择不恰当，分组的结果就不能反映总体的性质特征，也就不能达到我们所要研究的目的。例如，对温州经济进行研究，目的是了解温州企业的规模状况，就要选择反映企业规模的标志（企业职工数、生产总值等）进行分组；如果目的是了解温州经济的产业结构，就要选择企业的产业类型作为分组标志；如果目的是了解温州企业的股权结构，则要按企业的股权类型进行分组。②结合现象所处的具体环境和条件来选择。社会经济现象随着时间地点条件的变化而变化，历史条件不同，事物特征也会有所变化。分组标志的选择绝对不是一个单纯的技术性问题，而是需要研究者对研究目的、研究对象的特征有比较好的了解和把握。在此基础上，才能选择合适的分组标志。

统计分组还必须遵守三个原则：①科学性原则。科学性原则是指统计分组要根据研究目的，选择能够反映事物本质特征的标志作为分组标志，突出社会经济现象在各方面存在的差异。②完整性原则。完整性原则，就是要求分组后，总体中的每个单位都应该有组可依，无一遗漏。③互斥性原则。互斥性也称不相容性，就是在特定的分组标志下，总体中的任何一个单位只能归属于某一组，而不能同时或可能归属于几个组。只有遵循以上三个原则才能使得每个总体单位有且只有归属于某一个组。

（三）统计分组的种类

统计分组主要有以下两种：①按分组标志的性质不同，总体单位的标志分为品质标志和数量标志，分组也就可以分为品质分组和数量分组。②按分组标志的多少，可分为简单分组和分组体系。

1. 简单分组

简单分组就是按照一个标志来分组，即对研究总体按一个分组标志进行的分组。例如，将企业只按照规模分为大、中、小型企业等。简单分组只能说明总体在某一方面的差异情况。

2. 分组体系

分组体系是按照两个或两个以上分组标志分组时形成的，即根据统计分析的要求，对同一总体进行多种相互联系、相互补充的分组所形成的体系，其形式有平行分组体系和复合分组体系两种。

（1）平行分组体系。平行分组体系是指对同一总体按两个或两个以上的标志分别进行简单分组而形成的分组体系，借以反映总体多个方面的特征。例如，为了反映人口的总体构成，可分别选择性别、民族、文化程度、年龄四个分组标志进行分组，得到如下分组体系：

① 按性别分组分为：男、女。

② 按文化程度分组分为：低于高中、高中、专科、本科、硕士研究生、博士研究生。

③ 按民族分组：汉族、回族、满族等。

④ 按年龄分组：0～14岁、15～64岁、65岁以上。

平行分组体系能从多个方面说明自提点特征，是从广度上分析研究总体现象的。

（2）复合分组体系。复合分组是对同一总体选择两个或两个以上标志层叠起来进行分组。复合分组构成复合分组体系。例如：

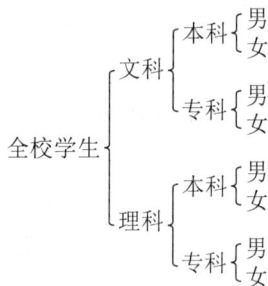

采用复合分组能够比较全面深入地说明总体的特征，是从深度上分析研究总体现象的。但应注意复合分组的标志不宜过多，因为随着分组标志的增多，组数将成倍增加，影响对总体的认识。另外，建立复合分组体系，应根据统计分组的要求，在选择分组标志的同时，确定它们的主次顺序。首先要按照主要标志对总体单位进行第一次分组，再按次一级标志进行第二次分组，依次将所有标志分组至最后一层为止。因此，复合分组体系的特点是：第一次分组只固定一个因素对差异的影响，第二次分组则同时反映两个标志的影响，最后一次分组时，则所有被选择的标志的影响已全部确定。

第二节　品质数据的整理与显示

数据经过预处理后，可进一步做分类或分组整理。在对数据进行整理时，首先要弄清数据的类型，因为对于不同类型的数据所采取的处理方式和所适用的处理方法是不同的。对品质数据主要是做分类整理，对数值型数据则主要是做分组整理。

一、定类数据的整理与显示

定类数据本身就是对事物的一种分类，因此，在整理时除了要列出所分的类别外，还要计算出每一类别的频数、频率或比例、比率，同时选择适当的图形进行显示，以便对数据及其特征有一个初步的了解。

（一）频数与频数分布

（1）频数。频数也称次数，是落在各类别中的数据个数。我们把各个类别及其相应的频数全部列出来就是频数分布或称次数分布。将频数分布用表格的形式表现出来就是频数分布表。

例 3-1　为研究广告市场的状况，一家广告公司在某城市随机抽取 200 人就广告问题做了邮寄问卷调查，其中的一个问题是："您比较关心下列哪一类广告？"

①商品广告；②服务广告；③金融广告；④房地产广告；⑤招生招聘广告；⑥其他广告。

这里的变量就是"广告类别"，不同类型的广告就是变量值。调查数据经分类整理后形成频数分布表，如表 3-2 所示。

表 3-2　某城市居民关注广告类型的频数分布表

广告类型	人数 / 人	比　　例	频率 /%
商品广告	112	0.560	56.0
服务广告	51	0.255	25.5
金融广告	9	0.045	4.5
房地产广告	16	0.080	8.0
招生招聘广告	10	0.050	5.0
其他广告	2	0.010	1.0
合　计	200	1	100

很显然，如果不做分类整理，观察 200 人对不同广告的关注情况，既不便于理解，也不便于分析。经分类整理后，可以大大简化数据，很容易看出关注"商品广告"的人数最多，而关注"其他广告"的人数最少。

（2）比例。比例是一个总体中各个部分的数量占总体数据的比重，通常用于反映总体的构成或结构。假定总体数量 N 被分成 K 个部分，每一部分的数量分别为 N_1，N_2，…，N_K，则比例定义为 $\dfrac{N_i}{N}$。显然，各部分的比例之和等于 1，即

$$\frac{N_1}{N} + \frac{N_2}{N} + \cdots + \frac{N_K}{N} = 1 \qquad\qquad (3\text{-}1)$$

比例是将总体中各个部分的数值都变成同一个基数，也就是都以 1 为基数，这样就可以对不同类别的数值进行比较了。比如，在例 3-1 中，关注金融广告和招生招聘广告的人数比例差不多相同。

（3）百分比。将比例乘以 100 就是百分比或百分数，它是将对比的基数抽象化为 100 而计算出来的，用 % 表示，它表示每 100 个分母中拥有多少个分子。比如在例 3-1 中，频率一档就是将比例乘以 100 而得到的百分比。百分比是一个更为标准化的数值，很多相对数都用百分比表示。当分子的数值很小而分母的数值很大时，也可以用千分数（‰）来表示比例，如人口的出生率、死亡率、自然增长率等都可用千分数来表示。

（4）比率。比率是各不同类别的数量的比值。它可以是一个总体中各不同部分的数量对比，比如在例 3-1 中，关注商品广告的人数与关注服务广告人数的比率是 112 ： 51。为便于理解，通常将分母化为 1。比如，关注商品广告和关注服务广告人数的比率是 2.2 ： 1。

由于比率不是总体中部分与整体之间的对比关系，因而比值可能大于 1。为方便起见，比率可以不用 1 作为基数，而用 100 或其他便于理解的数作基数。比如，人口的性别比就用每 100 名女性人口所对应的男性人口来表示，如性别比为 105 ： 100，表示每 100 个女人对应 105 个男人，说明男性人口数量略多于女性人口。

在经济和社会问题的研究中，经常使用比率。比如经济学中的积累与消费之比，国内生产总值中第一、第二、第三产业产值之比，等等。比率也可以是同一现象在不同时间或空间上的数量之比，比如将 2016 年的国内生产总值与 2015 年的国内生产总值进行对比，可以得到经济增长率；将一个地区的国内生产总值同另一个地区的国内生产总值进行对比，反映两个地区的经济发展水平差异；等等。

（二）定类数据的图示

上面我们是用频数分布表示反映分类数据的频数分布。如果用图形来显示频数分布，就会更加形象和直观。一张好的统计图表，往往胜过冗长的文字表述。统计图的类型有很多，多数统计图除了可以绘制二维平面图外，还可以绘制三维立体图。图形的制作均可由计算机来完成。反映定类数据的常用图示方法有条形图和圆形图。如果两个总体或两个样本的分类相同且问题可比时，还可以绘制环形图。

（1）条形图。条形图是用宽度相同的条形的高度或长短来表示数据变动的图形。条形图可以横置或纵置，纵置时也称为柱形图。条形图有单式、复式等形式。例如，根据表 3-1 数据绘制的条形图，如图 3-1 所示。

（2）圆形图。圆形图也称饼图，是用圆形及圆内扇形的面积来表示数值大小的图形。圆形图主要用于表示总体中各组成部分所占的比例，对于研究结构性问题十分有用。在绘制圆形图时，总体中各部分所占的百分比用圆内的各个扇形面积表示，这些扇形的中心角度是按各部分百分比占 360° 的相应比例确定的。例如，关注服务广告的人数占总人数的百分比为 25.5%，那么其扇形的中心角度就应为 360°×25.5% = 91.8°，其余类推。

根据表 3-1 数据绘制的圆形图，如图 3-2 所示。

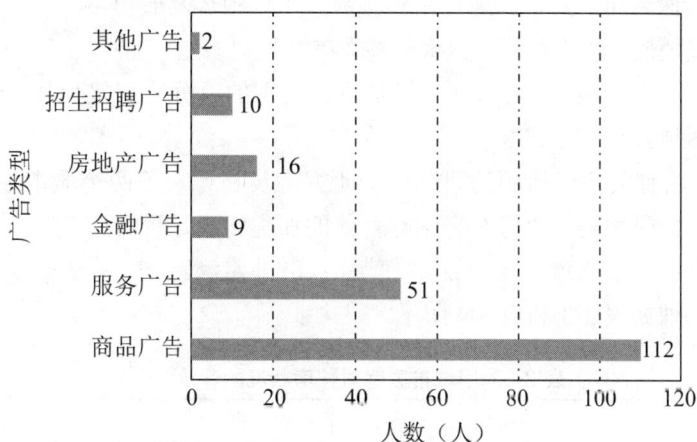

图 3-1　某城市居民关注不同类型广告的人数分布

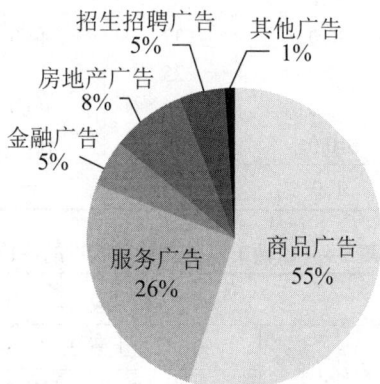

图 3-2　某城市居民关注不同类型广告的人数构成

▌二、定序数据的数理与显示

前面介绍的定类数据的整理与显示方法，如频数、比例、百分比、比率、条形图和圆形图等，也都适用于对定序数据的整理与显示。但有些方法适用于对定序数据的整理与显示，却不适用于定类数据。对于定序数据，除了可使用上面的整理与显示技术外，还可以计算累积频数和累积频率（%）。

（一）累积频数和累积频率

（1）累积频数。累积频数就是将各类别的频数逐级累加起来。其方法有两种：一是从类别顺序的开始一方向类别顺序的最后一方累加频数（定距数据和定比数据则是从变量值小的一方向变量值大的一方累加频数），称为向上累积；二是从类别顺序的最后一方向类别顺序的开始一方累加频数（定距数据和定比数据则是从变量值大的一方向变量值小的一方累加频数），称为向下累积。通过累积频数，可以很容易看出某一类别（或数值）以下及某一类别（或数值）以上的频数之和。

（2）累积频率或百分比。累积频率就是将各类别的百分比逐级累加起来，也有向上累积和向下累积两种方法。

例 3-2   在一项有关住房问题的研究中，研究人员在甲、乙两个城市各抽样调查 300户家庭，其中的一个问题是："您对您家庭目前的住房状况是否满意？"

①非常不满意；②不满意；③一般；④满意；⑤非常满意。

调查结果经整理如表 3-3 和表 3-4 所示。

表 3-3   甲城市家庭对住房状况的评价

回答类别	甲 城 市					
	户数	占比 /%	向上累积		向下累积	
			户数	占比 /%	户数	占比 /%
非常不满意	24	8.0	24	8.0	300	100.0
不满意	108	36.0	132	44.0	276	92.0
一般	93	31.0	225	75.0	168	56.0
满意	45	15.0	270	90.0	75	25.0
非常满意	30	10.0	300	100.0	30	10.0
合计	300	100	—	—	—	—

表 3-4   乙城市家庭对住房状况的评价

回答类别	乙 城 市					
	户数	占比 /%	向上累积		向下累积	
			户数	占比 /%	户数	占比 /%
非常不满意	21	7.0	21	7.0	300	100.0
不满意	99	33.0	120	40.0	279	93.0
一般	78	26.0	198	66.0	180	60.0
满意	64	21.3	262	87.3	102	34.0
非常满意	38	12.7	300	100.0	38	12.7
合计	300	100.0	—	—	—	—

（二）定序数据的图示

（1）累积频数分布图。根据累积频数或累积频率，可以绘制累积频数或频率分布图。例如，根据表 3-3 数据绘制的累积频数分布图，如图 3-3 所示。

(a) 向上累计

(b) 向下累计

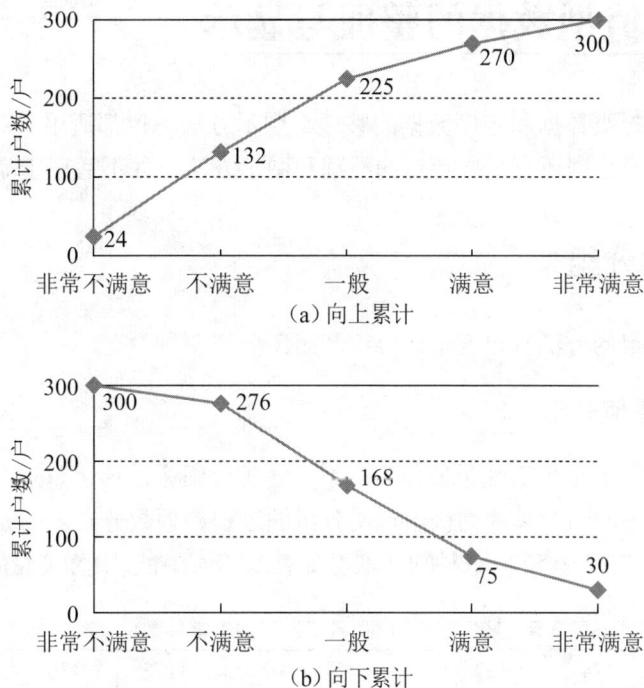

图 3-3　甲城市对住房状况评价的累积分布图

（2）环形图。环形图与圆形图类似，但又有区别。环形图中间有一个"空洞"，总体中的每一部分数据用环中的一段表示。圆形图只能显示一个总体各部分所占的比例，而环形图则可以同时绘制多个总体的数据系列，每一个总体的数据系列为一个环。因此环形图可以显示多个总体各部分所占的相应比例，从而有利于进行比较研究。例如根据表 3-3和表 3-4 数据绘制两个城市家庭对住房状况评价的环形图，如图 3-4 所示。

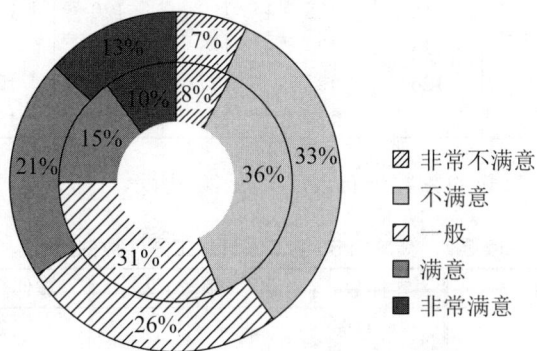

图 3-4　甲、乙两城市家庭对住房状况的评价

在图 3-4 中，外边的一个环表示的是乙城市家庭对住房状况评价各等级所占的百分比，里边的一个环则为甲城市家庭对住房状况评价各等级所占的百分比。

第三节 数值型数据的整理与显示

上一节介绍的定类数据和定序数据的整理与图示方法，也都适用于对数值型数据的整理与显示。但数值型数据还有一些特定的整理和图示方法，并不适用于品质数据。

一、数据的分组

数值型数据分组的方法有单变量值分组和组距分组两种。

（一）单变量值分组

单变量值分组是把每一个变量值作为一组，这种分组方法通常只适合于离散变量且变量值较少的情况。下面结合具体的例子说明分组的过程和频数分布表的编制过程。

例 3-3 某生产车间 50 名工人日加工零件数如表 3-5 所示。试采用单变量值对数据进行分组。

表 3-5 某生产车间 50 名工人日加工零件数 单位：个

117	122	124	129	139	107	117	130	122	125
108	131	125	117	122	133	126	122	118	108
110	118	123	126	133	134	127	123	118	112
112	134	127	123	119	113	120	123	127	135
137	114	120	128	124	115	139	128	124	121

为便于分组，可先对上面的数据进行排序，结果如表 3-6 所示。

表 3-6 对表 3-5 中的数据进行排序

107	108	108	110	112	112	113	114	115	117
117	117	118	118	118	119	120	120	121	122
122	122	122	123	123	123	123	124	124	124
125	125	126	126	127	127	127	128	128	129
130	131	133	133	134	134	135	137	139	139

采用单变量值分组形成的频数分布表，如表 3-7 所示。

表 3-7 某车间 50 名工人日加工零件数分组表

零件数 / 个	频数 / 人	零件数 / 个	频数 / 人	零件数 / 个	频数 / 人
107	1	119	1	128	2
108	2	120	2	129	1
110	1	121	1	130	1
112	2	122	4	131	1
113	1	123	4	133	2
114	1	124	3	134	2
115	1	125	2	135	1
117	3	126	2	137	1
118	3	127	3	139	2

从表 3-7 可以看出，在数据较多的情况下，单变量值分组由于组数较多，不便于观察数据分布的特征和规律，而且对于连续变量无法采用这种分组方法。

（二）组距分组

在连续变量或变量值较多的情况下，可采用组距分组，它是将全部变量值依次划分为若干个区间，并将这一区间的变量值作为一组。在组距分组中，一个组的最小值称为下限，最大值称为上限。采用组距分组需要经过以下几个步骤：

第一步：确定组数。一组数据分多少组，一般与数据本身的特点及数据的多少有关。由于分组目的之一是观察数据分布的特征，因此组数的多少应适中。若组数太少，数据的分布就会过于集中，而组数太多，数据的分布就会过于分散，这都不便于观察数据分布的特征和规律。组数的确定应以能够显示数据的分布特征和规律为目的。在实际分组时，可以按 Sturges 提出的经验公式来确定组数 K：

$$K = 1 + \frac{\lg n}{\lg 2} \tag{3-2}$$

式中：n 为数据的个数，对结果用四舍五入的办法取整数即为组数。例如，对例 3-3 中的数据有：$K=1+\lg 50 \div \lg 2 \approx 7$，即应分为 7 个组。当然，这只是一个经验公式，实际应用时，可根据数据的多少和特点及分析的要求，参考这一标准灵活确定组数。

第二步：确定各组的组距。组距是一个组的上限与下限之差，可根据全部数据的最大值和最小值及所分的组数来确定，即组距 =（最大值 − 最小值）÷ 组数。例如，对于例 3-3 的数据，最大值为 139，最小值为 107，则组距 =（139−107）÷7=4.6。为便于计算，组距宜取 5 或 10 的倍数，而且第一组的下限应低于最小变量值，最后一组的上限应高于最大变量值，因此组距可取 5。

第三步：根据分组整理成频数分布表。比如，对例 3-3 中的数据进行分组，可得到下面的频数分布表，如表 3-8 所示。

表 3-8　某车间 50 名工人日加工零件数分组表

按零件数分组 / 个	频数 / 人	频率 /%
105 ～ 110	3	6
110 ～ 115	5	10
115 ～ 120	8	16
120 ～ 125	14	28
125 ～ 130	10	20
130 ～ 135	6	12
135 ～ 140	4	8
合计	50	100

采用组距分组时，一定要遵循"不重不漏"的原则。"不重"是指一项数据只能分在其中的某一组，不能在其他组中重复出现；"不漏"是指在所分的全部组别中每项数据都能分在其中的某一组，不能遗漏。

为解决"不重"的问题，统计分组时一般遵循"上组限不在内"原则，即当相邻两组的上下限重叠时，恰好等于某一组上限的变量值不算在本组内，而算在下一组内。例如，在表3-7的分组中，120这一数值不计算在"115～120"这一组内，而计算在"120～125"组中，其余类推。当然，对于离散变量可以采用相邻两组组限间断的办法解决"不重"的问题。例如，可对例3-3的数据做如下的分组，如表3-9所示。

表3-9　某车间50名工人日加工零件数分组表

按零件数分组 / 个	频数 / 人	频率 /%
105 ～ 109	3	6
110 ～ 114	5	10
115 ～ 119	8	16
120 ～ 124	14	28
125 ～ 129	10	20
130 ～ 134	6	12
135 ～ 139	4	8
合计	50	100

对于连续变量，可以采取相邻两组组限重叠的方法，根据"上组限不在内"原则解决"不重"的问题，也可以对一个组的上限值采用小数点的形式，小数点的位数根据所要求的精度具体确定。例如，对零件尺寸可以分组为10～11.99，12～12.99，14～15.99，等等。

在组距分组中，如果全部数据中的最大值和最小值与其他数据相差悬殊，为避免出现空白组（即没有变量值的组）或个别极端值被漏掉，第一组和最后一组可以采用"××以下"及"××以上"这样的开口组，以解决"不漏"问题。例如，在例3-3的50个数据中，假定将最小值改为94，最大值改为160，采用上面的分组就会出现"空白组"，这时可采用开口组，如表3-10所示。

表3-10　某车间50名工人日加工零件数分组表

按零件数分组 / 个	频数 / 人	频率 /%
110 以下	3	6
110 ～ 115	5	10
115 ～ 120	8	16
120 ～ 125	14	28
125 ～ 130	10	20
130 ～ 135	6	12
135 以上	4	8
合计	50	100

在组距分组时，如果各组的组距相等则称为等距分组，如上面的几种分组就是等距分组。有时，对于某些特殊现象或为了特定研究的需要，各组的组距也可以是不相等的，称为不等距分组。比如，对人口年龄的分组，可根据人口成长的生理特点分成0～6

岁（婴幼儿组）、7～17 岁（少年儿童组）、18～59 岁（中青年组）、60 岁以上（老年组）等。

等距分组由于各组的组距相等，各组频数的分布不受组距大小的影响。它同消除组距因素影响的频数密度（即单位组距内分布的频数，也称次数密度）的分布是一致的，因此可直接根据绝对频数来观察频数分布的特征和规律。而不等距分组因各组组距不同，各组频数的分布受组距大小不同的影响，因此各组绝对频数的多少并不能反映频数分布的实际状况。为消除组距不同对频数分布的影响，需要计算频数密度，即频数密度＝频数÷组距。频数密度能准确反映频数分布的实际状况。

此外，组距分组掩盖了各组内的数据分布状况，为反映各组数据的一般水平，我们通常用组中值作为该组数据的一个代表值，即

$$组距 = 上限值 - 下限值$$
$$组中值 = （下限值 + 上限值）/2$$
$$缺上限的开口组组中值 = 本组下限 + 邻组组距 /2$$
$$缺下限的开口组组中值 = 本组上限 - 邻组组距 /2$$

但这种代表值有一个必要的假定条件，即各组数据在本组内呈均匀分布或在组中值两侧呈对称分布。如果实际数据的分布不符合这一假定，用组中值作为一组数据的代表值会有一定的误差。

为了统计分析的需要，有时需要观察某一数值以下或某一数值以上的频数或频率之和，因此还可以计算出累积频数或累积频率。

▌二、定距数据和定比数据的图示

本章第二节中介绍的条形图、圆形图、环形图及累积分布图等都适用于显示定距数据和定比数据。此外，对定距数据和定比数据还有以下一些图示方法，这些方法并不适用于定类数据和定序数据。

（一）分组数据——直方图和折线图

通过数据分组后形成的频数分布表，可以初步看出数据分布的一些特征和规律。例如，从表 3-6 可以看出，该车间工人日加工零件数大多数在 120～125 个，共 14 人，低于这一水平的共有 16 人，高于这一水平的共有 20 人，可见这是一种非对称分布。如果用图形来表示这一分布的结果，会更加形象和直观。显示分组数据频数分布特征的图形有直方图、折线图和曲线图等。

（1）直方图。直方图是用矩形的宽度和高度来表示频数分布的图形。在平面直角坐标中，横轴表示数据分组，纵轴表示频数或频率，这样，各组与相应的频数就形成了一个矩形，即直方图。比如，根据表 3-8 数据绘成的直方图，如图 3-5 所示。

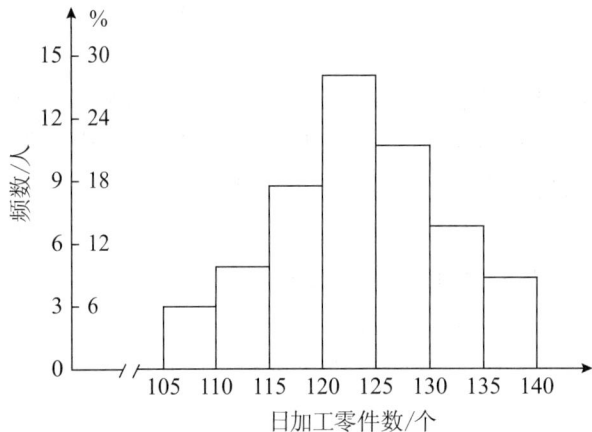

图 3-5 某车间工人日加工零件数的直方图

依据直方图可以直观地看出工人日加工零件数及其人数的分布状况。

对于等距分组的数据，可以用矩形的高度直接表示频数的分布。如果是不等距分组数据，用矩形的高度来表示各组频数的分布就不再适用了。这时，可以用矩形的面积来表示各组的频数分布，或根据频数密度来绘制直方图，从而准确地表示各组数据分布的特征。实际上，无论是等距分组数据还是不等距分组数据，用矩形的面积或频数密度来表示各组的频数分布都更为合适，因为这样可使直方图下的总面积等于 1。比如在等距分组中，矩形的高度与各组的频数成比例，如果取矩形的宽度（各组组距）为一个单位，高度表示比例（即频率），则直方图下的总面积等于 1。在直方图中，实际上是用矩形的面积来表示各组的频数分布。

直方图与条形图不同，条形图是用条形的长度（横置时）表示各类别频数的多少，其宽度（表示类别）是固定的；直方图是用面积表示各组频数的多少，矩形的高度表示每一组的频数或百分比，宽度则表示各组的组距，因此其高度与宽度均有意义。此外，由于分组数据具有连续性，直方图的各矩形通常是连续排列，而条形图则是分开排列。

（2）折线图。折线图也称频数多边形图。在直方图的基础上，把直方图顶部的中点（即组中值）用直线连接起来，再把原来的直方图抹掉就是折线图。需要注意，折线图的两个终点要与横轴相交，具体的做法是将第一个矩形顶部中点通过竖边中点（即该组频数一半的位置）连接到横轴，最后一个矩形顶部中点与其竖边中点连接到横轴。这样才会使折线图下所围成的面积与直方图的面积相等，从而使二者所表示的频数分布一致。例如，在图 3-5 的基础上绘制的折线图，如图 3-6 所示。

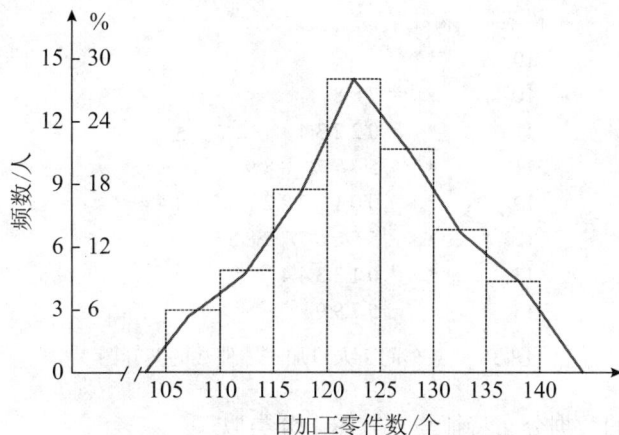

图 3-6 某车间工人日加工零件数的折线图

当对数据所分的组数很多时，组距会越来越小，这时所绘制的折线图就会越来越光滑，逐渐形成一条平滑的曲线，这就是频数分布曲线。分布曲线在统计学中有着十分广泛的应用，是描述各种统计量和分布规律的有效方法。

（二）未分组数据——茎叶图

通过直方图可以大体上看出一组数据的分布状况，但直方图没有给出具体的数值。下面介绍的茎叶图，既能给出数据的分布状况，又能给出每一个原始数值。茎叶图由"茎"和"叶"两部分构成，其图形是由数字组成的。通过茎叶图，可以看出数据的分布形状及数据的离散状况，比如，分布是否对称，数据是否集中，是否极端值等。

绘制茎叶图的关键是设计好树茎，通常是以该组数据的高位数值作为树茎。树茎一经确定，树叶就自然地长在相应的树茎上了。下面我们以例 3-3 的数据做茎叶图，如图 3-7 所示。

树茎	树叶	
10	7 8 8	3
11	0 2 2 3 4 5 7 7 7 8 8 8 9	13
12	0 0 1 2 2 2 2 3 3 3 3 4 4 4 5 5 6 6 7 7 7 8 8 9	24
13	0 1 3 3 4 4 5 7 9 9	10

图 3-7 某车间工人日加工零件数的茎叶图

图 3-7 的茎叶图显得过于拥挤，我们可以把它扩展。比如可以将图扩展一倍，即每一个树茎重复两次，一次有记号"*"，表示该行叶子上的数为 0 ～ 4，另一次有记号"·"，表示该行叶子上的数为 5 ～ 9，于是可得到图 3-8 的茎叶图。

```
树茎    树叶
10      *
10      ·    7 8 8
11      *    0 2 2 3 4
11      ·    5 7 7 7 8 8 8 9
12      *    0 0 1 2 2 2 2 3 3 3 3 4 4 4
12      ·    5 5 6 6 7 7 7 8 8 9
13      *    0 1 3 3 4 4
13      ·    5 7 9 9
```

图 3-8　某车间工人日加工零件数的茎叶图

茎叶图所表现的数据分布特征与直方图十分类似。

（三）时间序列数据——线图

如果定距数据和定比数据是在不同时间上取得的，即时间序列数据，还可以绘制线图。线图是在平面坐标上用折线表现数量变化特征和规律的统计图。线图主要用于显示时间序列数据，以反映事物发展变化的规律和趋势。

例 3-4　2010—2016 年我国城乡居民家庭的人均收入数据如表 3-11 所示，试绘制线图。

表 3-11　2010—2016 年城乡与农村居民人均收入

年 份	城镇居民收入 / 元	农村居民收入 / 元	年 份	城镇居民收入 / 元	农村居民收入 / 元
2010	19 109	5 919	2014	28 844	10 489
2011	21 810	6 977	2015	31 195	11 422
2012	24 565	7 917	2016	33 616	12 363
2013	26 467	9 430	—	—	—

资料来源：各年《中国统计统计年鉴》《中华人民共和国 2016 年国民经济和社会发展统计公报》。

根据表 3-11 数据绘制的线图，如图 3-9 所示。

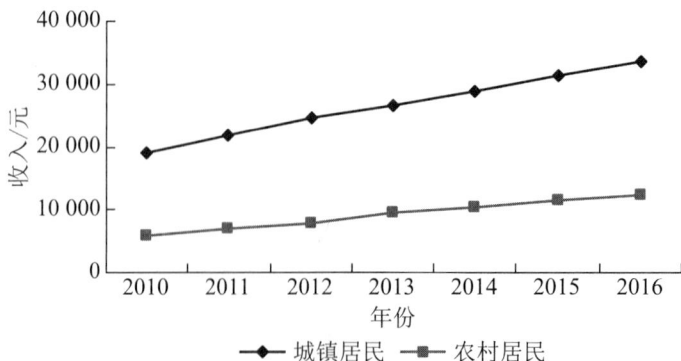

图 3-9　城乡农村居民家庭人均收入

从图 3-11 可以清楚地看出，城乡居民的家庭人均收入逐年提高，城镇居民的家庭人均收入高于农村，而且这种差距有扩大的趋势。

绘制线图时应注意以下几点：①时间一般绘在横轴，指标数据绘在纵轴。②图形的长宽比例要适当，一般应绘成横轴略大于纵轴的长方形，其长宽比例大致为 10∶7。图形过扁或过于瘦高，不仅不美观，而且会给人造成视觉上的错觉，不便于对数据变化的理解。③一般情况下，纵轴数据下端应从 0 开始，以便于比较。数据与 0 之间的间距过大，可以采取折断的符号将纵轴折断。

三、频数分布的类型

在日常生活和经济管理中，常见的频数分布曲线主要有正态分布、偏态分布、J 形分布、U 形分布等几种类型，如图 3-10 所示。

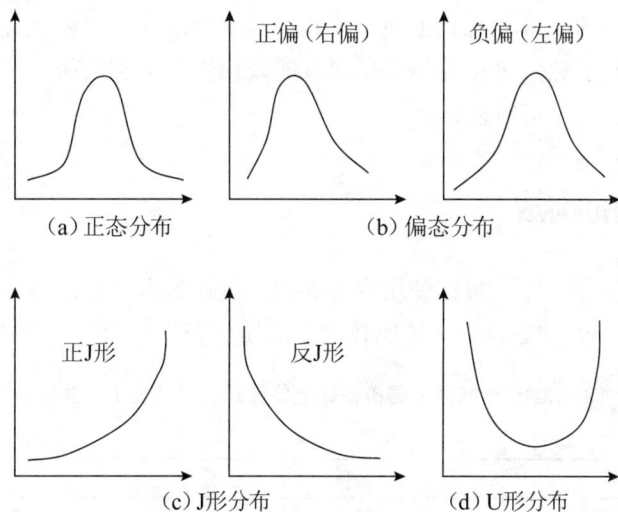

图 3-10　几种常见的频数分布

正态分布是一种对称的钟形分布，有很多现象服从这种分布，如农作物的单位面积产量、零件的公差、纤维强度等都服从正态分布，如图 3-10（a）所示。J 形分布有正 J 形和反 J 形两种，如经济学中供给曲线，随着价格的提高供给量以更快的速度增加，呈现为正 J 形；而需求曲线则表现为随着价格的提高需求量以较快的速度减少，呈现为反 J 形。U 形分布的特征是两端的频数分布多，中间的频数分布少，比如，人和动物的死亡率分布就近似服从 U 形分布，因为人口中婴幼儿和老年人的死亡率较高，而中青年的死亡率则较低；产品的故障率也有类似的分布。

偏态分布与正态分布相对而言。它有两个特点：①偏态指左右不对称；②当样本增大时，其均数趋向正态分布。偏态分布又可分为正偏态分布和负偏态分布两种类型：如果频数分布的高峰向左偏移，长尾向右侧延伸称为正偏态分布，也称右偏态分布；同样的，如果频数分布的高峰向右偏移，长尾向左延伸则成为负偏态分布，也称左偏态分布。

第四节   统计表

■ 一、统计表的作用

统计表是统计用数字说话的一种最常用的形式，即以纵横交叉的线条所绘制的表格来表现统计资料的一种形式。统计表既是调查整理的工具，又是分析研究的工具，广义的统计表包括统计工作各个阶段中所用的一切表格，即在统计工作的各个阶段都要用到不同的统计表格，统计调查阶段有调查表，统计整理阶段有整理表，统计分析阶段有分析表，本节主要介绍表现统计整理结果的统计表。统计表有以下几方面作用：①统计表能使大量的统计资料系统化、条理化，因而能更清晰地表述统计资料的内容；②利用统计表便于比较各项目（指标）之间的关系，而且也便于计算；③采用统计表表述统计资料显得紧凑、简明、醒目，使人一目了然，更加容易发现现象的规律性；④利用统计表易于检查数字的完整性和正确性，便于统计资料积累。

■ 二、统计表的构成

统计表的形式多种多样，根据使用者的要求和统计数据本身的特点，可以绘制形式多样的统计表。比如，表3-12就是一种比较常见的统计表。

表 3-12   2016 年居民消费价格比上年涨跌幅度〔表头（总标题）〕

%

指标	全国	城市	农村	纵栏标题
居民消费价格	2.0	2.1	1.9	
其中：食品烟酒	3.8	3.7	4.0	
衣着	1.4	1.5	1.3	
居住	1.6	1.9	0.6	
生活用品及服务	0.5	0.5	0.2	（指标数值）
交通和通信	-1.3	-1.4	-1.1	
教育文化和娱乐	1.6	1.5	1.9	
医疗保健	3.8	4.4	2.5	
其他用品和服务	2.8	2.9	2.2	
主词	宾词			

（横行标题）

附注与说明：居住类价格包括租赁房房租、住房保养维修及管理、水电燃料等价格。
资料来源：《中华人民共和国2016年国民经济和社会发展统计公报》。〕附加

从表3-12可以看出，统计表一般由四个主要部分组成，即表头（总标题）、横行标题、纵栏标题和指标数值，必要时可以在统计表的下方加上表外附加。表头应放在表的上方，它所说明的是统计表的主要内容。横行标题和纵栏标题通常安排在统计表的第一列和第一

行，它所表示的主要是所研究问题的类别名称和指标名称，通常也被称为"类"。如果是时间序列数据，横行标题和纵栏标题也可以是时间，当数据较多时，通常将时间放在横行标题的位置。表的其余部分是具体的数字资料。表外附加通常放在统计表的下方，主要包括资料来源、指标的注释和必要的说明等内容。

从统计表的内容上看，可以分为主词和宾词两个部分，如表 3-12 所示。主词是统计表所要说明的总体的某个方面。宾词是说明总体的统计指标，包括指标名称和指标数值，也可能是指标所属空间和指标数值。

三、统计表的种类

（一）按主词加工方法不同分类

（1）简单表。表的主词未经任何分组的统计表为简单表。简单表的主词一般按时间顺序排列，或按总体各单位名称排列。通常是对调查来的原始资料初步整理所采用的形式，如表 3-13 所示，即为按总体各单位名称排列的简单表。

表 3-13　2016 年某公司所属两企业自行车合格品数量表

厂　别	合格品数量 / 辆
甲　厂	5 000
乙　厂	7 000
合　计	12 000

（2）简单分组表。表的主词按照某一标志进行分组或按两个及两个以上标志进行平行分组的统计表称为简单分组表。利用简单分组表可以提示不同类型现象的特征，说明现象内部的结构，分析现象之间的相互关系等，如表 3-14 所示。

表 3-14　2016 年年末我国人口数及构成

		人口数 / 万人	比例 /%
按性别分	男	70 815	51.2
	女	67 456	48.8
按城乡分	城镇	79 298	57.35
	乡村	58 973	42.65

资料来源：《中华人民共和国 2016 年国民经济和社会发展统计公报》。

（3）复合分组表。表的主词按照两个或两个以上标志进行复合分组的统计表称为复合分组表，如表 3-15 所示。复合分组表能更深刻更详细地反映客观现象，但使用复合分组表要恰如其分，并不是分组越细越好。因为复合分组表中多进行一次分组，组数将成倍增加，分组太细反而不利于研究现象的特征。

表 3-15　常住人口受教育程度（2015 年）　　　　　　　　　　　　　　单位：人

项　目		人数	调查人口合计	项　目		人数	调查人口合计
6 岁及以上人口	男	232 922	462 380	中　职	男	17 898	34 038
	女	229 458			女	16 140	
小　学	男	25 588	55 954	大学专科	男	30 090	60 295
	女	30 366			女	30 205	
初　中	男	68 860	128 560	大学本科	男	42 656	83 897
	女	59 700			女	41 241	
普通高中	男	34 340	68 223	研究生	男	10 898	20 659
	女	33 883			女	9 761	

注：本表数据为人口抽样调查样本数据。资料来源：《北京统计年鉴（2016）》

（二）按宾词指标设计的不同分类

（1）宾词不分组设计。宾词不分组设计即宾词各指标根据说明问题的主次先后顺序排列，保持各指标之间的一定逻辑关系，如表 3-16 所示。

表 3-16　北京规模以上非公经济主要指标 (2015)

项　目	单位数 / 个	收入合计 / 亿元	利润总额 / 亿元	应交税金合计 / 亿元	从业人员平均人数 / 万人
合　计	25 924	49 811.4	4 483.7	2 301.9	376.1
按登记注册类型分组					
内　资	22 349	27 538.6	1 748.5	1 311.8	261.2
港澳台商投资	1 383	8 376.3	533.1	331.5	47.1
外商投资	2 192	13 896.5	2 202.1	658.6	67.8
按规模分					
大型企业	968	21 035.7	2 285.3	799.2	137.9
中小微型企业	22 944	25 155.1	1 059.8	1 044.1	214.3
中　型	5 492	15 007.0	753.4	665.0	120.7
小　型	13 177	9 008.7	353.0	326.4	87.0
微　型	4 275	1 139.4	-46.6	52.7	6.6

资料来源：《北京统计年鉴（2016）》。

（2）宾词简单分组设计。宾词简单分组设计即统计指标从不同角度分别按某一标志分组，各种分组平行排列，如表 3-17 所示。

表 3-17　某企业职工性别及文化程度情况　　　　　　　　　　　　　　单位：人

项　目	性　别		文　化　程　度		
	男	女	小学	中学	大学
一线人员	290	348	254	308	76
二线人员	108	226	118	176	40
合　计	398	574	372	484	116

（3）宾词复合分组设计。宾词复合分组设计即统计指标同时有层次地按两个或两个以上标志分组，各种分组重叠在一起，如表 3-18 所示。

表 3-18 某企业职工性别及文化程度情况

项 目	职工人数		小 学			中 学			大 学		
	男	女	男	女	小计	男	女	小计	男	女	小计
一线人数	290	348	110	144	254	138	170	308	42	34	76
二线人数	108	226	28	90	118	64	112	176	16	24	40
合 计	398	574	138	234	372	202	282	484	58	58	116

四、统计表的设计要求

由于使用者的目的以及统计数据的特点不同，统计表的设计在形式和结构上会有较大差异，但设计上的基本要求则是一致的。总体上看，统计表的设计应符合科学、实用、简练、美观的要求。具体来说，设计统计表时要注意以下几点。

（1）要合理安排统计表的结构，比如横行标题、纵栏标题、统计指标及数字资料的位置应安排合理。当然，由于强调的问题不同，行标题和列标题可以互换，但应使统计表的横竖长度比例适当，一般采用长方形，避免出现过高或过长的表格形式。表中的上下两条线一般用粗线，中间的其他线要用细线，这样使人看起来清楚、醒目。通常情况下，统计表的左右两边不封口，纵栏标题之间一般用竖线隔开，而横行标题之间通常不必用横线隔开。总之，表中尽量少用横竖线。

（2）表头一般应包括表号、总标题和表中数据的单位等内容。总标题应简明确切地概括出统计表的内容，一般需要表明统计数据的时间（when）、地点（where）以及何种数据（what），即总标题内容应满足 3W 要求。

（3）统计表主词和宾词的排列，应当合理有序，应根据时间的先后、数量的大小、空间的位置等自然排序编排。一般按先局部后全体的顺序，即先列分项后列合计编排；但如果只打算列出全体中的部分项目，则先列合计，后列分项，并对下属各行用"其中"表示。

（4）统计表栏数较多时，通常要加以编号，并说明其相互关系。在主词和计量单位等栏用（甲）、（乙）、（丙）……编号，在宾词栏用（1）、（2）、（3）……编号。如某栏数字是根据其他栏数字计算的，则应标明计算关系。

（5）统计表中的数字应该注明计量单位。如果表中的全部数据都是同一计量单位，可放在表的右上角标明；如计量单位不统一，横行的计量单位可设计量单位栏，纵栏的计量单位可与纵栏标题写在一起，指标名称与计量单位用"/"隔开。

（6）统计表的数字填写要注意对位整齐，一般是右对齐，有小数点时应以小数点对齐，同栏中的小数保留位数要一致，遇有相同数值时应重新填写，不得用"同上""同左"等字样代替。没有数字或免填的格内用"—"表示，缺少资料或忽略不计的格内用"……"表示。

（7）在编制统计表时，必要时可在表的下方加上注释，特别要注意注明资料来源，以表示对他人劳动成果的尊重，同时也方便读者查阅使用。

本章小结

本章主要介绍了数据的预处理、品质数据的整理与显示、数值型数据的整理与显示以及统计表四项内容。

对直接调查取得的原始数据，主要审核完整性和准确性。对二手数据，除审核完整性和准确性外，还应着重审核数据的适用性和时效性。

数据分组遵守科学性、完整性和互斥性三个原则。统计分组的关键：正确选择分组标志和划分各组界限。统计分组按分组标志的多少，分为简单分组和分组体系，其中分组体系有平行分组体系和复合分组体系；按分组标志的性质不同，分为品质分组和数量分组。

对品质数据主要做分类整理，对数值型数据主要做分组整理。分组整理的方法有单变量值分组和组距分组两种。

常见的频数分布曲线主要有正态分布、偏态分布、J 形分布、U 形分布等几种类型。

统计表一般由表头（总标题）、横行标题、纵栏标题和指标数值四个部分组成。从内容上看，分主词和宾词两个部分。统计表按主词加工方法不同分为简单表、简单分组表和复合分组表。统计表按宾词指标设计的不同分为宾词不分组设计、宾词简单分组设计和宾词复合分组设计。

统计表的设计应符合科学、实用、简练、美观的要求。

技能训练：用 Excel 制作频数表、统计表与统计图

使用 Excel 数据分析功能可以完成数据的统计与分析，具体包括绘制直方图，计算并绘制各种概率分布图，计算相关系数、协方差，进行抽样与动态模拟、总体均值判断、均值推断、线形、时间序列分析等。Excel 中的统计数据整理工具主要有数据排序、频数分布函数、数据透视表、统计图等。其中数据排序与数据透视表，通过"数据"功能完成，如图 3-11 ～图 3-13 所示。

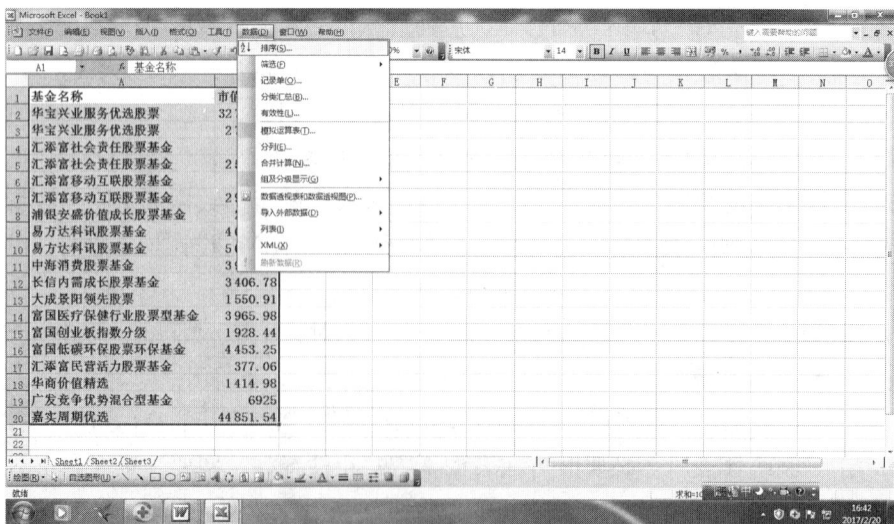

图 3-11　"数据"菜单中的"排序"

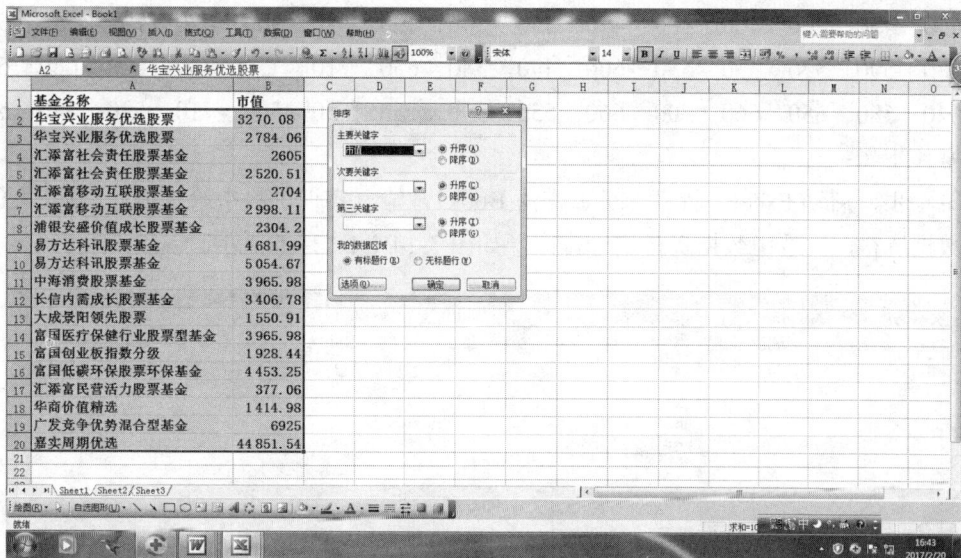

图 3-12 数据中的"排序"对话框

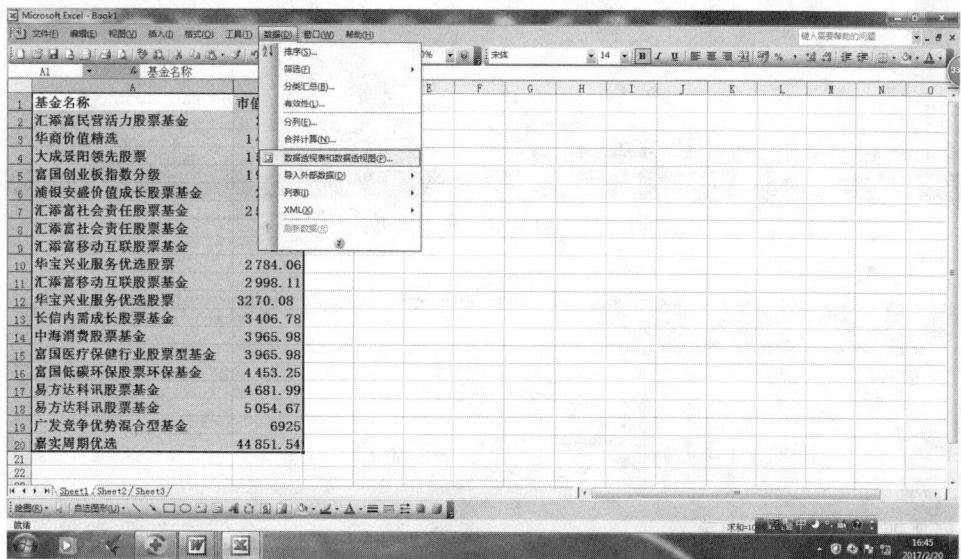

图 3-13 "数据"菜单中的"数据透视表和数据透视图"

本节重点介绍用 Excel 编制数值数据的频数分布表与直方图、用 Excel 整理品质数据并编制频数分布图表和用 Excel 绘制统计图。

1. 用 Excel 编制数据的频数分布表与直方图

实训项目：编制数值数据的频数分布表，并绘制直方图。

实训目的：掌握 Excel 在统计整理中的应用，熟练运用 Excel 进行数据排序、编制频数分布表并绘制统计图。

实训资料：60 名工人的日常量（单位：件）。

| 720 | 700 | 580 | 660 | 450 | 710 | 560 | 700 | 570 | 480 | 460 | 520 | 630 | 720 | 690 |

650	450	700	460	480	470	550	640	490	540	500	470	590	560	550
580	590	570	550	580	600	490	580	650	710	730	750	600	660	650
640	580	650	660	700	660	550	590	750	650	560	710	590	570	500

操作步骤：

第一步，启动 Excel，新建一个工作簿 Book1，输入实训资料中给定的 60 名工人的日产量数据资料，并选中数据资料进行排序，如图 3-14 和图 3-15 所示。

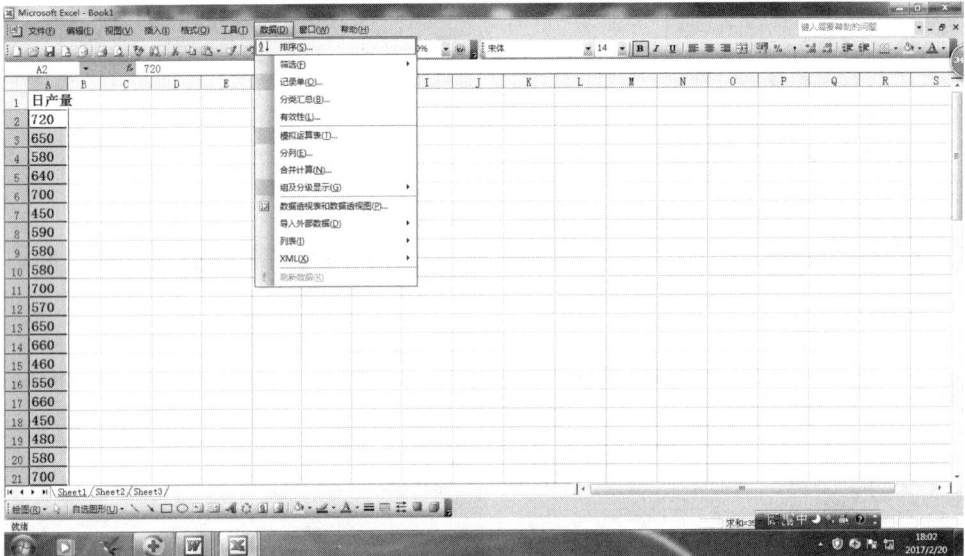

图 3-14　输入日产量数据并排序

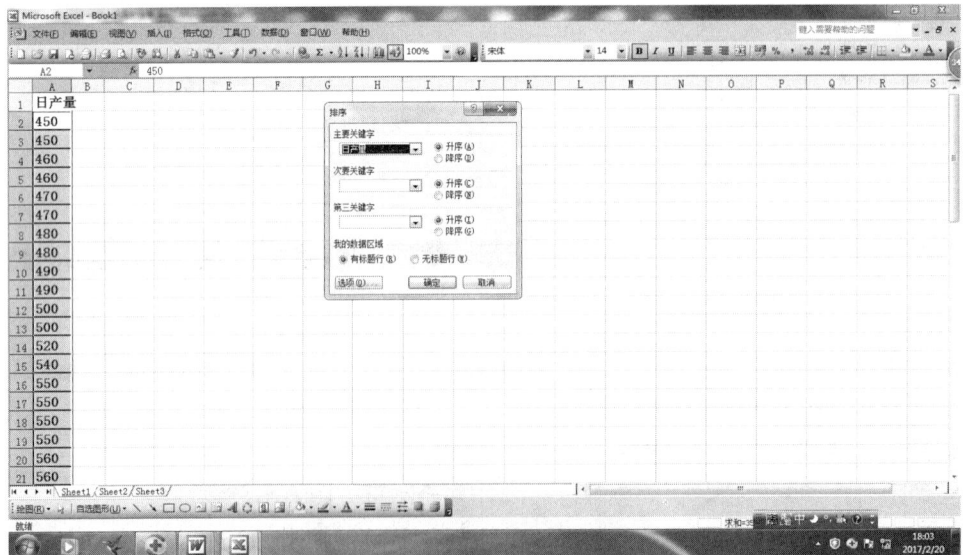

图 3-15　日产量数据升序排列

第二步，在工具菜单中选择"数据分析"选项，从其对话框的分析工具列表中选择"直方图"选项，打开"直方图"对话框，如图 3-16 所示。

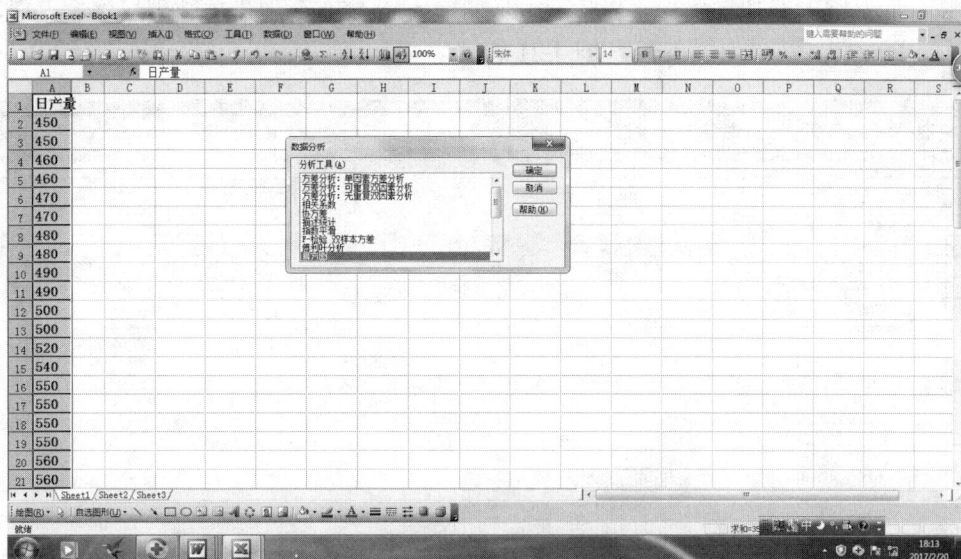

图 3-16　选择数据分析——直方图

第三步，在输入区域输入"$A$2:$A$61"，在接收区域输入"$C$2:$C$7"。接受区域指的是分组标志所在的区域，假定把分组标志输入到 C2:C7 单元格，注意这里只能输入每一组的上限值，即 460、520、580、640、700、760，如图 3-17 所示。

第四步，选择输出选项，可选择输入区域、新工作簿。在这里选择输入区域，可以直接选择一个区域，也可以直接输入一个单元格（代表输出区域的左上角）。如果事先不知道输出的区域有多大，一般推荐只输入一个单元格（本例为 C12），如图 3-17 所示。

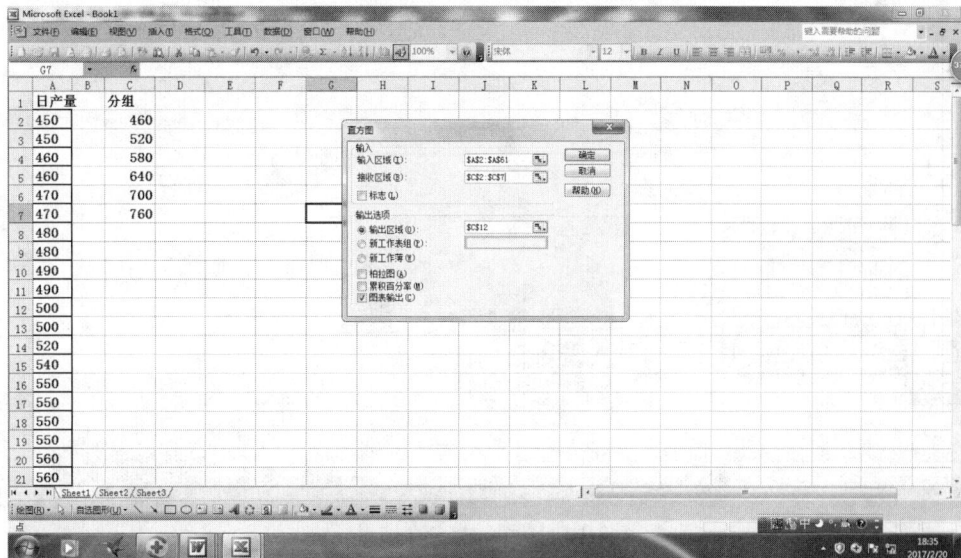

图 3-17　"直方图"对话框

第五步，选择图表输出，可以得到直方图，如图 3-18 所示；如果选择累积百分率，系统将在直方图上添加累积频率折线，结果如图 3-19 所示；如果选择柏拉图，可得到降序排列的直方图，结果如图 3-20 和图 3-21 所示。

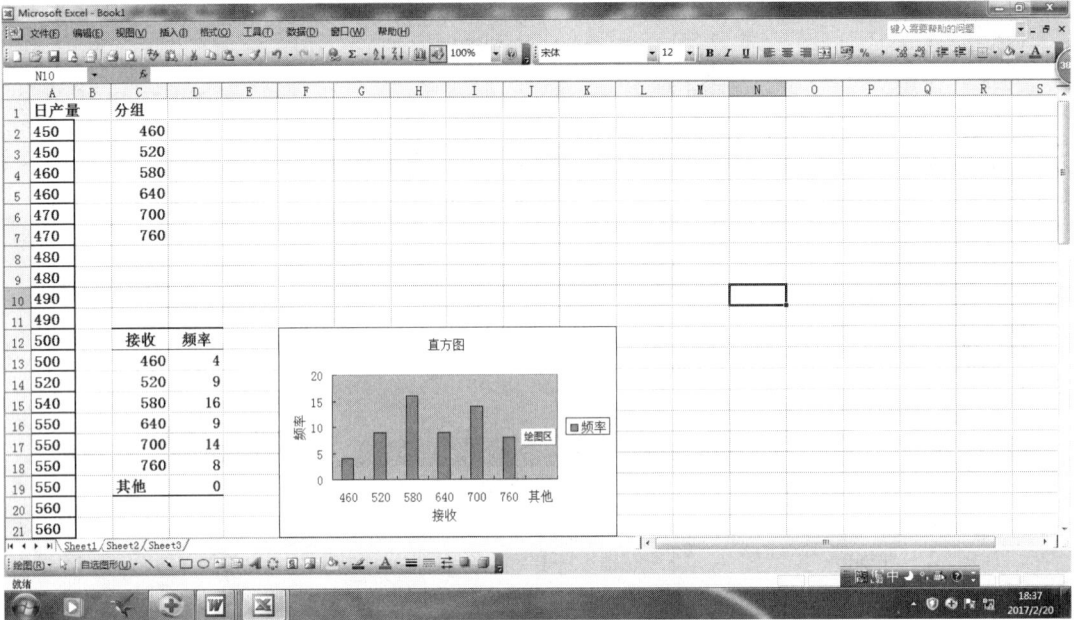

图 3-18　频数分布结果图

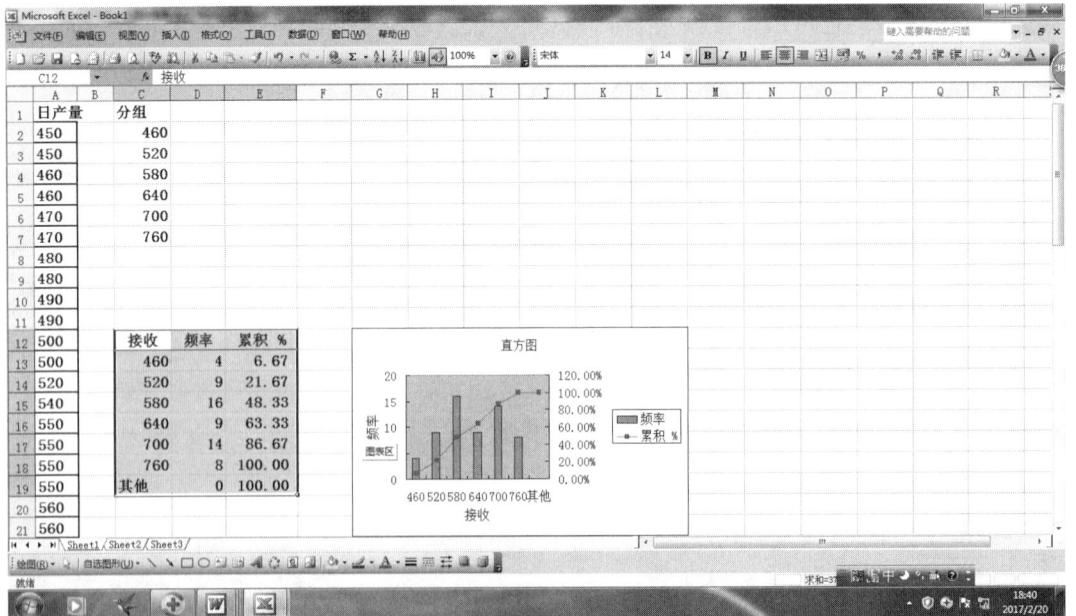

图 3-19　累积频数分布结果图

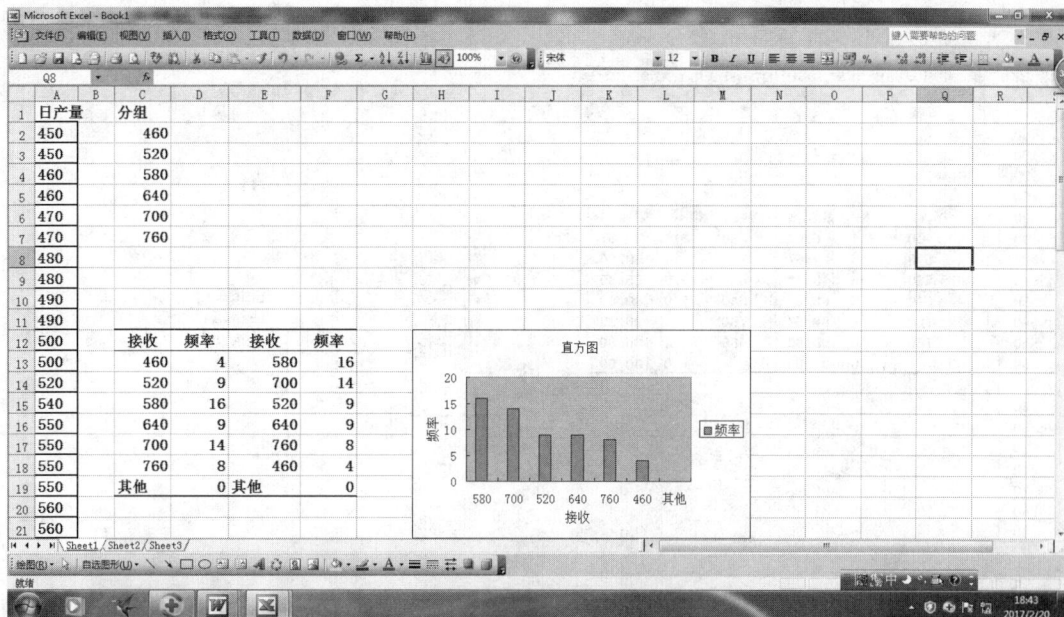

图 3-20　降序排列频数分布结果图

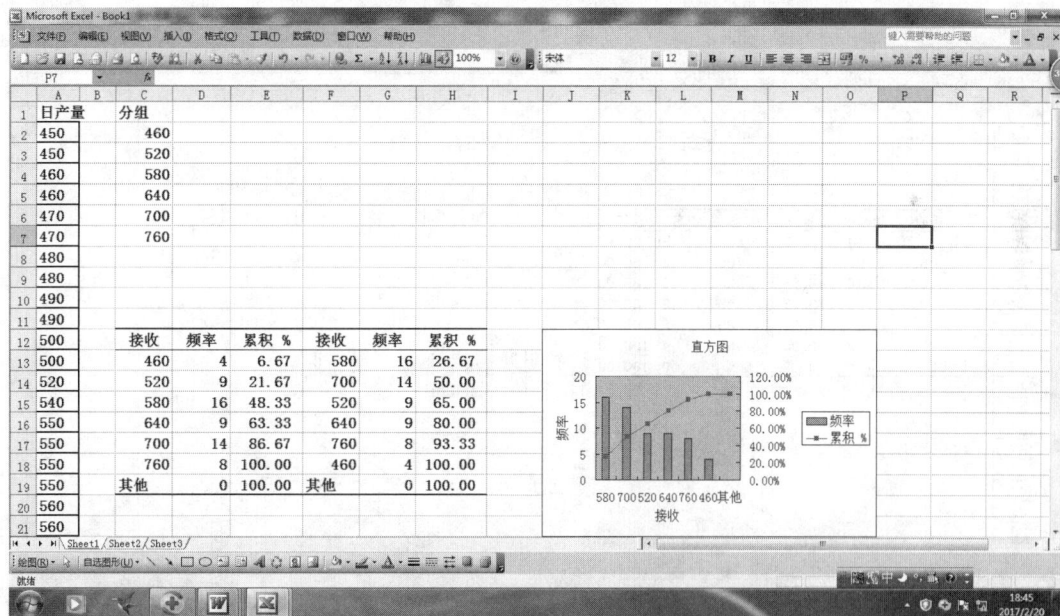

图 3-21　降序累积频数分布结果图

值得注意的是，上述结果图为条形图，如图 3-18～图 3-21 所示，变为直方图还需要如下操作：单击任一条线，然后右键单击，在弹出的快捷菜单中选取"数据系列格式"，弹出"数据系列格式"对话框，如图 3-22 所示，选择"选项"标签，把分类间距修改为"0"，如图 3-23 所示，单击"确定"按钮后即可得到直方图，如图 3-24 所示。

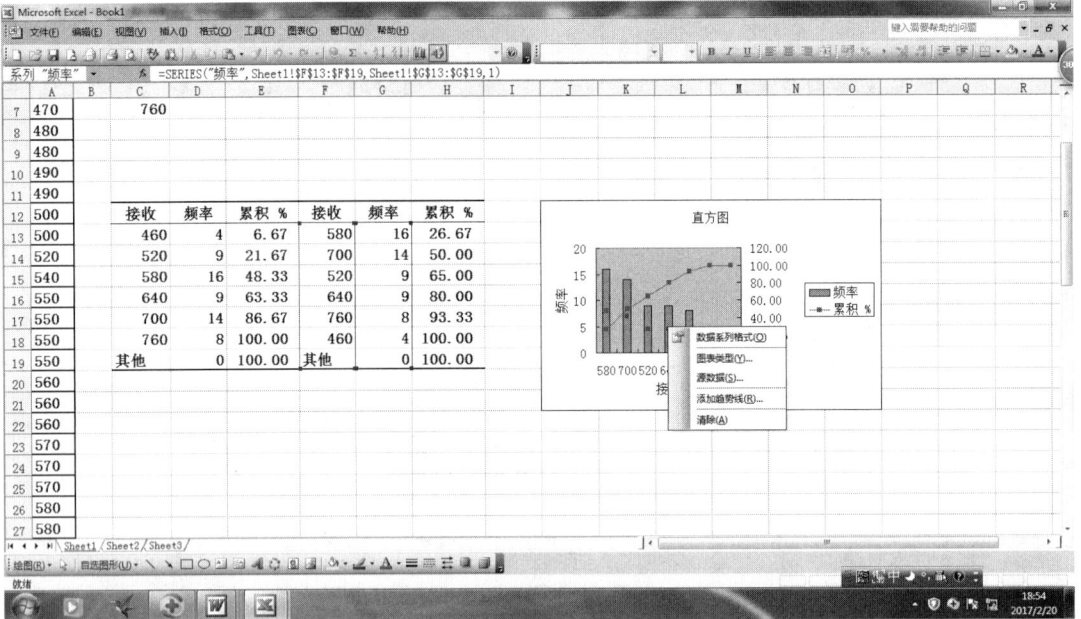

图 3-22　"数据系列格式"对话框

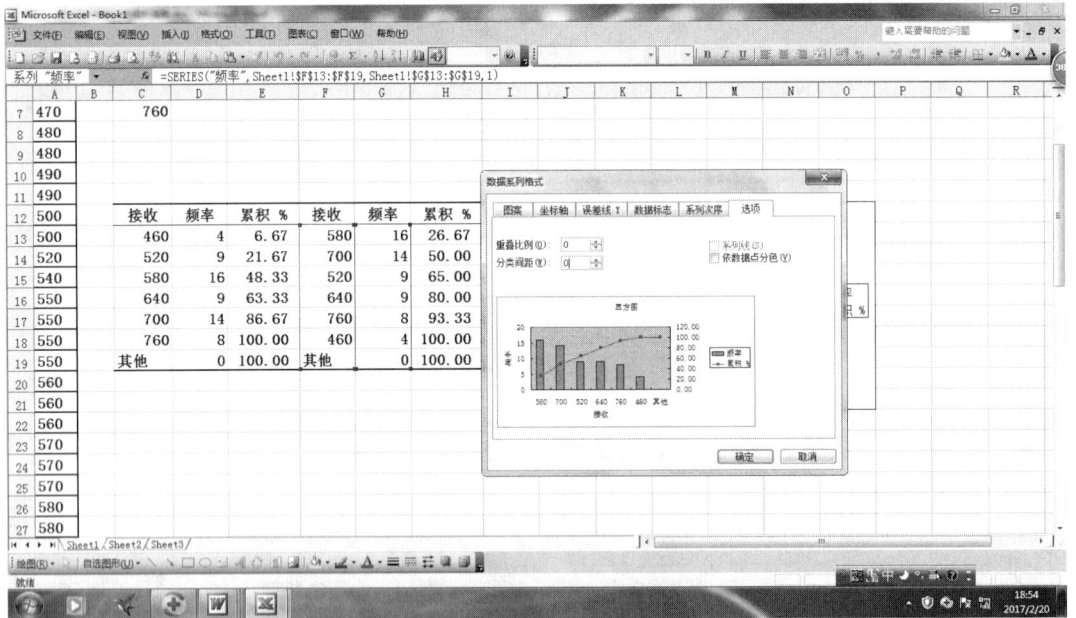

图 3-23　选择"数据系列格式"对话框"选项"标签并修改"分类间距"

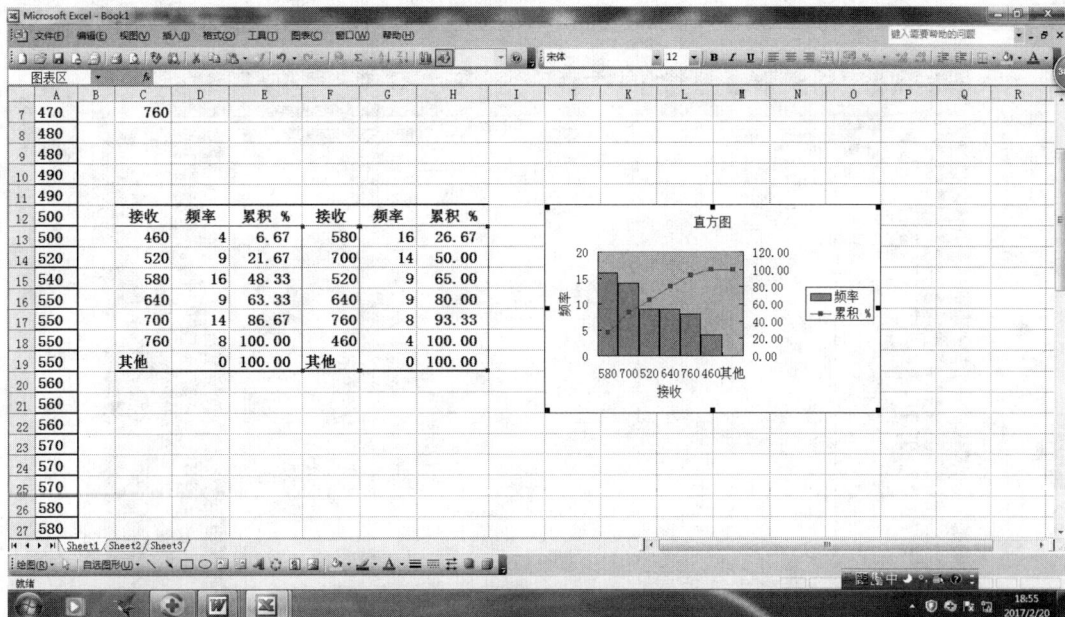

图 3-24 降序累积频数分布直方图

2. 用 Excel 整理品质数据并编制频数分布图表

实训项目：整理品质数据并编制频数分布图表。

实训目的：掌握 Excel 在统计整理中的应用，熟练运用 Excel 进行数据分类并编制频数分布表。

实训要求：掌握统计分组及分配数列中的品质数列编制的基础知识。

实训资料：某银行为提高客户满意度，在客户办理完业务后，柜员会让客户在其"客户满意度调查终端"上按一下，客户可以在"很满意""满意""比较满意""不满意""很不满意"几个按钮中选择一个，对这个柜员的服务进行即时评价。其中一个时段内对 30 名客户调查的统计数据，如表 3-19 所示。

表 3-19 客户满意度调查的原始资料

比较满意	满意	很满意	满意	很满意	满意	很满意	很满意
满意	比较满意	满意	满意	比较满意	很满意	满意	满意
满意	满意	很满意	很满意	不满意	比较满意	很不满意	比较满意
比较满意	很满意	不满意	满意	比较满意	满意		

操作步骤：启动 Excel，新建一个工作簿，准备用 Excel 进行统计分类。

由于 Excel 无法对品质数据中的文字进行识别统计，因此需要先将品质数据的类别名称转化为数字代码，如上述 5 种选择分别用 5 个数字表示，即

1—很满意；2—满意；3—比较满意；4—不满意；5—很不满意。

第一步，在工作表 Sheet1 上的（A2～A31）矩形区域内输入客户满意度调查的数据资料，再将对应的代码数据输入（B2～B31）矩形区域，对选项对应的代码进行简单分组，

将 1、2、3、4、5 依次输入（C2 ～ C6）矩形区域。D2 ～ D6 设为输出区域，如图 3-25 所示。

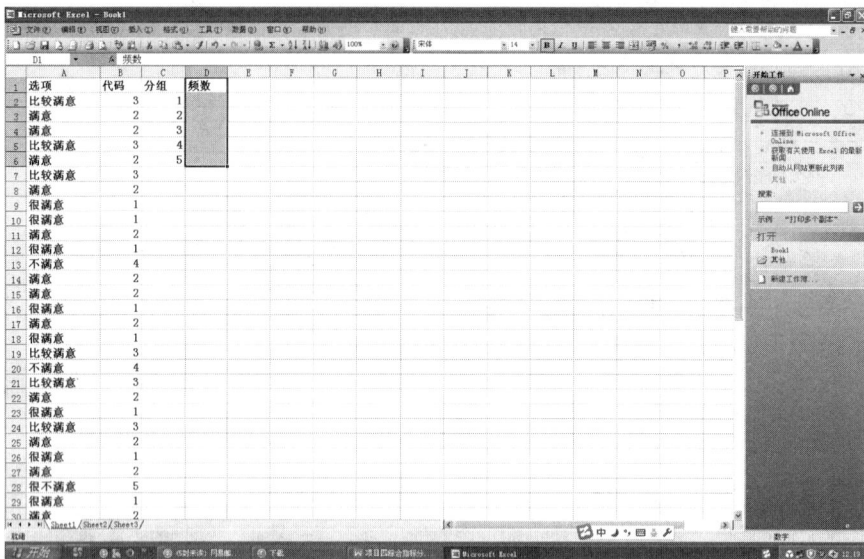

图 3-25　客户满意度调查数据输入

第二步，在插入菜单中选择"函数"选项，或单击"常用"工具栏的"fx"按钮，在弹出的对话框"函数分类"列表中选择"统计"选项，在选择函数列表中选择"FREQUENCY"函数，回车进入"FREQUENCY"函数对话框，如图 3-26 所示。

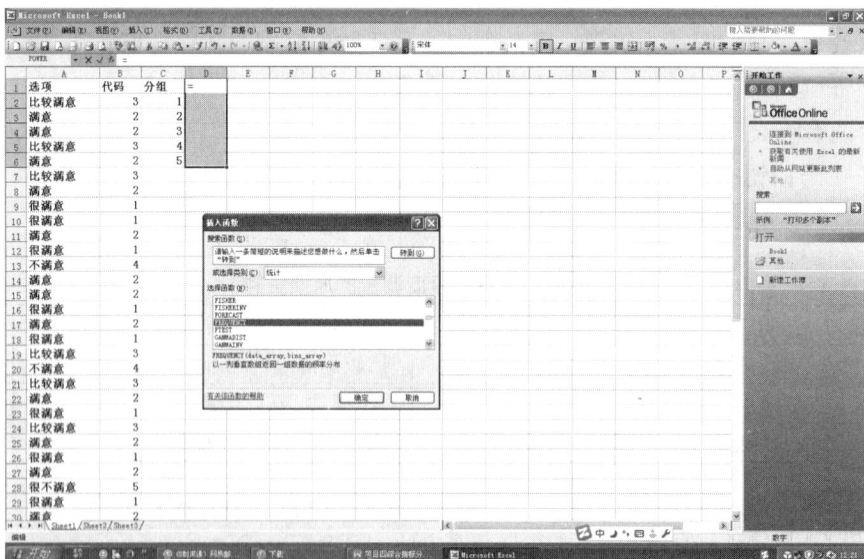

图 3-26　"插入函数"对话框——选择"FREQUENCY"

在"FREQUENCY"对话框中有"Data_array"和"Bins_array"两个文本框。Data_array 用于计算频率的数组，可输入待分组的原数据区域。本例中为 B2:B31。Bins_array 是数据接受区间，可输入的数据两端必须加大括号，各数据之间用分号隔开，如图 3-27 所示。

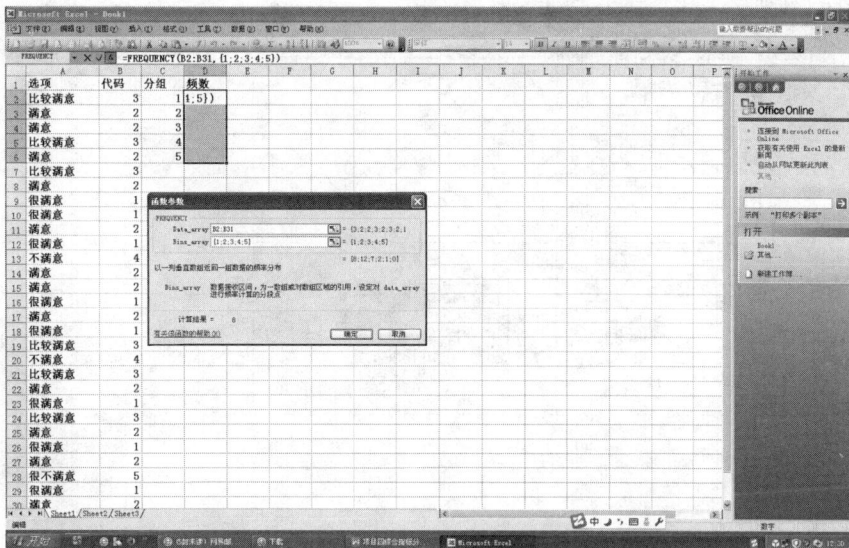

图 3-27 FREQUENCY "函数参数"对话框

第三步，输入完成后，由于频数分布是数组操作，所以不能单击"确定"按钮。要按"Ctrl+Shift+Enter"组合键，在最初选定单元格区域内得到频数分布结果，在本例中为 D2:D6。

第四步，求 D 列合计数，单击 D7 单元格，输入"SUM(D2:D6)"，回车后即可得到合计数"30"。然后计算频率，单击 E2 单元格，输入"=D2*100/30"回车后即可得到第一组的频率"26.667%"，其他组利用"填充"功能，按住鼠标拖至 E6 单元格后放开鼠标，即可得到 E3 ～ E6 单元格的频率，最后利用 SUM 函数求出合计频率（或单击工具栏上的"∑"按钮）。（注意：在输入公式的时候，不要忘记等号，否则就不会出现数值，如图 3-28 所示。在此基础上可以利用前面介绍的方法绘制直方图，如图 3-29 所示。）

图 3-28 频数分布结果

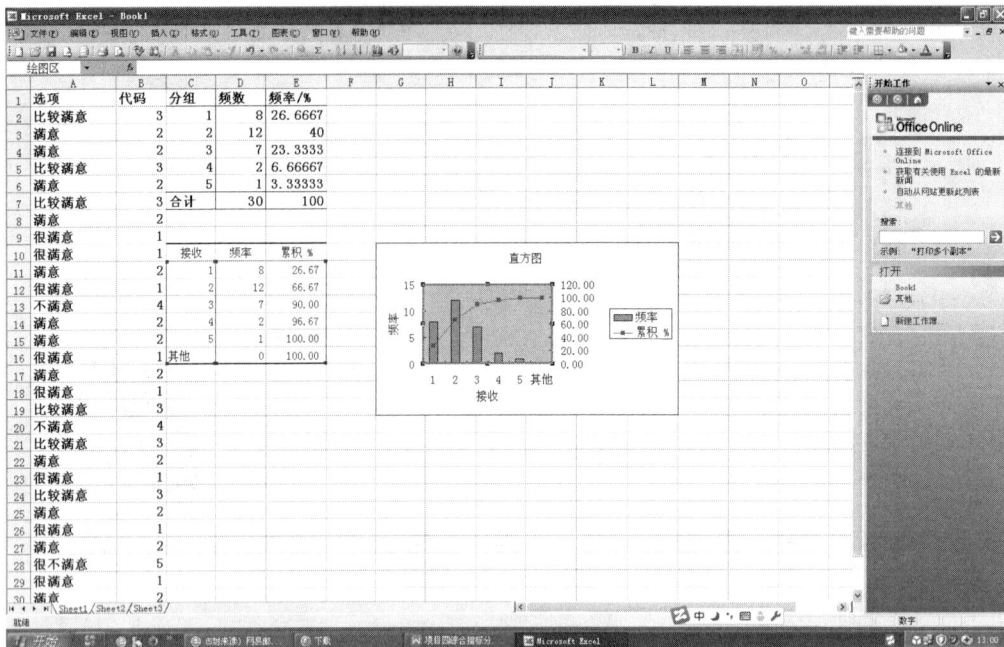

图 3-29 满意度频数分布图形

3. 用 Excel 绘制统计图

Excel 提供了大量的统计图形供用户根据需要和图形功能选择使用。Excel 提供的图形工具有：柱形图、折线图、饼图、散点图、面积图、环形图、股价图等。各种图形的做法大同小异，本章以柱形图为例，介绍制作统计图的工作步骤。

实训项目：绘制柱形图。

实训目的：掌握 Excel 在统计整理中的应用，熟练运用 Excel 绘制统计图。

实训要求：掌握绘制统计图的一般原则和步骤。

实训资料：我国 2011—2016 年国内生产总值构成统计表中的数据资料，如表 3-20 所示。

表 3-20 我国 2011—2016 年国内生产总值构成统计表

产　业	2011 年	2012 年	2013 年	2014 年	2015 年	2016 年
第一产业	46 163.1	50 902.3	55 329.1	58 343.5	60 870.5	63 671
第二产业	227 038.8	244 643.3	261 956.1	277 571.8	280 560.3	296 236
第三产业	216 098.6	244 821.9	277 959.3	308 058.6	344 075.0	384 221
合计	489 300.5	540 367.5	595 244.5	643 973.9	685 505.8	744 128

资料来源：2011—2015 年数据来源于《中国统计年鉴（2016）》，2016 年数据来源于《中华人民共和国2016 年国民经济和社会发展统计公报》。

操作步骤：启动 Excel，新建一个工作簿 Book1。

第一步，把原始数据输入到工作簿 Book1 中，如图 3-30 所示。

第二步，选中某一单元格，选择"插入"菜单，并选择"图表"选项，弹出"图表向导"对话框，如图 3-31 所示。

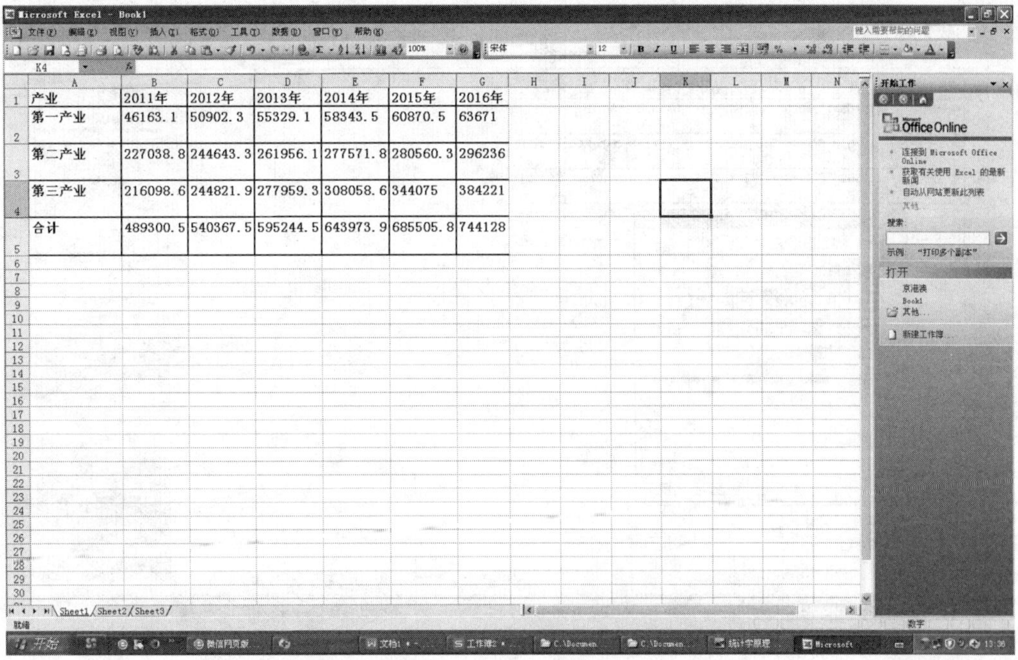

图 3-30　我国 2011—2016 年国内生产总值构成

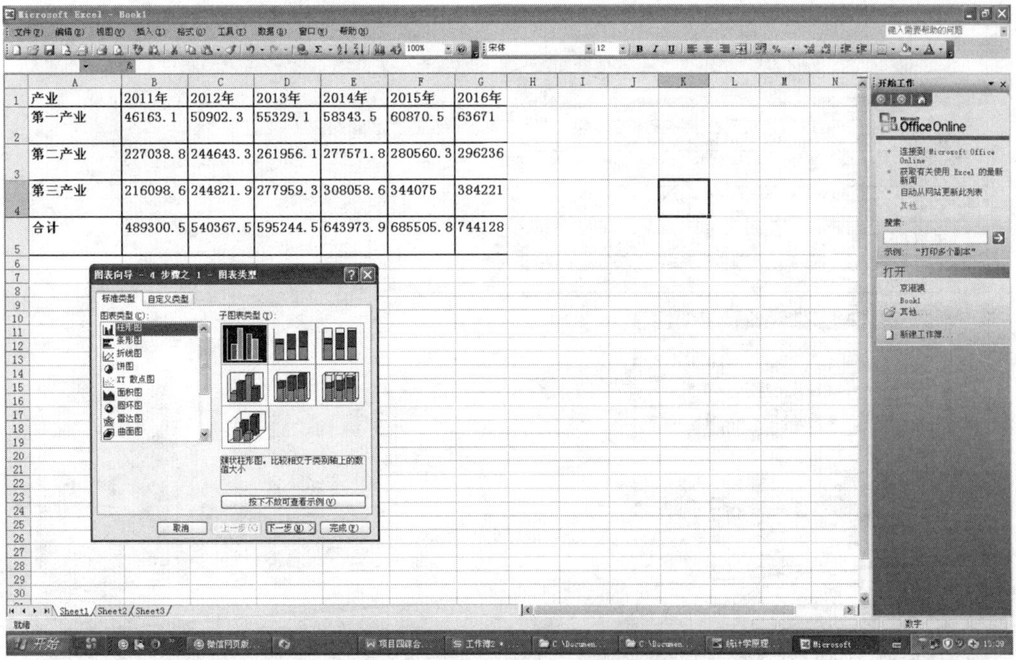

图 3-31　"图表向导"对话框

　　第三步，在图表类型中选择"柱形图"，然后在子图表类型中选择一种类型，这里选用系统默认的方式。然后单击"下一步"按钮，打开"图表源数据"对话框，如图 3-32 所示。

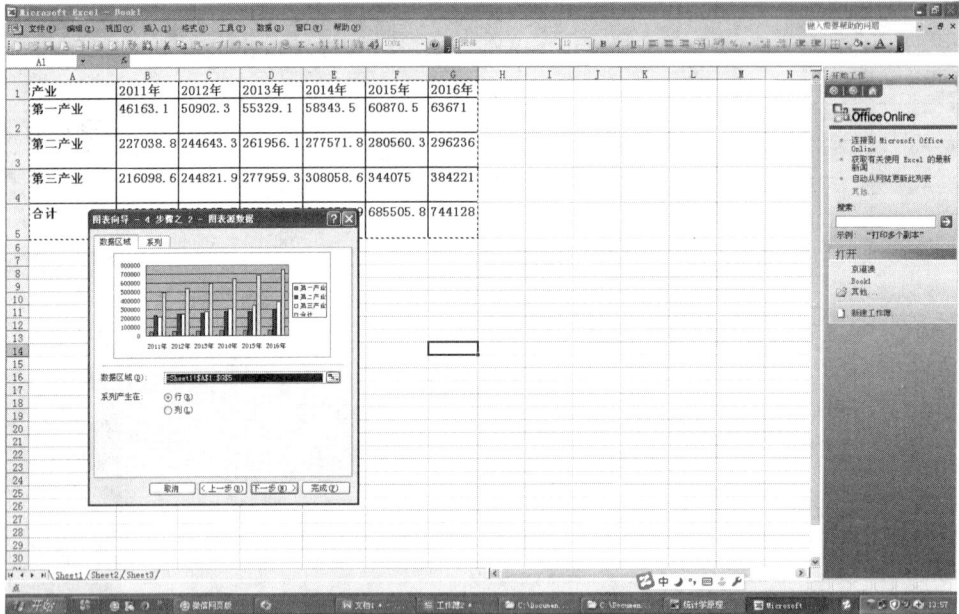

图 3-32 "图表源数据"对话框

第四步，在"图表源数据"对话框中填入数据所在区域，单击"下一步"按钮，可得到图形，如图 3-33 所示。

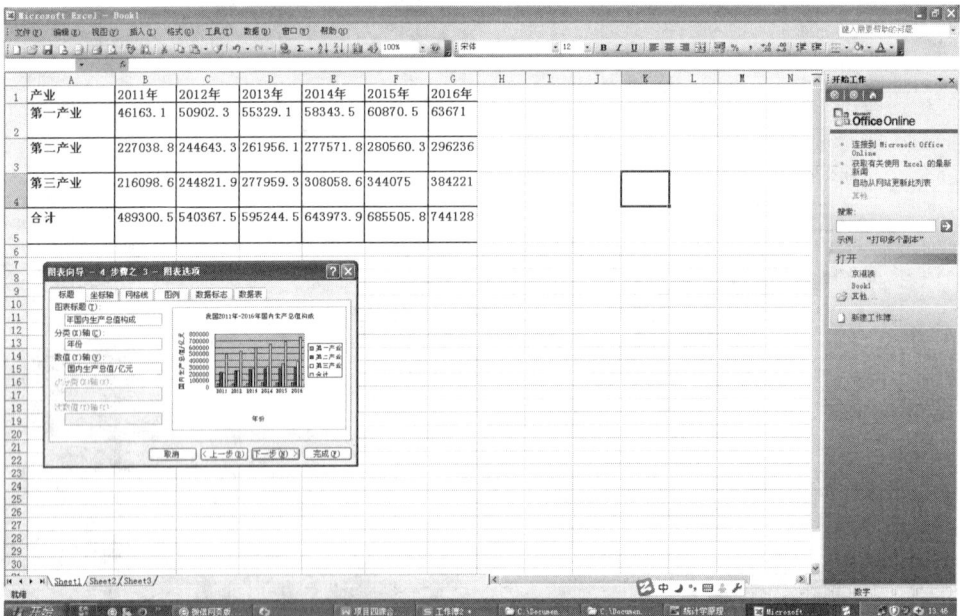

图 3-33 所得部分柱形图

第五步，在图表选项对话框中依次填入需要的项目，单击"下一步"和"完成"按钮，调整后即可得柱形图，如图 3-34 所示。

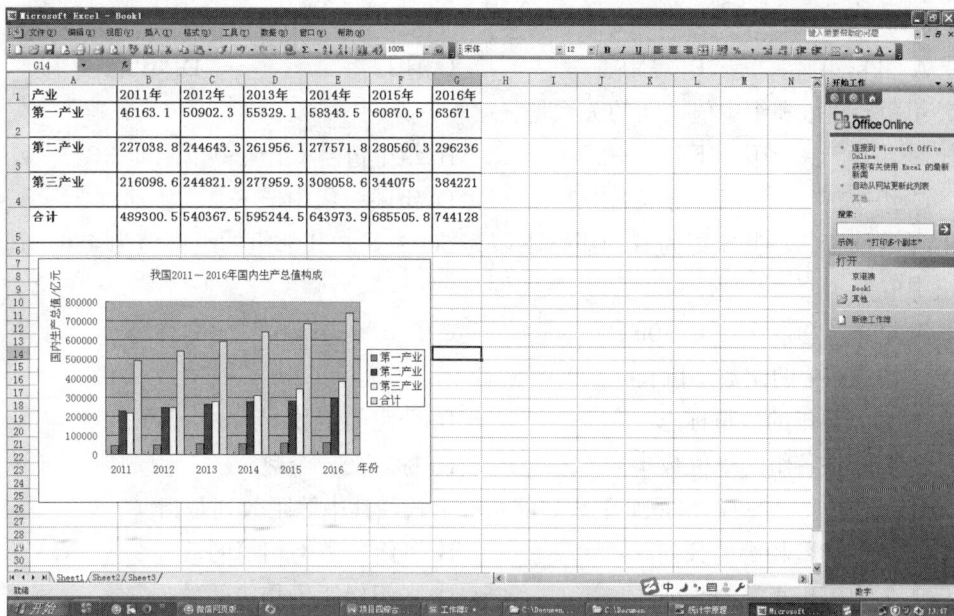

图 3-34　柱形图

思考与练习

一、单项选择题

1. 统计整理的主要对象是（　　　）。

    A. 次级资料   B. 原始资料

    C. 分析资料   D. 技术参数资料

2. 统计分组是根据统计研究的目的和任务，按照一个或几个分组标志（　　　）。

    A. 将总体分成性质相同的若干部分   B. 将总体分成性质不同的若干部分

    C. 将总体划分成数量相同的若干部分   D. 将总体划分成数量不同的若干部分

3. 统计分组的关键在于（　　　）。

    A. 确定组中值   B. 确定组距

    C. 确定组数   D. 选择分组标志和划分各组界限

4. 变量数列是（　　　）。

    A. 按数量标志分组的数列   B. 按品质标志分组的数列

    C. 按数量标志或品质标志分组的数列   D. 按数量指标分组的数列

5. 某同学统计学考试成绩为 80 分，应将其计入（　　　）。

    A. 成绩为 80 分以下人数中   B. 成绩为 70 ～ 80 分的人数中

    C. 成绩为 80 ～ 90 分的人数中   D. 根据具体情况来具体确定

6. 在编制组距数列时，当资料中存在少数特大和特小的变量值时，宜采用（　　　）形式处理。

    A. 开口组   B. 等距   C. 闭口组   D. 不等距

7. 组距、组限和组中值之间的关系是（   ）。

    A. 组距 =（上限 - 下限）÷2   B. 组中值 =（上限 + 下限）÷2

    C. 组中值 =（上限 - 下限）÷2   D. 组限 = 组中值 ÷2

8. 某连续变量，其末组为开口组，下限为 500，又知其邻组的组中值为 480，则其末组的组中值为（   ）。

    A. 490   B. 500   C. 510   D. 520

9. 次数分布中的次数是指（   ）。

    A. 划分各组的数量标志   B. 分组的组数

    C. 分布在各组的单位数   D. 标志变异个数

10. 等距数列和异距数列是组距数列的两种形式，其中等距数列是指（   ）。

    A. 各组次数相等的数列   B. 各组次数不相等的数列

    C. 各组组距相等的数列   D. 各组组距不相等的数列

11. 对总体进行分组时，采用等距数列还是异距数列，决定于（   ）。

    A. 次数的多少   B. 变量的大小

    C. 组数的多少   D. 现象的性质和研究的目的

12. 某村企业职工最高工资为 426 元，最低工资为 270 元，据此分为六个组，形成闭口式等距数列，则组距应为（   ）。

    A. 71   B. 26   C. 156   D. 132

13. 简单分组与复合分组的区别是（   ）。

    A. 分组对象的复杂程度不同   B. 分组数目的多少不同

    C. 采用分组标志的多少不同   D. 研究目的和对象不同

14. 对某班学生进行表 3-21 的分组，这是（   ）。

表 3-21　对某班学生进行分组

分　　组	人数 / 人
按性别分组	
男	30
女	20
按年龄分组	
20 岁以下	38
20 岁以上	12

    A. 简单分组   B. 平行分组体系

    C. 复合分组体系   D. 以上都不对

15. 统计表中的宾词指的是（   ）。

    A. 总体的名称   B. 统计表的横行标题

    C. 统计表的纵栏标题   D. 指标名称和数值

16. 主词按时间顺序排列的统计表称为（　　　）。

    A. 简单表　　　　　　　　　　　　B. 分组表

    C. 复合表　　　　　　　　　　　　D. 调查表

二、多项选择题

1. 统计整理的必要性在于（　　　）。

    A. 原始资料分散、零碎、不系统　　B. 原始资料可能存在质量问题

    C. 原始资料难以描述总体的数量特征　D. 次级资料不能满足统计分析的需要

    E. 具有承上启下的作用

2. 正确的统计分组应做到（　　　）。

    A. 组间有差异　　B. 各组应等距　　C. 组内属同质

    D. 组限不应重叠　E. 不应出现开口组

3. 统计分组的作用有（　　　）。

    A. 反映总体的规模　　　　　　　　B. 说明总体单位的特征

    C. 区分社会经济现象的不同类型　　D. 研究总体的内部结构

    E. 分析现象间的依存关系

4. 属于按品质标志分组的有（　　　）。

    A. 职工按工龄分组　　　　　　　　B. 学生按健康状况分组

    C. 企业按经济类型分组　　　　　　D. 企业按职工人数分组

    E. 人口按居住地分组

5. 统计表从构成形式上看，一般包括（　　　）。

    A. 总标题　　　　B. 横行标题　　C. 纵栏标题

    D. 数字资料　　　E. 调查单位

6. 指出表 3-22 表示的数列属于什么类型（　　　）。

表 3-22　题 6 表示的数列

按劳动生产率分组 /（件 / 人）	职工人数 / 人
120 ~ 130	12
130 ~ 140	18
140 ~ 150	37
150 ~ 180	13
合计	80

    A. 品质数列　　　　　　　　　　　B. 变量数列

    C. 组距数列　　　　　　　　　　　D. 等距数列

    E. 异距数列

三、判断题

1. 统计分组的关键在于划分各组界限。（　　　）

2. 一般情况下，在确定组限时，最低组的下限应高于最小变量值。（　　　）

3. 划分各组界限的原因是保持组内同质性和组间差异性。（　　　）

4. 在开口组的组距数列中，开口组的组中值是用相邻组的组中值代替的。（　　　）

5. 离散变量均可以编制单项数列。（　　　）

四、简答题

1. 统计资料整理的主要内容有哪些？

2. 什么是统计分组？统计分组的作用有哪些？

3. 如何正确选择分组标志？

4. 在编制变量数列时，何时应采用组距式分组，何时应采用单项式分组？

5. 在等距数列中，组距和组数具有什么关系？如何计算组中值？

6. 数据的预处理包括哪些内容？

7. 定类数据和定序数据的整理和图示方法各有哪些？

8. 定距数据和定比数据的分组方法有哪些？简述组距分组的步骤。

9. 统计表由哪几个主要部分组成？

10. 制作统计表应注意哪几个问题？

五、技能实训题

[实训 1] 有 20 个工人日生产零件数（单位：个）如下：

2、2、5、3、4、3、4、4、4、4、3、2、5、3、3、4、3、3、3、4。

试根据上述资料编制分布数列。

[实训 2] 已知某车间 16 个工人的资料如表 3-23 所示。

表 3-23　某车间 16 个工人的资料

工人编号	性别	工龄 / 年	文化程度	技术等级
01	男	9	高中	4
02	男	4	大专	3
03	男	2	本科	2
04	女	6	大专	4
05	男	1	本科	1
06	男	8	高中	3
07	女	3	大专	2
08	女	2	高中	1
09	男	5	大专	4
10	女	5	高中	2
11	男	7	大专	4
12	男	6	大专	3
13	女	3	大专	3
14	女	6	大专	3
15	男	4	本科	4
16	男	5	高中	3

要求：（1）按性别和文化程度分别编制品质数列；

（2）按技术等级编制单项式数列；

（3）按工龄编制组距为 3 的等距数列。

[实训 3] 某生产车间 50 名工人日加工零件数如表 3-24 所示。

表 3-24　某生产车间 50 名工人日加工零件数　　　　　　　　　　　　单位：个

116	121	124	129	139	106	117	130	122	125
107	131	125	117	122	133	126	122	118	108
110	118	123	126	133	134	127	123	118	112
112	134	127	123	119	113	120	123	127	135
137	114	120	128	124	115	138	128	124	121

要求：（1）根据上述资料编制组距为 5 的分布数列；

（2）将上述编制的分布数列绘制直方图、次数分布折线图；

（3）计算各组向上累计次数、向下累计次数，并绘制向上累计折线图、向下累计折线图。

[实训 4] 某百货公司连续 40 天的商品销售额如表 3-25 所示。

表 3-25　某百货公司连续 40 天的商品销售额　　　　　　　　　　　　单位：万元

41	25	29	47	38	34	30	38	43	40
46	36	45	37	37	36	45	43	33	44
35	28	46	34	30	37	44	26	38	44
42	36	37	37	49	39	42	32	36	35

要求：根据上面的数据进行适当分组，编制频数分布表，并绘制直方图。

[实训 5] 已知 2005—2016 年我国的国内生产总值数据如表 3-26 所示。

表 3-26　2005—2016 年我国的国内生产总值数据　　　　　　　　　　单位：亿元

年　份	国内生产总值	年　份	国内生产总值	年　份	国内生产总值
2005	185 998.9	2009	348 498.5	2013	590 422.4
2006	219 028.5	2010	411 265.2	2014	643 974.0
2007	270 844.0	2011	484 753.2	2015	682 635.1
2008	321 500.5	2012	539 116.5	2016	744 127.0

其中，在 2016 年的国内生产总值中，第一产业产值为 63 671 亿元，第二产业产值为 296 236 亿元，第三产业产值为 384 221 亿元。

要求：（1）根据 2005—2016 年的国内生产总值数据，利用 Excel 软件绘制线图和条形图；

（2）根据 2016 年的国内生产总值及其构成数据，绘制圆形图和环形图。

[实训 6] 某年对冶金行业的高炉有效容积调查结果为（单位：立方米）：

72　82　65　1 900　2 100　300　520　400　100　1 100　1 600　800　320

1 200　2 600　500　175　1 110　660　420　800　720　97　240　200　870　200

100　1 760　410　900　700　400　150　250　400　1 600　900　200　800

试根据上述数据分成以下几组：100 以下，100 ～ 200，200 ～ 400，400 ～ 800，800 ～ 1 600，1 600 以上，并绘制频数（率）分布图表。

六、案例阅读

扫描此码
案例学习

第四章 综合指标分析

本章学习目的

    理解总量指标、相对指标的概念、作用和种类；

    掌握时期指标与时点指标的区别；

    掌握相对指标的计算与应用；

    掌握平均指标、变异指标的计算与应用；

    掌握用 Excel 计算综合指标的方法；

    理解并掌握关键词：综合指标、总量指标、相对指标、平均指标、变异指标。

引导案例

中国银行业上市公司的每股收益

    每股收益通常被用来反映企业的经营成果，衡量普通股的获利水平及投资风险，是投资者等信息使用者据以评价企业盈利能力、预测企业成长潜力、进而做出相关经济决策的重要的财务指标之一。表 4-1 所示为截止到 2016 年 9 月 30 日中国银行业 24 家上市公司中期每股收益的数据。

表 4-1 2016 年中国银行业 24 家上市公司中期每股收益

股票代码	股票名称	每股收益 / 元	股票代码	股票名称	每股收益 / 元
002807	江阴银行	0.32	600036	招商银行	2.07
601128	常熟银行	0.39	601988	中国银行	0.44
600908	无锡银行	0.42	600919	江苏银行	0.78
002142	宁波银行	1.63	600015	华夏银行	1.37
601009	南京银行	1.05	600000	浦发银行	1.87
601169	北京银行	0.98	601398	工商银行	0.63
601166	兴业银行	2.25	600926	杭州银行	1.42
601818	光大银行	0.50	600016	民生银行	1.07
601328	交通银行	0.70	601288	农业银行	0.47
601939	建设银行	0.78	603323	吴江银行	0.56
601997	贵阳银行	1.46	601229	上海银行	2.02
000001	平安银行	1.09	601998	中信银行	0.71

    为了让投资者较深入了解银行业上市公司 2016 年中期业绩情况，请对 24 家上市公司的每股收益进行描述性分析。

第一节　总体规模的描述（总量指标）

■ 一、总量指标的概念和作用

（一）总量指标的概念

总量指标是用来反映社会经济现象在一定条件下的总规模、总水平或工作总量的统计指标。总量指标也称为绝对数指标，用绝对数表示，也就是用一个绝对数来反映特定现象在一定时间上的总量状况，其计量单位都是有名数，它是一种最基本的统计指标。例如，2017 年 2 月 28 日国家统计局公布的《2016 年国民经济和社会发展统计公报》中数据显示：初步核算，2016 年全年国内生产总值 744 127 亿元，全年国民总收入 742 352 亿元，全年粮食种植面积 11 303 万公顷，年末全国总人口 138 271 万人，年末国家外汇储备 30 105 亿美元，全年社会消费品零售总额 332 316 亿元。这些都是总量指标，都是利用绝对数说明我国 2016 年国民经济发展的总体规模、总体水平和全国人民的生活水平。

总量指标是对统计调查得来的原始资料经过分组和汇总得到的各项总计数字，是统计整理的直接成果。总量指标数值大小受总体范围大小的制约。一般来说，总体范围大，指标数值大；总体范围小，指标数值小。

总量指标也可表现为不同时间、不同空间下经济现象总体总量之间的差数。当作为增加量出现时，其数值为正；当作为减少量出现时，其数值为负。如 2016 年我国货物进出口总额 243 386 亿元，比 2015 年减少了 2 355 亿元；货物进出口顺差（出口减进口）33 523 亿元，比 2015 年减少 3 308 亿元。

（二）总量指标的作用

总量指标是社会经济统计中最常用和最基本的统计指标，其在社会经济统计中的作用，具体表现在以下几点：

（1）总量指标是认识社会经济现象的起点，它可以反映一个国家的基本国情和国力，反映某部门、单位等人、财、物的基本数据。例如，一个国家的粮食总产量、国内生产总值、钢铁产量、土地面积、石油储藏量等总量指标，标志着该国的生产水平和经济实力；一个地区的商品零售额、零售商业机构数等标志着该地区的消费水平；某企业的职工人数、固定资产、增加值、利税总额等，反映了该企业人、财、物的基本状况和生产经营活动的成果。

（2）总量指标是制定政策、编制计划、实行社会经济管理的基本依据之一。例如，一个国家的资源存储量、人口数、生产力水平和消费水平等总量指标是该国资源开发、利用和管理的重要参考依据。再如，城乡居民储蓄存款余额、全社会固定资产投资总额、货币流通量等总量指标是国家制定货币发行量、存贷款利率、存贷款额度、基本建设投资规模等各项金融政策和财政政策的基础。

（3）总量指标是计算相对指标、平均指标以及各种分析指标的基础指标，其他指标都是派生指标。相对指标和平均指标一般是由两个有联系的总量指标对比计算出来的。例如：人口性别比例关系是男性人口数与女性人口数之比，单位面积产量是总产量除以播种面积之商等。

二、总量指标的种类

（一）按其说明总体的内容不同，分为总体单位总量和总体标志总量

1. 总体单位总量

总体单位总量简称单位总量，是用来反映统计总体内包含总体单位个数多少的总量指标。它用来表明统计总体的容量大小。例如，研究我国的人口状况时，统计总体是全国所有公民，总体单位是每一位公民，那么我国的人口数表明总体单位的个数，是总体单位总量。再如，研究某市的工业发展状况，统计总体是全市的所有工业企业，若该市现有工业企业 2 350 家，则 2 350 家即为总体单位总量。

2. 总体标志总量

总体标志总量简称标志总量，是统计总体各单位某一方面数量标志值的总和。仍举上例，该市的每个工业企业是总体单位，每一工业企业的工业职工人数是该工业企业的一个数量标志，则该市全部工业职工人数就是总体标志总量。另外该市的年工业增加值、工业总产值、工业利税总额等指标也都是总体标志总量。对于一个已经确定的统计总体，其总体单位总量是唯一确定的，而总体标志总量却不止一个。

某一总量指标是总体单位总量还是总体标志总量不是完全确定的，而是随着统计总体的改变而改变的。如上例中的全市工业职工人数是总体标志总量，若研究目的改变为认识该市工业企业职工的生活水平，则统计总体是全市的所有工业职工，全市工业职工人数就变成总体单位总量了。

（二）按其反映总体的时间状况不同，分为时期指标和时点指标

1. 时期指标

时期指标是反映社会经济现象在一段时间发展变化结果的总量。例如，我国 2016 年实现国内生产总值 744 127 亿元，是指在 2016 年这一年的时间内，我国国民经济各行业每天所创增加值的总和。再如，产品产量、产值、商品销售额、人口出生数等都是时期指标。时期指标具有如下特点：

（1）具有可加性。时间上相邻的时期指标相加能够得到另一更长时期的总量指标。

（2）指标数值的大小与所属时期的长短直接相关。一般来讲，时期越长，指标数值就越大。

（3）必须连续登记而得。时期指标数值的大小取决于整个时期内所有时间上的发展状况，只有连续登记得到的时期指标才会准确。

2. 时点指标

时点指标是反映社会经济现象在某一时刻或某一时点上的状况的总量。如 2016 年年末我国共有医疗卫生机构 99.3 万个，卫生技术人员 844 万人，医疗卫生机构床位 747 万张，这仅能说明我国 2016 年 12 月 31 日这一天的基本单位的数量情况。再如，人口数、土地面积、商品库存额、外汇储备额、银行存款余额等也都是时点指标。时点指标具有如下特点：

（1）不具有可加性。不同时点上的两个时点指标数值相加不具有实际意义。

（2）数值大小与登记时间的间隔长短无关。时点指标仅仅反映社会经济现象在一瞬间上的数量，每隔多长时间登记一次对它没有影响。

（3）指标数值是间断计数的。时点指标没有必要进行连续登记，有的也是不可能连续进行登记的。

（三）按其计量单位不同，分为实物指标、价值指标和劳动指标

1. 实物指标

实物指标是以实物单位计量的总量指标。实物单位有多种，可以直接反映产品的使用价值或现象的具体内容，但不同属性的实物指标不能直接相加，因此该类指标无法用来反映非同类现象的总规模和总水平，缺乏广泛的综合能力。实物指标的具体计量单位参见总量指标的计量单位。

2. 价值指标

价值指标是以货币单位计量的总量指标。价值指标具有十分广泛的综合能力，在国民经济管理中起着重要的作用，但价值指标脱离了具体的物质内容，比较抽象。

3. 劳动指标

劳动指标是以劳动时间为计量单位的总量指标，一般用工时、工日表示。一般一个工人做一个小时的工，叫做一工时，八个工时等于一个工作日。由于不同类型与不同经营水平企业的工时内涵不同，因此不同类型、不同经营水平企业的劳动指标是不能直接相比较的。

■ 三、总量指标的计量单位

总量指标的计量形式都是有名数，都有计量单位。根据总量指标所反映现象的性质不同，其计量单位一般有实物单位、价值单位和劳动单位三种。

（一）实物单位

实物单位是根据事物的外部特征或物理属性来计量的，它又分为以下几种：

（1）自然单位。自然单位是按照被研究现象的自然状况来计量实物数量的单位。如鞋以"双"为单位；桌子以"张"为单位；拖拉机以"台"为单位；等等。

（2）度量衡单位。度量衡单位是以已经确定出的标准来计量实物的重量、长度、面积、容积等的单位。如公吨、公里、米等。

（3）复合单位。复合单位是两个单位的乘积。例如，货物周转量用"吨公里"计量；电的度数用"千瓦时"计量等。

（4）双重单位。双重单位是用两种或两种以上的单位结合起来进行计量。如起重机的计量单位是"台/吨"；货轮用"艘/马力/吨位"计量。

（5）标准实物单位。标准实物单位是按照统一的折算标准来计量事物数量的一种实物单位。它主要用于计量存在差异的工业产品和农产品，为了准确地反映其总量，需要把各产品按照一定的标准折合成标准品再相加，如把含氮量不同的化肥都折合成含氮100%的标准化肥；把各种能源都折合成热量值为7 000千卡/千克的标准煤等。

（二）价值单位

价值单位也叫货币单位，它是以货币作为价值尺度来计量社会财产和劳动成果。如国内生产总值、城乡居民储蓄额、外汇收入、财政收入都必须用货币单位来计量，常见的货币单位有美元、人民币元、欧元等，在我国则一般用元、百元、千元、万元、亿元等。

（三）劳动单位

劳动单位主要用于企业内部计量工业产品的数量，它是用生产工业产品所必需的劳动时间来计量生产工人的劳动成果。如出勤工日、实际工时、定额工时等。企业首先根据自身的生产状况制定出生产单位产品所需的工时定额，再乘以产品的实物即得以劳动单位计量的产量指标——劳动指标。

■ 四、总量指标计量与描述应该注意的问题

总量指标的计算方法有直接计算法和间接计算法。直接计算法就是对研究对象用直接的计数、点数和测量等方法，登记各单位的具体数值加以汇总，得到总量指标，如统计报表或普查中的总量资料，基本上都是用直接计算法计算出来的。间接计算法是采用社会经济现象之间的平衡关系、因果关系、比例关系或利用非全面调查资料进行推算总量的方法，如利用样本资料推断某种农产品的产量，利用平衡关系推算某种商品的库存量等。

计算总量指标时应注意以下问题：

1. 明确规定每项指标的含义和范围

正确统计总量指标的首要问题就是要明确规定每项总量指标的含义和范围。例如，要计算国内生产总值、工业增加值等总量指标，首先应清楚这些指标的含义、性质，才能据以确定统计范围、统计方法。要解决好这个问题，必须正确理解被研究现象的性质、含义，同时要熟悉党的方针政策和统计制度的有关规定，才能统一计算口径，正确计算出它们的总量。

2. 注意现象的同质性

在计算实物指标的总量时，只有同质现象才能计算。同质性是由事物的性质或用途决定的。例如，我们可以把各种煤炭如无烟煤、烟煤等看作一类产品来计算它们的总量，但

不能把煤炭与钢铁混合起来计算。

3. 选择适当的总量指标计量单位

具体核算总量指标时，究竟采用哪一种计量单位，要根据被研究现象的性质、特点以及统计研究的目的而定，同时要注意与国家统一规定的计量单位一致，以便于汇总并保证统计资料的准确性。

第二节　对比关系的描述（相对指标）

■ 一、相对指标的概念和作用

（一）相对指标的概念

要分析一种社会经济现象，仅仅利用总量指标是远远不够的。如果要对事物做深入的了解，就需要对总体的组成和其各部分之间的数量关系进行分析、比较，这就必须计算相对指标。比如 2012—2016 年各年国内生产总值分别为 540 367 亿元、595 244 亿元、643 974 亿元、689 052 亿元和 744 127 亿元，分别比上年增长 7.9%、7.8%、7.3%、6.9% 和 6.7%，仅仅从总量指标只能看出这些年国内生产总值是增长的，但从相对指标看增长率却在逐年下降。

相对指标，是用两个有联系的指标进行对比的比值来反映社会经济现象数量特征和数量关系的综合指标。相对指标也称相对数，其数值有两种表现形式：无名数和复名数。无名数是一种抽象化的数值，多以系数、倍数、成数、百分数或千分数、番数表示。复名数主要用来表示强度的相对指标，以表明事物的密度、强度和普遍程度等，如人均粮食产量用"千克 / 人"表示，人口密度用"人 / 平方公里"表示等。

知识链接

常用的无名数

无名数是一种抽象化的数值，无名数可以根据不同的情况分别采用系数、倍数、成数、百分数、千分数、番数等来表示，如人口出生率、死亡率等。

（1）系数。对比基数为 1，当分子、分母差别不大时使用，可以 >1，也可以 <1。比如 2016 年的基尼系数、恩格尔系数分别为 0.465 和 0.301 等。

（2）倍数。对比基数为 1，当分子、分母差别很大时使用。

（3）成数。对比基数为 10，1 成 =10%。例如，某县 2016 年的粮食产量比 2015 年增长一成，即增长 1/10。

（4）百分数。%，对比基数为 100。百分数是相对指标中最常用的表现形式，比如学生的出勤率、产品合格率等。统计实物中有时还将两个以百分数表示的指标进行对比，差距相当于1%，就是一个百分点，即1%为一个百分点。例如，某企业2016年成本计划比2015年下降8%，实际下降9%，说明多下降了一个百分点。

（5）千分数。‰，对比基数为1 000，当分子远远小于分母时使用，如2016年全年出生人口1 786万人，出生率为12.95‰；死亡人口977万人，死亡率为7.09‰；自然增长率为5.86‰。

（6）番数。两个相比较的数值中，一个数值是另一个数值的2^m倍时，m就是番数。例如，我国十八大报告提出"到2020年实现全面建成小康社会的目标"。为确保这一目标的实现，明确提出："实现国内生产总值和城乡居民人均收入比2010年翻一番。"以国内生产总值为例，2010年我国的国内生产总值为413 030亿元，那么2020年翻一番应该为826 060亿元。

（二）相对指标的作用

1. 相对指标可以表明事物相关程度、发展程度

相对指标通过数量之间的对比，可以表明事物相关程度、发展程度，它可以弥补总量指标的不足，使人们清楚了解现象的相对水平和普遍程度。例如：某企业去年实现利润50万元，今年实现55万元，则今年利润增长了10%，这是总量指标不能说明的。

2. 相对指标把现象的绝对差异抽象化，使原来无法直接对比的指标变为可比

例如，不同的企业由于生产规模条件不同，直接用总产值、利润额比较评价意义不大，但如果采用一些相对指标，如资金利润率、资金产值率等进行比较，便可对企业生产经营成果做出合理评价。

3. 相对指标可以说明总体内在的结构特征，为深入分析事物的性质提供依据

如计算一个地区不同经济类型的结构，可以说明该地区经济的性质。又如计算一个地区的第一、二、三产业的比例，可以说明该地区社会经济现代化程度等。

■ 二、相对指标的种类和计算方法

随着统计研究目的和任务的不同，对比基础的不同，也就形成了不同的相对指标。相对指标一般有六种形式，即计划完成程度相对指标、结构相对指标、比例相对指标、比较相对指标、强度相对指标和动态相对指标。

（一）计划完成程度相对指标

计划完成程度相对指标又称计划完成程度相对数，是社会经济现象在某时期内实际完成数值与计划任务数值对比的结果，一般用百分数来表示。基本计算公式为

$$计划完成程度相对指标 = \frac{实际完成数}{计划任务数} \times 100\% \tag{4-1}$$

计划完成程度相对数的分子是根据实际完成情况进行统计得到的数据，分母是下达的计划任务指标数。由于计划任务数是作为衡量计划完成情况的标准，因此分子分母不允许互换，并且在计算分子、分母在指标含义、计算口径、计算方法、计量单位、时间长短和空间范围等方面都要一致。

在对计划完成情况进行评价时，应根据不同的经济现象数值制定不同的评价标准。当社会经济现象的数值越大越好时，则计划指标是按最低限额规定，如产量、产值等，计划完成百分比超过 100% 为超额完成计划，不足 100% 为未完成计划；分子与分母之差为正值表示超额完成计划的绝对数，负值表示未完成计划的绝对数。当社会经济现象的数值越小越好时，则计划指标是按最高限额规定，如产品单位成本、原材料消耗定额等，计划完成百分比超过 100% 为未完成计划，不足 100% 为超额完成计划；分子与分母之差为正值表示未完成计划的绝对数，负值表示超额完成计划的绝对数。

1. 计划完成程度相对指标的计算

计划任务数是计算计划完成情况相对指标的基数，由于计划任务数在实际计算中可以表现为绝对数、相对数、平均数等多种形式，因此计算计划完成程度相对指标的方法也不尽相同。

1）根据绝对数和平均数计算计划完成情况相对指标

使用绝对数和平均数计算计划完成程度相对指标时，可直接用基本计算公式（4-1）。

例 4-1 某企业 2016 年产品计划产量 1 000 件，实际完成 1 120 件，则产量计划完成程度为

$$计划完成程度相对指标 = \frac{1\ 120}{1\ 000} \times 100\% = 112\%$$

计算结果表明，该企业超额 12% 完成产量计划，实际产量比计划产量增加了 120 件。

例 4-2 某企业劳动生产率计划达到 8 000 元 / 人，某种产品计划单位成本为 100 元，该企业实际劳动生产率达到 9 200 元 / 人，该产品实际单位成本为 90 元，其计划完成程度指标为

$$劳动生产率计划完成程度相对指标 = \frac{9\ 200}{8\ 000} \times 100\% = 115\%$$

$$单位成本计划完成程度相对指标 = \frac{90}{100} \times 100\% = 90\%$$

计算结果表明，该企业劳动生产率实际比计划提高了 15%，而某产品单位成本实际比计划降低了 10%。

2）根据相对数计算计划完成情况相对指标

计划数为相对数时计划完成程度计算公式为

$$计划完成程度相对指标 = \frac{实际达到的百分数}{计划规定的百分数} \times 100\% \qquad (4\text{-}2)$$

例 4-3 某企业某产品产量计划要求增长 10%，同时该种产品单位成本计划要求下降 5%，而实际产量增长了 12%，实际单位成本下降了 8%，则计划完成程度指标为

$$产量计划完成程度相对指标 = \frac{100\% + 12\%}{100\% + 10\%} \times 100\% = 101.82\%$$

$$单位成本降低计划完成程度相对指标 = \frac{100\% - 8\%}{100\% - 5\%} \times 100\% = 96.84\%$$

计算结果表明，产量计划完成程度大于 100%，说明超额完成计划，而单位成本计划完成程度小于 100%，说明实际成本比计划成本有所降低，也超额完成了成本降低计划。

2. 计划执行进度的考核

计划执行进度的考核，就是逐日、逐月、逐季地检查计划执行进展情况，以确保计划任务的顺利完成。它是采用计划期中某一段时期的累计实际完成数与全期计划任务数之比来表示的。其计算公式为

$$计划执行进度 = \frac{累计至本期实际完成数}{全期计划任务数} \times 100\% \quad\quad (4\text{-}3)$$

$$时间进度 = \frac{累计至本期时间}{全期时间} \times 100\% \quad\quad (4\text{-}4)$$

当计划执行进度大于时间进度时，说明进度提前；当计划执行进度小于时间进度时，说明进度推迟。

例 4-4 某企业计划 2016 年全年实现总产值 2 000 万元，截止到 2016 年 6 月末共实现产值 1 200 万元，则上半年完成全年任务的比例为

上半年完成全年任务的比例 =（1 200/2 000）× 100% = 60%

计算结果表明，上半年完成年度计划的 60%，计划执行进度走在了时间进度的前面。

3. 长期计划的检查

长期计划，如五年计划，计划任务的规定有不同的性质，有的任务是按全期应完成的累计数来规定，有的任务则是规定计划期末应达到的水平。因此产生了两种不同的检查分析方法：水平法和累计法。

1）水平法

用水平法检查计划完成程度就是根据计划末期（最后一年）实际达到的水平与计划规定的同期应达到的水平相比较，来确定全期是否完成计划。其计算公式如下：

$$计划完成程度相对指标 = \frac{长期计划末期实际达到的水平}{长期计划末期计划达到的水平} \times 100\% \quad\quad (4\text{-}5)$$

例 4-5 某企业按五年计划规定的最后一年的产量应达到 720 万件，实际执行情况如表 4-2 所示。

表 4-2 某企业五年计划完成情况　　　　　　　　　　　　　　单位：万件

年份	第一年	第二年	第三年	第四年				第五年			
				一季	二季	三季	四季	一季	二季	三季	四季
产量	300	410	530	150	160	170	170	190	190	210	210

则该企业产量五年计划完成程度相对指标为

$$计划完成程度相对指标 = \frac{190+190+210+210}{720} \times 100\% = 111.11\%$$

计算结果表明，该企业超额 11.11% 完成五年产量计划。

采用水平法计算，只要有连续一年时间（不论是否在一个日历年度，只要连续 12 月即可）实际完成水平达到最后一年计划水平，就算完成了五年计划，余下的时间就是提前完成计划时间。在例 4-5 中，该企业实际从五年计划的第四年第三季度到第五年第二季度连续一年时间的产量达到了计划期最后一年计划产量 720 万件水平，完成了五年计划，那么第五年下半年这半年时间就是提前完成计划的时间。

2）累计法

累计法就是根据整个计划期间实际完成的累计数与同期计划数相比较，来确定计划完成程度。计算公式如下：

$$计划完成程度相对指标 = \frac{长期计划期间实际累计完成数}{长期计划期间计划累计数} \times 100\% \qquad （4-6）$$

例 4-6 某地区"十二五"期间计划五年固定资产投资总额 150 亿元，实际各年投资情况如表 4-3 所示。

表 4-3 某地区"十二五"期间固定资产投资完成情况   单位：亿元

年　份	2011	2012	2013	2014	2015
固定资产实际投资额	29.4	32.6	39.1	48.9	60

则该地区"十二五"期间固定资产投资的计划完成程度相对指标为

$$计划完成程度相对指标 = \frac{29.4+32.6+39.1+48.9+60}{150} \times 100\% = 140\%$$

计算结果表明，该地区超额 40% 完成"十二五"固定资产投资计划。

采用累计法计算，只要从长期计划开始至某一时期止，所累计完成数达到计划数，就是完成了长期计划。例 4-6 中，前四年投资额已达到计划五年固定资产投资总额 150 亿元，完成了五年计划，那么第五年就是提前完成计划的时间。

（二）结构相对指标

研究社会经济现象总体时，不仅要掌握其总量，而且要揭示总体内部的构成特征，亦即要对总体内部的结构进行数量分析，这就需要计算结构相对指标。

结构相对指标就是在分组的基础上，以各组（或部分）的单位数与总体单位总数对比，或以各组（或部分）的标志总量与总体的标志总量对比求得的比重，借以反映总体内部结构的一种综合指标。一般用百分数或系数表示，其计算公式为

$$结构相对指标 = \frac{总体某部分（或某组）的数值}{总体全部的数值} \times 100\% \qquad （4-7）$$

概括地说，结构相对指标就是部分与全体对比得出的比重或比率。由于对比的基础是同一总体的总数值，所以各组（或部分）所占比重之和应当等于 100% 或 1。

在社会经济统计中结构相对数应用广泛，它可以说明在一定的时间、地点和条件下总体结构的特征，如从表 4-4 中的资料可以看出我国国内生产总值构成的特点。

表 4-4 2016 年我国国内生产总值构成

项　　目	占总数百分比 /%
国内生产总产值	100.0
其中：第一产业增加值	8.6
第二产业增加值	39.8
第三产业增加值	51.6

资料来源：《中华人民共和国 2016 年国民经济和社会发展统计公报》。

不同时期结构相对数的变化，可以反映事物性质的发展趋势，分析经济结构的演变规律。如从表 4-5 的资料中，可以看出不同年份的世界农业人口在总人口中所占的比重呈现出平稳下降的趋势，这也是伴随经济发展、工业化程度提高和社会进步而产生的必然结果。

表 4-5 世界人口和农业人口的发展趋势

年　　份	1950	1960	1970	1980	1985	1990	2000	2010	2020	2025
世界人口 / 亿人	25.2	30.2	36.9	44.5	48.5	52.9	62.5	71.9	80.6	84,7
其中：农业人口 / 亿人	16.2	17.6	17.6	21.9	22.9	23.9	25.7	26.6	26.5	26.2
占世界总人口比重 /%	64.3	58.3	47.7	49.2	47.2	45.2	41.1	37.0	32.9	30.9

资料来源：《中国统计》1990 年第 5 期。

利用结构相对指标，还可以反映所研究现象总体的质量以及人、财、物的利用情况。例如，文盲率、入学率、青年受高等教育人口比率等可从文化教育方面表明人口的质量；产品的合格率、优质品率、高新技术品率、商品损耗率等可表明企业的工作质量；出勤或缺勤率、设备利用率等，则可反映企业的人、财、物的利用状况。

（三）比例相对指标

比例相对指标是同一总体中某一部分数值与另一部分数值静态对比的结果，反映总体中各个组成部分之间的比例关系和均衡状况的综合指标。其计算公式为

$$比例相对指标 = \frac{总体中某一部分数值}{总体中另一部分数值} \times 100\% \tag{4-8}$$

比例相对指标的数值，一般用百分数或几比几的形式表示。例如，根据第六次全国人口普查数据显示，普查登记的大陆 31 个省、自治区、直辖市和现役军人的人口共 1 339 724 852 人，其中，男性人口为 686 852 572 人，女性人口为 652 872 280 人，则男女性别比用百分数可表示为 105.2%；又如，某学校教学人员为 900 人，非教学人员

100 人，则教学人员与非教学人员的比例用几比几形式可表示为 9：1。统计分析中，有时还要求用连比形式表示总体中若干个组的比例关系。例如，2016 年我国的三次产业产值结构比为 8.6：39.8：51.6。

根据统计资料，计算各种比例相对数，反映有关事物之间的实际比例关系，有助于我们认识客观事物是否符合按比例协调发展的要求，参照有关标准，可以判断比例关系是否合理。在宏观经济管理中，这对于研究分析整个国民经济和社会发展是否协调均衡具有重要的意义。

（四）比较相对指标

比较相对指标是将不同地区、单位或企业之间的同类指标数值作静态对比而得出的综合指标，表明同类事物在不同空间条件下的差异程度或相对状态。比较相对指标可以用百分数、倍数和系数表示。其计算公式可以概括如下：

$$比较相对指标 = \frac{甲地区（部门单位）某一类指标数值}{乙地区（部门单位）同类指标数值} \times 100\% \quad (4\text{-}9)$$

比较相对指标所对比的指标，其表现形式不一定仅限于绝对数，也可以是其他的相对数或平均数。

例如，两个类型相同的工业企业，甲企业全员劳动生产率为 18 542 元/（人·年），乙企业全员劳动生产率为 21 560 元/（人·年），则两个企业全员劳动生产率的比较相对数为

$$\frac{18\ 542}{21\ 560} \times 100\% = 86\%$$

计算比较相对指标应注意对比指标的可比性。此外，比较基数的选择要根据资料的特点及研究目的而定。如上例是以乙企业的全员劳动生产率作为比较标准，计算结果说明甲企业全员劳动生产率是乙企业的 86%；如以甲企业全员劳动生产率作为比较标准，则表明乙企业全员劳动生产率是甲企业的 116.28%。这两种计算方法的角度不同，但都能说明问题，具体以哪个指标作为比较的基础，应根据研究目的以及哪种方法能更确切地说明问题的实质而定。

在经济管理工作中，比较相对指标也被广泛应用，如用各种质量指标在企业之间、车间或班组之间进行对比，把各项技术经济指标与国家规定的标准条件对比，与同类企业的先进水平或世界先进水平对比，借以找差距、挖潜力、定措施，为提高企业的经营管理水平提供依据。

（五）强度相对指标

强度相对指标是将两个性质不同而有一定联系的总量指标数值对比得出的相对数，是用来分析不同事物之间的数量对比关系，表明现象的强度、密度和普遍程度的综合指标。其计算公式可以概括为

$$强度相对指标 = \frac{某一总量指标数值}{另一个有联系而性质不同的总量指标数值} \quad (4\text{-}10)$$

例如，我国土地面积为 960 万平方千米，第六次人口普查人口总数为 133 972 万人，则

$$人口密度 = \frac{133\,972}{960} = 139.55（人/平方千米）$$

由于强度相对指标是两个性质不同但有联系的总量指标数值之比，所以在多数情况下，是由分子与分母原有单位组成的复合单位表示的，如人口密度用人/平方千米，人均钢产量用吨/人等。但有少数的强度相对指标因其分子与分母的计量单位相同，可以用千分数或百分数表示其指标数值，如人口自然增长率、商品流通费用率等。

利用强度相对指标来说明社会经济现象的强弱程度时，广泛采用人均产量指标来反映一个国家的经济实力，如按全国人口数计算的人均钢产量、人均粮食产量等，这种强度相对指标的数值越大，表示一个国家的经济发展程度越高，经济实力越强。

有少数反映社会服务行业的负担情况或保证程度的强度相对指标，其分子和分母可以互换，即采用正算法计算正指标，用倒算法计算逆指标。例如：

$$商业网点密度（正指标） = \frac{零售商业机构数（个）}{地区人口数（千人）}$$

$$商业网点密度（逆指标） = \frac{地区人口数（千人）}{零售商业机构数（个）}$$

从强度相对指标数值的表现形式上看，带有"平均"的意义。例如，按人口计算的主要产品产量指标用吨（千克）/人表示；按全国人口分摊的每人平均国民收入用元/人表示。但究其实质，强度相对指标与平均指标有根本的区别。平均指标是同一总体中的标志总量与单位总量之比，是将总体的某一数量标志的各个变量值加以平均。如前所述，强度相对指标是两个性质不同而有联系的总量指标数值之比，它表明两个不同事物之间的数量对比关系。例如，2016 年全年人均国内生产总值 53 980 元是强度相对指标，2016 年的人均用水量 446 立方米则是平均指标。

（六）动态相对指标

动态相对指标是将同一现象在不同时期的两个数值进行动态对比而得出的相对数，借以表明现象在时间上发展变动的程度。一般用百分数或倍数表示，也称为发展速度。其计算公式为

$$动态相对指标 = \frac{报告期指标数值}{基期指标数值} \times 100\% \qquad (4\text{-}11)$$

通常，作为比较标准的时期称为基期，与基期对比的时期称为报告期。例如，2016 年我国国内生产总值为 744 127 亿元，2015 年为 689 052 亿元，如果 2015 年选作基期，亦即将 2015 年国内生产总值作为 100，则 2016 年的国内生产总值与 2015 年的国内生产总值对比，得出动态相对数为 106.7%，它说明在 2015 年基础上 2016 年国内生产总值的发展速度。

动态相对指标在统计分析中应用很广，本书将在项目五动态数列分析中详加论述。

（七）六类相对指标的对比

对于上述六类相对指标比较结果，可用表 4-6 表示。

表 4-6　六类相对指标的比较

同一时期比较					不同时期比较
同类现象比较				不同类现象比较	
同一总体中			不同总体比较	强度相对指标	动态相对指标
计划完成程度相对指标	结构相对指标	比例相对指标	比较相对指标		

三、计算和运用相对指标应注意的问题

上述六种相对指标从不同的角度出发，运用不同的对比方法，对两个同类指标数值进行静态的或动态的比较，对总体各部分之间的关系进行数量分析，对两个不同总体之间的联系程度和比例作比较，是统计中常用的基本数量分析方法之一。要使相对指标在统计分析中起到应有的作用，在计算和应用相对指标时应注意以下几个问题：

（一）保持相对指标分子分母的可比性

相对指标是运用对比的方法揭示现象之间的联系程度，反映现象之间的差异程度。两个有关的指标数值对比结果的正确性，直接取决于两个指标数值的可比性。如果违反可比性这一基本原则，计算相对指标就会失去其实际意义，导致不正确的结论。对比指标的可比性，是指对比的指标在含义、内容、范围、时间、空间和计算方法等口径方面是否协调一致，相互适应。如果各个时期的统计数字因行政区划、组织机构、隶属关系的变更，或因统计制度方法的改变不能直接对比的，就应以报告期的口径为准，调整基期的数字。许多用金额表示的价值指标，由于价格的变动，各期的数字进行对比，不能反映实际的发展变化程度，一般要按不变价格换算，以消除价格变动的影响。

（二）定性分析与定量分析相结合

计算对比指标数值的方法是简便易行的，但要正确地计算和运用相对数，还要注重定性分析与定量分析相结合的原则。因为事物之间的对比分析，必须是同类型的指标，只有通过统计分组，才能确定被研究现象的同质总体，便于同类现象之间的对比分析。这说明要在确定事物性质的基础上，再进行数量上的比较或分析，而统计分组在一定意义上也是一种统计的定性分类或分析。即使是同一种相对指标在不同地区或不同时间进行比较时，也必须先对现象的性质进行分析，判断是否具有可比性。同时，通过定性分析，可以确定两个指标数值的对比是否合理。例如，将不识字人口数与全部人口数对比来计算文盲率，显然是不合理的，因为其中包括未达到学龄的人数和不到接受初中文化教育年龄的人数在内，不能如实反映文盲人数在相应的人口数中所占的比重。通常计算文盲率的公式为

$$文盲率 = \frac{15岁以上不识字人口数}{15岁以上全部人口数} \times 100\%$$

（三）相对指标和总量指标要结合运用

绝大多数的相对量指标都是两个有关的总量指标数值之比，用抽象化的比值来表明事物之间对比关系的程度，而不能反映事物在绝对量方面的差别。因此在一般情况下，相对指标离开了据以形成对比关系的总量指标，就不能深入地说明问题。关于这一点，马克思曾明确指出："如果一个工人每星期的工资是 2 先令，后来他的工资提高到 4 先令，那么工资水平就提高了 100%，……。所以不应当为工资水平提高的动听的百分比所迷惑。我们必须经常这样问：原来的工资数是多少？"

（四）要综合应用各种相对指标

各种相对指标的具体作用不同，都是从不同的侧面来说明所研究的问题。为了全面而深入地说明现象及其发展过程的规律性，应该根据统计研究的目的，综合应用各种相对指标。例如，为了研究工业生产情况，既要利用生产计划的完成情况指标，又要计算生产发展的动态相对数和强度相对数。又如，分析生产计划的执行情况，有必要全面分析总产值计划、品种计划、劳动生产率计划和成本计划等完成情况。此外，把几种相对指标结合起来运用，可以比较、分析现象变动中的相互关系，更好地阐明现象之间的发展变化情况。由此可见，综合运用结构相对数、比较相对数、动态相对数等多种相对指标，有助于我们剖析事物变动中的相互关系及其后果。

第三节　集中趋势的描述（平均指标）

集中趋势是指一组数据向其中心值靠拢的倾向，测度集中趋势也就是寻找数据一般水平的代表值或中心值。研究统计分布集中趋势的主要指标是各类统计平均指标，通常有两种：一是从总体各单位变量值中抽象出具有一般水平的量，这个量不是各个单位的具体变量值，但又要反映总体各单位的一般水平，这种平均数称为数值平均数。数值平均数有算术平均数、调和平均数、几何平均数等形式。二是先将总体各单位的变量值按一定顺序排列，然后取某一位置的变量值来反映总体各单位的一般水平，把这个特殊位置上的数值看作是平均数，称作位置平均数。位置平均数有众数、中位数等形式。

■ 一、平均指标的概念和作用

（一）平均指标的概念

平均指标又称统计平均数，它是用以反映社会经济现象总体各单位某一数量标志在一定时间、地点条件下所达到的一般水平的综合指标。它是总体的代表值，也是描述分布数列集中趋势的指标。

（二）平均指标的特点

（1）抽象性。平均指标的抽象性与相对指标的抽象性不同，平均指标将各标志值的差异抽象化了，掩盖了各单位之间的差异，反映了总体的综合数量特征。

（2）代表性。平均指标是总体各单位标志值的差异抽象后的数值，它可能不等于总体内任何一个单位的具体水平，但它是总体各单位标志值的一般水平，对总体具有代表性。

（3）平均指标的数值不随总体范围的大小而增减。

（三）平均指标的作用

（1）平均指标可以反映总体各单位变量分布的集中趋势和一般水平。社会经济现象总体中各单位某一标志在数量上的变化是有差异的，变量从小到大形成一定的分布。但通常标志值很小或很大的单位都比较少，而逐渐靠近平均数的单位数就逐渐增加标志值围绕在平均数周围的单位占很大比重，因此平均数反映了各标志值变动的集中趋势。

（2）平均指标可以比较同类现象在不同时空中的对比。平均指标消除了总体单位数对总体标志总量的影响，反映现象的一般水平，因此有利于比较现象在不同地区之间的差异，反映现象在不同时间上的发展变化情况。例如，在说明生产水平、经济效益或工作质量的差距等许多场合都广泛地应用平均指标。

（3）平均指标可以分析现象之间的依存关系。在社会经济现象中，现象并不是孤立的，而是相互联系的，利用平均指标可以分析它们之间的依存关系。例如，将某种农作物的耕地按施肥量进行分组，在这种分组的基础上，分别算出各组的农作物平均亩产量，就可以反映施肥量的多少与平均亩产量之间的依存关系。

平均指标按照计算方法不同，可以分为算数平均数、调和平均数、几何平均数、众数、中位数。前三种是根据总体各单位所有标志值计算出来的，称为数值平均数，后两种是根据总体单位标志值所处的位置来确定的，称为位置平均数。

二、平均指标的种类和计算

（一）算术平均数

算术平均数是总体标志总量与总体单位总量的比值。它是所有平均数中应用最广泛的平均数。因为它的计算方法是与许多社会经济现象中个别现象与总体现象之间存在的客观数量关系相符合的。其基本计算公式为：

$$算术平均数 = \frac{总体标志总量（变量值总量）}{总体单位总量（变量值个数）} \quad (4\text{-}12)$$

在已知研究对象的总体标志总量及总体单位总量时，可直接利用式（4-12）来计算。例如，某企业某月的工资总额为 680 000 元，职工总数为 100 人，则

$$该企业职工月平均工资 = \frac{680\,000}{100} = 6\,800\,(元)$$

利用式（4-12）计算时，要求各标志值必须是同质的，分子与分母必须属于同一总体，即公式的分子是分母具有的标志值，分母是分子的承担者。在实际工作中，就手工计算而言，由于所掌握的统计资料的不同，利用式（4-12）进行计算时，可分为简单算术平均数和加权算术平均数两种。

1. 简单算术平均数

简单算术平均数是根据未经分组整理的原始数据计算的平均数，由总体各单位标志值加总得到的标志总量除以单位总量而得。设一组数据为 x_1，x_1，$\cdots$，x_n，则简单算术平均数的计算公式如下：

$$\bar{x} = \frac{x_1 + x_2 + \cdots + x_n}{n} = \frac{\sum x}{n} \tag{4-13}$$

式中：$\bar{x}$ 为算术平均数；x 为总体各单位标志值；$\sum$ 为总和符号；n 为总体单位数。

例 4-7　某企业某部门 24 名员工年薪在 40\,000 ~ 55\,000 元，具体数据如表 4-7 所示。

表 4-7　某企业某部门 24 名员工年薪资料表

49 100	48 600	49 950	48 800	47 200	49 900	51 350	54 600
49 300	51 200	51 000	49 400	51 400	51 800	49 600	53 400
48 700	50 300	49 000	49 800	48 900	48 650	51 300	51 900

试计算该部门员工的平均年薪。

根据式（4-13）计算如下：

$$平均年薪\,\bar{x} = \frac{\sum\limits_{i=1}^{n} x_i}{n} = \frac{49\,100 + 49\,300 + \cdots + 53\,400 + 51\,900}{24} = 50\,214.58\,(元)$$

2. 加权算术平均数

加权算术平均数是根据分组整理后的数据计算的算术平均数。计算各组的标志总量时，必须先将各组标志值乘以相应的次数，求得各组的标志总量，然后再除以总体单位总数。其计算公式为

$$\bar{x} = \frac{x_1 f_1 + x_2 f_2 + \cdots + x_n f_n}{f_1 + f_2 + \cdots + f_n} = \frac{\sum xf}{\sum f} \tag{4-14}$$

或

$$\bar{x} = \sum x \frac{f}{\sum f} \tag{4-15}$$

式中：f 为各组变量值出现的频数；$\dfrac{f}{\sum f}$ 为各组变量值的频率。

算术平均数的大小，不仅取决于研究对象各单位标志值（x），而且受各标志值重复出现的频数（f）或频率（$f\big/\sum f$）大小的影响，如果某一组的频数或频率较大，说明该组的数据较多，那么该组数据的大小对算术平均数的影响就大，反之则小。可见各组频数的

多少（或频率的高低）对平均的结果起着一种权衡轻重的作用，因而这一衡量标志值相对重要性的数值称为权数。权数除用总体各组单位数即频数形式表示外，还可以用比重即频率的形式表示。

1）单项数列加权算数平均数的计算

例4-8 某车间工人产品日产量资料，如表4-8所示，计算工人平均日产量。

表4-8 某车间工人日产量资料表

按每人生产产品件数分组 x/ 件	工人数 f/ 人	各组产品件数 xf/ 件
20	2	40
21	4	84
22	15	330
23	20	460
24	18	432
25	10	250
26	6	156
合计	75	1 752

$$平均产量 \ \overline{x} = \frac{2 \times 20 + 4 \times 21 + 15 \times 22 + 20 \times 23 + 18 \times 24 + 10 \times 25 + 6 \times 26}{2 + 4 + 15 + 20 + 18 + 10 + 6}$$

$$= \frac{1\ 752}{75} = 23.36 \approx 23 \ (件)$$

2）组距数列加权算数平均数的计算

组距数列加权算数平均数计算中的各组标志值用组中值代替。

例4-9 以表4-9为例，计算人均日产量。

表4-9 某企业50名工人加工零件均值计算表

按零件数分组 / 件	组中值 / 件（x）	频数 / 人（f）	xf
105 ~ 110	107.5	3	322.5
110 ~ 115	112.5	5	562.5
115 ~ 120	117.5	8	940.0
120 ~ 125	122.5	14	1 715.0
125 ~ 130	127.5	10	1 275.0
130 ~ 135	132.5	6	795.0
135 ~ 140	137.5	4	550.0
合计	—	50	6 160.0

$$平均日产量 = \frac{\sum xf}{\sum f} = \frac{6\ 160}{50} = 123 \ (件)$$

当然，利用组中值作为本组平均值计算算术平均数，是在各组内的标志值分布均匀的假定下计算的。计算结果与未分组数列的相应结果可能会有一些偏差，应用时应予以注意。在统计分析过程中，如果搜集到的是经过初步整理的次级数据，或数据要求不很精确的原始数据资料可用此法计算均值。如果要求结果十分精确，那么需用原始数据的全部实际信息，如果计算量很大，可借助计算机的统计功能。

如果是计算相对数的平均数，则应符合所求的相对数本身的公式，将分子视为总体标志总量，分母视为总体单位总量。

例 4-10 某季度某工业公司 18 个工业企业产值计划完成程序资料，如表 4-10 所示，计算平均产值计划完成程度。

表 4-10 某工业公司产值完成情况表

产值计划完成程度 /%	组中值 x/%	企业数 / 个	计划产值 f/ 万元	实际产值 xf / 万元
80 ～ 90	85	2	800	680
90 ～ 100	95	3	2 500	2 375
100 ～ 110	105	10	17 200	18 060
110 ～ 120	115	3	4 400	5 060
合计	—	18	24 900	26 175

$$平均产值计划完成程度 = \frac{实际完成产值}{计划产值} = \frac{\sum xf}{\sum f}$$

$$= \frac{26\ 175}{24\ 900} = 105.12\%$$

计划完成相对数的计算公式是实际完成数与计划任务数之比，因此，平均计划完成程度的计算只能是所有企业的实际完成数与其计划任务数之比，不能把各个企业的计划完成百分数简单平均。

3. 算术平均数性质

算术平均数在统计学中具有重要的地位，它是进行统计分析和统计推断的基础。首先，从统计思想上看，它是一组数据的重心所在，是数据误差相互抵消后的必然结果。比如对同一事物进行多次测量，若所得结果不一致，可能是由于测量误差所致，也可能是其他因素的偶然影响，利用算术平均数作为其代表值，则可以使误差相互抵消，反映出事物必然性的数量特征。其次，它具有下面一些重要的数学性质，这些数学性质在实际工作中有着广泛的应用，同时也体现了算术平均数的统计思想。

（1）各变量值与其算术平均数的离差之和等于零，即 $\sum (x - \bar{x}) f = 0$。

（2）各变量值与其算术平均数的离差平方和最小，即 $\sum (x - \bar{x})^2 f = \min$。

4. 算数平均数的特点

使用算术平均数还需要注意其以下两个特点：

（1）易受极端数值的影响，使平均值的代表性变小，而且受极大值的影响大于受极小值的影响。

（2）当组距数列为开口组时，由于组中值不易确定，使平均数的代表性也不很可靠。

（二）调和平均数

调和平均数也称倒数平均数，与算术平均数类似，有简单调和平均数和加权调和平均数两种。

1. 简单调和平均数

简单调和平均数是各个标志值 x 的倒数的算术平均数的倒数。其计算公式为

$$\overline{x}_H = \frac{n}{\dfrac{1}{x_1} + \dfrac{1}{x_2} + \cdots + \dfrac{1}{x_n}} = \frac{n}{\displaystyle\sum_{i=1}^{n}\dfrac{1}{x_i}} \qquad (4\text{-}16)$$

式中：$\overline{x}_H$ 为调和平均数。

例 4-11 假设某市场某种蔬菜，早晨每把 2 元，中午每把 1 元，晚上每把 0.5 元。若早、午、晚各买 1 元该蔬菜，求所买蔬菜平均价格。

$$平均价格\ \overline{x}_H = \frac{n}{\dfrac{1}{x_1} + \dfrac{1}{x_2} + \cdots + \dfrac{1}{x_n}} = \frac{1+1+1}{\dfrac{1}{2} + \dfrac{1}{1} + \dfrac{1}{0.5}} = \frac{3}{3.5} = 0.86(元)$$

2. 加权调和平均数

当各个标志值对应的标志总量不为 1 个单位（或不相等）时，要用加权调和平均数。其计算公式为

$$\overline{x}_H = \frac{m_1 + m_2 + \cdots + m_n}{\dfrac{m_1}{x_1} + \dfrac{m_2}{x_2} + \cdots + \dfrac{m_n}{x_n}} = \frac{\displaystyle\sum_{i=1}^{n} m_i}{\displaystyle\sum_{i=1}^{n}\dfrac{m_i}{x_i}} \qquad (4\text{-}17)$$

式中：m 为各单位或各组的标志值对应的标志总量。

例 4-12 假定有 A、B 两家公司员工的月工资资料如表 4-11 的前三列。试分别计算其平均工资。

表 4-11　两家公司员工工资情况表

月工资 / 元 x	工资总额 / 元 m		员工人数 / 人 $f = m/x$	
	A 公司	B 公司	A 公司	B 公司
800	48 000	40 000	60	50
1 000	70 000	40 000	70	40
1 600	32 000	40 000	20	25
合计	150 000	120 000	150	115

在这里，平均工资作为"单位标志平均数"仍然必须是标志总量（工资总额）与单位总数（员工总数）之比。依据给出的月工资水平和工资总额的分组资料，可以首先用前者来除以后者，得到各组的员工人数，进而加总得到全公司的员工总数（表中后两列），这样就很容易计算出两家公司各自的平均工资。将这些计算过程归纳起来，就是运用了调和平均数的公式。

现在，我们计算 A 公司的平均工资，得到

$$H_A = \frac{\sum\limits_{i=1}^{3} m_i}{\sum\limits_{i=1}^{3} \dfrac{m_i}{x_i}} = \frac{48\,000 + 70\,000 + 32\,000}{\dfrac{48\,000}{800} + \dfrac{70\,000}{1\,000} + \dfrac{32\,000}{1\,600}}$$

$$= 150\,000 / 150 = 1\,000\,(元)$$

对于 B 公司，固然也可以采用加权调和平均数公式来计算其平均工资：

$$H_B = \frac{\sum\limits_{i=1}^{3} m_i}{\sum\limits_{i=1}^{3} \dfrac{m_i}{x_i}} = \frac{40\,000 + 40\,000 + 40\,000}{\dfrac{40\,000}{800} + \dfrac{40\,000}{1\,000} + \dfrac{40\,000}{1\,600}}$$

$$= \frac{120\,000}{115} \approx 1\,043.48\,(元)$$

然而在这里，由于各组的权数（工资总额）相同，实际上并没有真正起到加权的作用。我们采用简单调和平均数的公式来计算，可以得到完全相同的结果，而计算过程却大大简化了：

$$H_B = \frac{3}{\sum\limits_{i=1}^{3} \dfrac{1}{x_i}} = \frac{3}{\dfrac{1}{800} + \dfrac{1}{1\,000} + \dfrac{1}{1600}} \approx 1\,043.48\,(元)$$

例 4-13　设有某行业 150 个企业的有关产值和利润资料，如表 4-12 所示。

表 4-12　某行业 150 个企业的产值和利润情况表

产值利润率 /%	一 季 度		二 季 度	
	企业数 / 个	实际产值 / 万元	企业数 / 个	实际利润 / 万元
5 ~ 10	30	5 700	50	710
10 ~ 20	70	20 500	80	3 514
20 ~ 30	50	22 500	20	2 250
合计	150	48 700	150	6 474

表 4-12 中给出的是按产值利润率分组的企业个数、实际产值和实际利润资料。应该注意，产值利润率是一个相对指标，而不是平均指标。为了计算全行业的平均产值利润率，必须以产值利润率的基本公式为依据，并选择适当的权数资料和平均数形式，对各组企业的产值利润率进行加权平均。容易看出，计算第一季度的平均产值利润率，应该采用实际产值加权进行算术平均，即有

$$产值利润率 = \frac{实际利润}{实际产值} \times 100\%$$

$$一季度平均产值利润率 = \frac{\sum xf}{\sum f} = \frac{7.5\% \times 5\,700 + 15\% \times 20\,500 + 25\% \times 22\,500}{5\,700 + 20\,500 + 22\,500}$$

$$= \frac{9\,127.5}{48\,700} = 18.74\%$$

而计算第二季度的平均产值利润率，则应该采用实际利润加权，进行调和平均，即有

$$二季度平均\atop 产值利润率 = \frac{\sum m}{\sum \dfrac{m}{x}} = \frac{710 + 3\,514 + 2\,250}{\dfrac{710}{7.5\%} + \dfrac{3\,514}{15\%} + \dfrac{2\,250}{25\%}}$$

$$= \frac{6\,474}{41\,893.3} = 15.45\%$$

由例 4-13 可见，对于同一问题的研究，算术平均数和调和平均数的实际意义是相同的，计算公式也可以相互推算，采用哪一种方法完全取决于所掌握的实际资料。一般的做法是，如果掌握的是基本公式中的分母资料，则采用算术平均数；如果掌握的是基本公式中的分子资料，则采用调和平均数的计算公式。

3. 调和平均数的特点

使用调和平均数需要注意其以下几个特点：

（1）调和平均数易受极端值的影响，且受极小值的影响比受极大值的影响更大。

（2）只要有一个变量值为零，就不能计算调和平均数。

（3）当组距数列有开口组时，其组中值即使按相邻组距计算了，假定性也很大，这时，调和平均数的代表性就很不可靠。

（4）调和平均数应用的范围较小。

（三）几何平均数

几何平均数是 n 个变量值乘积的 n 次方根。根据统计资料的不同，几何平均数也有简单几何平均数和加权几何平均数之分。

1. 简单几何平均数

简单几何平均数是直接将 n 项变量值连乘，然后对其连乘积开 n 次方根所得的平均数即为简单几何平均数。它是几何平均数的常用形式，计算公式为

$$\overline{X}_G = \sqrt[n]{X_1 X_2 X_3 \cdots X_n} = \sqrt[n]{\prod_{i=1}^{n} X_i} \tag{4-18}$$

式中：$\overline{X}_G$ 为几何平均数；$\prod$ 为连乘符号。

例 4-14 某流水生产线有前后衔接的五道工序。某日各工序产品的合格率分别为 95%、92%、90%、85%、80%，整个流水生产线产品的平均合格率为

$$\overline{X}_G = \sqrt[5]{0.95 \times 0.92 \times 0.90 \times 0.85 \times 0.80} = \sqrt[5]{0.534\,9} = 88.24\%$$

2. 加权几何平均数

与算术几何平均数一样，当资料中的某些变量值重复出现时，相应地，简单几何平均数就变成了加权几何平均数。计算公式为

$$\overline{X}_G = \sqrt[\Sigma f]{x_1^{f_1} x_2^{f_2} x_3^{f_3} \cdots x_n^{f_n}} = \sqrt[\Sigma f]{\prod_{i=1}^{n} x_i^{f_i}} \tag{4-19}$$

式中：f_i 为各个变量值出现的次数。

例 4-15 某工商银行某项投资年利率是按复利计算的 20 年的利率分配，如表 4-13 所示，计算 20 年的平均年利率。

表 4-13 投资年利率分组表

年限	年利率 /%	本利率 /% x_i	年数 / 年 f_i
第 1 年	5	105	1
第 2 ～ 4 年	8	108	3
第 5 ～ 15 年	15	115	11
第 16 ～ 20 年	18	118	5
合计	—	—	20

按公式计算 20 年的平均年利率：

$$\overline{X}_G = \sqrt[20]{1.05^1 \times 1.08^3 \times 1.15^{11} \times 1.18^5} = 114.14\%$$

即 20 年的平均年利率为 114.14%-1=14.14%

3. 几何平均数的特点

（1）几何平均数受极端值的影响较算术平均数小。

（2）如果有一项数值等于 0 或为负数，就不能计算几何平均数。

（3）几何平均数仅适用于具有等比或近似等比关系的数据。

（四）众数

1. 众数的含义

众数是在总体中出现次数最多的变量值，用符号 M_o 表示。它主要用于测定定类（品质标志）数据的集中趋势，当然也适用于作为定序（品质标志）数据以及定距和定比（数量标志）数据集中趋势的测度值。

众数具有非常直观的代表性，可利用众数来表明社会现象的一般水平，也可以用它来作为某些生产决策的参考依据。例如：某制鞋厂要了解消费者最需要哪种型号的男皮鞋，调查了某百货商场某季度男皮鞋的销售情况，得到资料，如表 4-14 所示。

表 4-14 某商场某季度男皮鞋销售情况

男皮鞋号码 / 厘米	销售量 / 双
24.0	12
24.5	84
25.0	118
25.5	541
26.0	320
26.5	104
27.0	52
合计	1 231

从表 4-14 可以看到，25.5 厘米的鞋号销售量最多，鞋号 25.5 厘米就是众数。如果我们计算算术平均数，则平均号码为 25.65 厘米，显然这个号码是没有实际意义的，而直接用 25.5 厘米作为顾客对男皮鞋所需尺寸的集中趋势既便捷又符合实际。

2. 众数的计算

由品质数列和单项式变量数列确定众数比较容易，哪个变量值出现的次数最多，它就是众数，如上面的例子。

若所掌握的资料是组距式数列，则只能按一定的方法来推算众数的近似值。计算公式为

$$下限公式： M_o = L + \frac{\Delta_1}{\Delta_1 + \Delta_2} \times d \tag{4-20}$$

或

$$上限公式： M_o = U - \frac{\Delta_2}{\Delta_1 + \Delta_2} \times d \tag{4-21}$$

式中：L 为众数所在组的下限；U 为众数所在组的上限；Δ_1 为众数所在组的次数与其下限邻组的次数之差；Δ_2 为众数所在组的次数与其上限邻组的次数之差；d 为众数所在组的组距。

例 4-16 根据表 4-9 的数据，计算 50 名工人日加工零件数的众数。

从表 4-9 中的数据可以看出，最大的频数值是 14，即众数出现在 120~125 这一组，根据式（4-20）得 50 名工人日加工零件的众数为

$$M_o = 120 + \frac{14-8}{(14-8)+(14-10)} \times 5 = 123（件）$$

或

$$M_o = 125 - \frac{14-10}{(14-8)+(14-10)} \times 5 = 123（件）$$

众数是一种位置平均数，在实际工作中有时有它特殊的用途。诸如，要说明一个企业中工人最普遍的技术等级，说明消费者需要的内衣、鞋袜、帽子等最普遍的号码，说明农贸市场上某种农副产品最普遍的成交价格等，都需要利用众数。但是必须注意，从分布的角度看，众数是具有明显集中趋势点的数值，一组数据分布的最高峰点所对应的数值即为众数。当然，如果数据的分布没有明显的集中趋势或最高峰点，众数也可能不存在；如果有两个最高峰点，也可以有两个众数。只有在总体单位比较多，而且又明显地集中于某个变量值时，计算众数才有意义。

3. 众数的特点

（1）众数是一个位置平均数，不受极端值和开口组的影响，但缺乏敏感性。由于众数的计算只利用了众数组的数据信息，不像数值平均数那样利用了全部数据信息。

（2）众数是一个不容易确定的平均指标，当分布数列没有明显的集中趋势而趋于均匀分布时，则无众数可言；若将无众数的分布数列重新分组或各组频数依序合并，又会使分配数列再现出明显的集中趋势。当变量数列是不等距分组时，众数的位置也不好确定；

如果与众数组相比邻的上下两组的次数相等，则众数组的组中值就是众数值；如果与众数组比邻的上一组的次数较多，而下一组的次数较少，则众数在众数组内会偏向该组下限；如果与众数组比邻的上一组的次数较少，而下一组的次数较多，则众数在众数组内会偏向该组上限。

（3）在一个次数分布中有多个众数时，称为多重众数，此时说明总体内部存在不同性质的事物。

（五）中位数

1. 中位数的含义

中位数即将总体单位某一数量标志的标志值按大小顺序排列起来，形成一个数列，居于数列中间位置的那个数据就是中位数。中位数用符号 M_e 表示。

从中位数的定义可知，所研究的数据中有一半小于中位数，一半大于中位数。中位数的作用与算术平均数相近，也是作为所研究数据的代表值。

在数列中出现了极端变量值的情况下，用中位数作为代表值要比用算术平均数更好，因为中位数不受极端变量值的影响；如果研究目的就是反映中间水平，当然也应该用中位数。在统计数据的处理和分析时，可结合使用中位数。例如，在研究社会居民收入水平时，居民收入中位数比平均收入更能代表居民收入水平。

2. 中位数的计算

由于掌握的资料不同，确定中位数的方法也不同。

（1）未分组的原始资料确定中位数。首先必须将标志值由大到小排序。假设排序的结果为

$$x_1 \leqslant x_2 \leqslant x_3 \leqslant \cdots \leqslant x_n$$

则中位数就可以按下面的方式确定：

$$M_e = \begin{cases} x_{\frac{n+1}{2}} & （n为奇数） \\ \dfrac{x_{\frac{n}{2}} + x_{\frac{n}{2}+1}}{2} & （n为偶数） \end{cases} \tag{4-22}$$

例如，某班组 12 名工人日产量数据如下：15、16、17、17、19、20、22、22、23、25、26、28，则 12 名工人日产量的中位数为：先确定中位数的位置在（12+1）/2=6.5，中位数在第 6 个数值和第 7 个数值之间，即 M_e = (20+22)/2=21(件)。

（2）单项式分组资料确定中位数。也按上面的方法来确定中位数的位置。但因为总体已经分组，所以用 $\sum f$ 代表总体单位数 n。

（3）组距式分组资料确定中位数。由组距数列确定中位数，应先按 $\dfrac{\sum f}{2}$ 的公式求出中位数所在组的位置，然后再按下限公式或上限公式确定中位数。

$$下限公式：M_e = L + \frac{(\sum f / 2) - S_{m-1}}{f_m} \times d$$

或   （4-23）

$$上限公式：M_e = U - \frac{(\sum f / 2) - S_{m+1}}{f_m} \times d$$

式中：M_e 为中位数；L 为中位数所在组下限；U 为中位数所在组上限；f_m 为中位数所在组的次数；$\sum f$ 为总次数；d 为中位数所在组的组距；S_{m-1} 为中位数所在组以下的累计次数；S_{m+1} 为中位数所在组以上的累计次数。

例 4-17 根据表 4-9 的数据，计算 50 名工人日加工零件数的中位数。

首先根据表 4-9 的数据进行累计频数的计算，结果如表 4-15 所示。

表 4-15 某企业 50 名工人加工零件中位数计算表

按零件数分组 / 个	频数 / 人	向上累计 / 人	向下累计 / 人
105 ～ 110	3	3	50
110 ～ 115	5	8	47
115 ～ 120	8	16	42
120 ～ 125	14	30	34
125 ～ 130	10	40	20
130 ～ 135	6	46	10
135 ～ 140	4	50	4
合计	50	—	—

由表 4-15 可知，中位数的位置在 50/2=25，即中位数在 120 ～ 125 这一组，L=120，S_{m-1}=16，U=125，S_{m+1}=20，f_m=14，d=5，根据中位数公式计算可得

$$M_e = 120 + \frac{\frac{50}{2} - 16}{14} \times 5 = 123.21（件）$$

或

$$M_e = 125 - \frac{\frac{50}{2} - 20}{14} \times 5 = 123.21（件）$$

3. 中位数的特点

（1）中位数是一种位置平均数，不受极端值及开口组的影响，具有稳健性。

（2）各单位标志值与中位数离差的绝对值之和为最小值。

（3）对某些不具有数学特点或不能用数字确定的现象，可以用中位数求其一般水平。

（4）与众数相同，缺乏敏感性。

三、众数、中位数和算术平均数的关系

算术平均数、众数和中位数之间的关系与次数分布数列有关。在次数分布完全对称时，

算术平均数、众数和中位数都是同一数值；在次数分布非对称时，算术平均数、众数和中位数不再是同一数值了，而具有相对固定的关系。在尾巴拖在右边的右偏态（或正偏态）分布中，众数最小，中位数适中，算术平均数最大；在尾巴拖在左边的左偏态（或负偏态）分布中，众数最大，中位数适中，算术平均数最小，如图 4-1 所示。不管次数分布为何种形态，平均数与中位数最为接近。

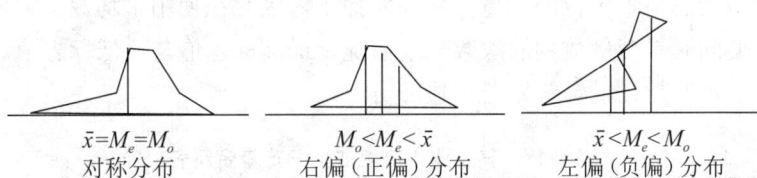

| $\bar{x}=M_e=M_o$ | $M_o<M_e<\bar{x}$ | $\bar{x}<M_e<M_o$ |
| 对称分布 | 右偏（正）分布 | 左偏（负）分布 |

图 4-1　众数、中位数和算术平均数的关系分布图

众数、中位数和算术平均数各自具有不同的特点，掌握它们之间的关系和各自的特点，有助于我们在实际应用中选择合理的测度值来描述数据的集中趋势。

▌ 四、平均指标的应用原则

在统计描述与分析中，平均指标得到了极其广泛的应用，为了保证平均指标的科学性，更好地发挥其作用，在应用时必须遵循如下原则。

1. 在同质总体中计算和应用平均指标的原则

同质总体是指由性质相同的同类单位构成的总体。只有在同质总体中，总体各单位才具有共同的特征，这样才能按照其某一数量标志计算其平均数。把本质不同的事物放在一起平均，将会形成一种虚构的平均数，会抹杀现象之间的本质差异，歪曲现象的真实情况。因此，总体的同质性是计算应用平均指标首先要注意的问题。例如，研究学生的平均学习成绩时，就要先考察同类学生，不能将不同专业学生的成绩进行平均、比较。

2. 组平均数补充总平均数的原则

在同质总体中，各单位之间还存在着其他一些性质上的重要差异，而它们对总平均数往往有着重要的影响，因而应该重视影响总平均数的各个有关因素的作用，用有关标志对总体进行分组，计算组平均数对总平均数作补充说明，来揭示现象内部结构组成的影响。例如，某企业两个小组工人的工资情况如表 4-16 所示。

表 4-16　某企业两个小组工人的工资情况表

| 按熟练程度分组 | 甲　组 | | | | 乙　组 | | | |
	人数/人	比重/%	工资总额/元	平均工资/元	人数/人	比重/%	工资总额/元	平均工资/元
技术工	12	40	12 960	1 080	28	70	28 560	1 020
学徒工	18	60	15 120	840	12	30	9 360	780
合计	30	100	28 080	936	40	100	37 920	948

表 4-16 中的资料说明，该企业乙组工人的工资比甲组的高 12 元（948-936），但从技术工或学徒工的平均工资看甲组均高于乙组。之所以会出现这种组平均数与总平均数不

一致的情况，主要原因在于各组具有不同工资水平的技术工和学徒工的比重不同。甲组中工资水平较高的技术工人数比重（40%）比乙组（70%）少 30 个百分点，而甲组工资水平较低的学徒工人数比重比乙组的高 30 个百分点。在这种情况下，只有用技术工和学徒工各自的平均工资补充说明总平均工资才能得出正确的结论。

3. 分配数列补充说明平均数的原则

由于平均数把总体各单位的数量差异抽象掉了，因此在使用平均数了解现象时，不能只看平均数，要同时看变量数列的次数分配情况、最高标志值与最低标志值。例如，某企业 100 名工人的日产量分组资料如表 4-17 所示。

表 4-17　某企业 100 名工人日产量资料表

日产量 / 千克	工人人数 / 人	比重数 /%
50	6	6.0
60	12	12.0
70	60	60.0
80	20	20.0
90	2	2.0
合计	100	100.0

上述企业工人平均日产量为 70 千克 [（50×6+60×12+70×60+80×20+90×2）/100]，是一个代表值，同时还应该了解到日产量最高为 90 千克，最低为 50 千克，有 78% 的工人日产量达到了 70 千克，这样了解的情况就比较全面了。

4. 平均指标与典型事例相结合的原则

将一般与个别相结合是分析研究问题应该遵循的一般原则。平均数是一般，典型事例是个别，因此为全面深入描述、分析、认识事物，应在应用平均数时结合个别的典型事例。

第四节　离散程度的描述（变异指标）

数据分布的离散程度是描述数据分布的另一个重要特征，它反映总体各单位标志值远离其中心值的程度，因此也称为离中趋势。变异指标可以说明总体各单位标志值的离散程度或离中趋势，在统计分析推断中最常用的变异指标有全距、平均差、方差和标准差、变异系数等。

一、标志变异指标的概念和作用

（一）标志变异指标的概念

标志变异指标又称标志变动度，它综合反映了总体各单位标志值的差异程度。平均指标在反映总体一般数量水平的同时，也掩盖了总体各单位标志值的数量差异；变异指标弥补了这方面的不足，它综合反映了总体各单位标志值的差异性，从另一方面说明了总体的数量特征。平均指标说明总体各单位标志值的集中趋势,而变异指标则说明标志值的分散程度或离中趋势。

变异指标是衡量平均指标代表性的尺度。一般来讲,数据分布越分散,变异指标越大,平均指标的代表性越小;数据分布越集中,变异指标越小,平均指标的代表性越大。

例如:假定车间两个生产小组各人日产量(件)如下:

甲组:20,40,60,70,80,100,120

乙组:67,68,69,70,71,72,73

尽管甲、乙两组工人的平均日产量都为70件,但各组工人工资的变异程度不同。通过观察可以看出,甲组数据的变异程度较大,乙组数据的变异程度较小。

(二)变异指标的作用

1. 变异指标反映总体各单位标志值分布的离中趋势

总体各个单位的标志值总是围绕着自身的平均值这一中心变动着。例如,价格围绕着价值(作为平均价格)上下波动。所以平均指标反映总体各单位标志值的集中趋势,而变异指标则表明总体各单位标志值的分散程度,对于变动中心来说,也就是反映标志值的离中趋势。例如,价格背离价值的平均程度。变异指标值越大,说明标志值的分布越分散,总体的同质性一般也越差。

2. 变异指标可以说明平均指标的代表性程度

平均指标是总体单位某个标志的代表数值,它的代表性与总体该标志变动的程度直接相关。变异指标与平均数的代表性成反比,表明总体各单位标志值的分散程度。即变异指标数值越大,平均数的代表性越小;变异指标数值越小,平均数的代表性越大。但要注意:变异指标的作用是在与平均指标结合中产生的,离开了平均指标,它就失去了意义,而它与平均指标相结合,则可比较全面反映总体的特征,并对平均指标的代表性做出评价。

3. 变异指标可以反映社会经济活动过程的均衡性、稳定性或节奏性程度

变异指标可以反映生产过程的节奏性和经济活动的均衡性,因此可作为企业产品质量控制和评价经济管理工作的依据。标志变异指标值小,说明社会经济活动过程的均衡性和稳定性好,反之则差。

4. 变异指标是科学确定必要的抽样单位数应考虑的重要因素

在进行抽样调查时,为了合理地利用人力、财力、物力和时间,应正确地确定必要的样本单位数,抽取的样本单位数过多或过少都会影响样本平均数的代表性,而标志变异指标的大小可以帮助人们比较科学地确定必要的样本单位数。

■ 二、变异指标的种类和计算

(一)全距

全距也称为极差,是指总体各单位的两个极端标志值之差,一般用 R 表示。

对于未分组资料或者单项数列资料，计算公式为

$R =$ 最大标志值 $-$ 最小标志值　　　　　　　　　　　　（4-24）

对于分组资料，计算公式为

$R \approx$ 最高组的上限 $-$ 最低组的下限　　　　　　　　　　（4-25）

因此，全距（R）可反映总体标志值的差异范围。

例如，有两个学习小组的统计学开始成绩分别为

第一组：60，70，80，90，100

第二组：78，79，80，81，82

很明显，两个小组的考试成绩平均分都是 80 分，但是哪一组的分数比较集中呢？

如果用全距指标来衡量，则有

$$R_甲 =100-60=40（分）$$
$$R_乙 =82-78=4（分）$$

这说明第一组资料的标志变动度远大于第二组资料的标志变动度。

全距是测定标志变动度的一种简单方法，但因受极端值的影响，它往往不能充分反映社会经济现象的离散程度。

在实际工作中，全距常用来检查产品质量的稳定性和进行质量控制。在正常生产条件下，全距在一定范围内波动，若全距超过给定的范围，就说明有异常情况出现。因此，利用全距有助于及时发现问题，以便采取措施，保证产品质量。

（二）平均差

平均差是总体各单位标志值对其算术平均数的离差绝对值的算术平均数。平均差用符号 $A \cdot D$ 表示，它综合反映了总体各单位标志值的变动程度。平均差越大，则表示标志变动度越大，反之则表示标志变动度越小。

在资料未分组的情况下，平均差的计算公式为

$$A \cdot D= \frac{\sum|X-\bar{X}|}{N}\qquad(4\text{-}26)$$

平均差的分子之所以采用标志值对算术平均数的离差绝对值之和来计算，是因为各标志值对算术平均数的离差之代数和等于零，为消除正负抵消问题，故采用绝对值形式。仍以甲组学生数学成绩为例，计算平均差如下：

$$A \cdot D= \frac{|60-80|+|70-80|+|80-80|+|90-80|+|100-80|}{5}=12（分）$$

在资料已分组的情况下，用组中值代替该组的标志值，并要用加权平均差公式

$$A \cdot D= \frac{\sum|X-\bar{X}|f}{\sum f}\qquad(4\text{-}27)$$

例 4-18　某厂按月收入水平分组的组距数列如表 4-18 中前两列，计算平均差。

表 4-18　某厂职工工资分组表

职工工资 / 元	职工人数 f	组中值 X	Xf	$X-\overline{X}$	$|X-\overline{X}|f$
250 ～ 270	15	260	3 900	−50	750
270 ～ 290	25	280	7 000	−30	750
290 ～ 310	35	300	10 500	−10	350
310 ～ 330	65	320	20 800	10	650
330 ～ 350	40	340	13 600	30	1 200
合计	180	—	55 800	—	3 700

根据公式列表计算，得到

$$\overline{X} = \frac{\sum Xf}{\sum f} = \frac{55\ 800}{180} = 310（元）$$

$$A \cdot D = \frac{\sum |X-\overline{X}| f}{\sum f} = \frac{3\ 700}{180} = 20.6（元）$$

由于平均差采用了离差的绝对值，不便于运算，这样使其应用受到了很大限制。

（三）方差和标准差

方差和标准差是测度数据变异程度的最重要、最常用的指标。方差是各个数据与其算术平均数的离差平方的平均数，通常以 σ^2 表示。方差的计量单位和量纲不便于从经济意义上进行解释，所以实际统计工作中多用方差的算术平方根——标准差来测度统计数据的差异程度。标准差又称均方差，一般用 σ 表示。方差和标准差的计算也分为简单平均法和加权平均法。

设总体方差为 σ^2，对于未经分组整理的原始数据，方差的计算公式为

$$\sigma^2 = \frac{\sum (X-\overline{X})^2}{N} \tag{4-28}$$

对于分组数据，方差的计算公式为

$$\sigma^2 = \frac{\sum (X-\overline{X})^2 f}{\sum f} \tag{4-29}$$

方差的平方根即为标准差，其相应的计算公式为

对于未分组数据，标准差的计算公式为

$$\sigma = \sqrt{\frac{\sum (X-\overline{X})^2}{N}} \tag{4-30}$$

对于分组数据，标准差的计算公式为

$$\sigma = \sqrt{\frac{\sum (X-\overline{X})^2 f}{\sum f}} \tag{4-31}$$

例 4-19 以表 4-18 中数据为例，计算标准差。

根据公式列表计算，得到

$$\overline{X} = \frac{\sum Xf}{\sum f} = \frac{55\ 800}{180} = 310\ (\text{元})$$

$$\sigma = \sqrt{\frac{\sum (X-\overline{X})^2 f}{\sum f}} = \sqrt{\frac{106\ 000}{180}} \approx 24.3\ (\text{元})$$

对同一资料，所求的平均差一般比标准差要小，即 $A \cdot D \leqslant \sigma$。

方差和标准差是根据全部数据计算的，它反映了每个数据与其均值相比平均相差的数值，因此它能准确地反映出数据的离散程度。方差和标准差是实际中应用最广泛的离散程度测度值。

（四）变异系数（离散系数）

上面介绍的各离散程度测度值都是反映数据分散程度的绝对值，其数值的大小一方面取决于原变量值本身水平高低的影响，也就是与变量的均值大小有关。变量值绝对水平越高，离散程度的测度值自然也就越大；变量值绝对水平越低，离散程度的测度值自然也就越小；另一方面，它们与原变量值的计量单位相同，采用不同计量单位计量的变量值，其离散程度的测度值也就不同。因此，对于平均水平不同或计量单位不同的不同组别的变量值，是不能直接用上述离散程度的测度值直接进行比较的。为了消除变量值水平高低和计量单位不同对离散程度测度值的影响，需要计算变异系数。

变异系数通常是用标准差来计算的，因此，也称为标准差系数，用 V_σ 表示，它是一组数据的标准差与其相应的均值之比，是测度数据离散程度的相对指标，其计算公式为

$$V_\sigma = \frac{\sigma}{\overline{X}} \tag{4-32}$$

变异系数是用于对不同组别数据的程度进行比较，变异系数大的说明该组数据的离散程度也就大，变异系数小的说明该组数据的离散程度也就小。

例 4-20 某管理局抽查了所属的 8 家企业，其产品销售数据，如表 4-19 所示。试比较产品销售额与销售利润的离散程度。

表 4-19　某管理局所属 8 家企业的产品销售数据

企业编号	产品销售额 X_1/ 万元	销售利润 X_2/ 万元
1	170	8.1
2	220	12.5
3	390	18.0
4	430	22.0
5	480	26.5
6	650	40.0
7	950	64.0
8	1 000	69.0

由于销售额与利润额的数据水平不同，不能直接用标准差进行比较，需要计算离散系数。由表中数据计算得

$$\overline{X}_1 = 536.25\,(万元) \qquad \sigma_1 = 309.19\,(万元) \qquad V_1 = \frac{309.19}{536.25} \times 100\% = 57.7\%$$

$$\overline{X}_2 = 32.52\,(万元) \qquad \sigma_2 = 23.09\,(万元) \qquad V_2 = \frac{23.09}{32.51} \times 100\% = 71.0\%$$

计算结果表明，$V_1 < V_2$，说明产品销售额的离散程度小于销售利润的离散程度。

■ 三、交替标志

交替标志又称是非标志，它是指总体中的各总体单位，某些单位具有某种属性，而其他一些单位则不具有某种属性。例如，一批产品中，一些是合格品，另一些是不合格品；一批种子，有些会发芽，另一些则不发芽。这些将总体单位划为"是"或"否""有"或"无"两类的标志叫交替标志。它在总体单位间以两种形式出现，非此即彼。交替标志主要用于反映总体单位之间性质上的差别。

（一）交替标志的频率

在统计总体中，交替标志只有两种表现，将具有某种表现或不具有某种表现的单位数占全部总体单位数的比重称为频率。例如，某厂去年生产的 1 000 件产品中，合格品 980 件、不合格品 20 件，合格品占全部产品的 98%，不合格品占全部产品的 2%。在这里 98% 和 2% 都是频率。

若全部总体单位数用 N 表示，其中具有某种属性的总体单位数为 N_1，不具有某种属性的总体单位数为 N_0，则频率可写为

$$\frac{N_1}{N} \text{ 或 } \frac{N_0}{N} \tag{4-33}$$

具有某种属性的频率用 p 表示为

$$p = \frac{N_1}{N} \tag{4-34}$$

不具有某种属性的频率用 q 表示为

$$q = \frac{N_0}{N} \tag{4-35}$$

交替标志的两种频率之和可以表示为

$$p + q = 1 \tag{4-36}$$

（二）交替标志的平均数

因为交替标志只有质的差别，不能直接计算平均数，要想计算平均数需要先将它们过渡到量的差异上来。以"1"作为具有某种属性的单位标志值，以"0"作为不具有某种属

性的单位标志值，如上例中，我们就可以用"1"表示合格品的标志值，以"0"表示不合格品的标志值。这样就将交替标志过渡到（0,1）的数量标志了，此时可用加权算术平均数公式计算交替标志的平均数，公式为

$$\overline{X} = \frac{\sum Xf}{\sum f} = \frac{1 \times N_1 + 0 \times N_0}{N_1 + N_0} = \frac{N_1}{N} = P \qquad （4\text{-}37）$$

利用前面例子的资料，则该厂产品的平均合格率：

$$\overline{X} = \frac{1 \times 980 + 2 \times 20}{980 + 20} = \frac{980}{1\,000} = 98\%$$

（三）交替标志的标准差

交替标志的标准差，就是具有某一标志值的单位在总体中的频率和不具有某一标志值的单位在总体中的频率二者乘积的平方根。它反映了交替标志的差异程度。其计算公式为

$$\sigma_{交替标志} = \sqrt{\frac{(1-p)^2 \times N_1 + (1-q)^2 \times N_0}{N_1 + N_0}} = \sqrt{p(1-q)} = \sqrt{pq} \qquad （4\text{-}38）$$

利用前面例子的资料，则该厂产品合格率的标准差：

$$\sigma_{交替标志} = \sqrt{pq} = \sqrt{98\% \times 2\%} = 14\%$$

本章小结

本章主要是对综合指标的静态分析，即对同一时间内现象的汇总、相关现象之间的计算对比分析与描述，主要包括总体规模的描述与分析、对比关系的描述与分析、集中趋势的描述与分析、离散趋势的描述与分析。

（1）总体规模的描述与分析。总量指标是反映社会经济现象总体在一定时间、地点条件下的总规模、总水平或工作总量的统计指标。总量指标的表现形式为绝对数，因此也称为绝对数指标。总量指标具有两个特点：直接具体；数值随总体范围的大小而增减。总量指标是认识社会经济现象的起点，是编制计划、实行经济管理的主要依据，是计算相对指标与平均指标的基础。

总量指标按其反映总体内容不同，分为总体单位总量和总体标志总量；按其反映时间状况不同，分为时期指标和时点指标；按其计量单位不同，分为实物指标、价值指标和劳动指标。时期指标与时点指标的区别是：时期指标的数值大小与时期长短有直接关系，时点指标的数值大小与时点的间隔长短没有直接关系；时期指标数值可加，时点指标数值不

可加；时期指标的资料通过经常性调查取得，时点指标的资料通过一次性调查取得。

计算总量指标时应注意：明确规定每项指标的含义与范围，注意现象的同质性，选择适当的总量指标计量单位。

（2）对比关系的描述与分析。相对指标又称相对数，是运用对比的方法来反映某些相关事物之间数量联系程度的综合指标，是两个有联系的统计指标数值的比值。相对指标有两个特点：它抽象掉了构成相对指标分子与分母的具体数值；数值不随总体范围的大小而增减。其主要作用是：可以表明事物的相关程度、发展程度；具有可比性，即通过相对数的抽象性把不可比的现象转化为可比现象；可以说明总体内在的结构特征，为深入分析事物的性质提供依据。

相对指标的数值表现形式有：①无名数，包括倍数、系数、成数、番数、百分数、百分点和千分数等；②有名数。按统计研究任务对比基础的不同，相对指标通常分为：计划完成程度相对指标、结构相对指标、比例相对指标、比较相对指标、强度相对指标和动态相对指标六种，具体汇总表，如表 4-20 所示。

表 4-20 相对指标种类汇总表

指标名称	公 式	主要作用	特 点	注意事项
计划完成程度相对指标	$\dfrac{实际完成数}{计划任务数}$	反映计划的执行情况	分子分母不能互换	注意计划指标的性质；以提高或降低率规定的计划要考虑基数 1
结构相对指标	$\dfrac{总体某部分（或某组）的数值}{总体全部的数值}$	反映总体的内部构成情况	分子分母不能互换；各部分比重之和为 1	以分组为前提
比例相对指标	$\dfrac{总体中某一部分数值}{总体中另一部分数值}$	反映总体内部的比例关系	分子分母能互换	以分组为前提
比较相对指标	$\dfrac{甲地区（部门单位）某一类指标数值}{乙地区（部门单位）同类指标数值}$	反映现象之间的差别	分子分母能互换	常以相对数和平均数比较
强度相对指标	$\dfrac{某一总量指标数值}{另一个有联系而性质不同的总量指标数值}$	反映现象的强度、密度、普遍程度	分子分母能互换，形成正、逆指标	与平均数不同
动态相对指标	$\dfrac{报告期指标数值}{基期指标数值}$	反映现象在时间上的发展变动程度	分子分母不能互换	指标的时间长短可比

计算和运用相对指标应注意：保持相对指标分子分母的可比性、定性分析与定量分析相结合、相对指标和总量指标相结合、综合应用各种相对指标。

（3）集中趋势的描述与分析。平均指标又称统计平均数，它是用以反映社会经济现象总体各单位某一数量标志在一定时间、地点条件下所达到的一般水平的综合指标。它有三个特点：抽象性，抽象掉了总体内各单位某一数量标志值的具体水平；代表性，是总体各单位标志值的一般水平；其数值不随总体范围的大小而增减。平均指标的作用：可以反映总体各单位变量分布的集中趋势和一般水平，可以比较同类现象在不同时空的对比，可以分析现象之间的依存关系。平均指标主要包括算术平均数、调和平均数、几何平均数、众数和中位数等。加权算术平均数受变量值和次数两个因素的影响。当标志值比较大而次数也比较多时，平均数就靠近或趋向于标志值大的一方；当标志值比较小而次数比较多时，平均数就靠近或趋向于标志值小的一方。在变量值既定的情况下，次数对平均数的大小起着权衡轻重的作用。因此，将次数称为权数，权数有绝对数和相对数（比重）两种表现形式。比重形式能更好地体现权数作用的实质。算术平均数性质：各变量值与其算术平均数的离差之和等于零；各变量值与其算术平均数的离差平方和最小。

平均数中权数的选择是正确计算平均数的关键，一要使选择的权数必须具有实际意义，二要使选择的权数与标志值的乘积之和等于某现象平均数基本公式的分子资料。

在社会经济统计中，加权调和平均数实际上是加权算术平均数的变形。当掌握了算术平均数基本公式分母的直接资料，而没有掌握其分子的直接资料时，应采用加权算术平均数公式计算平均数，且以分母资料为权数；当掌握了算术平均数基本公式分子的直接资料，而没有掌握其分母的直接资料时，应采用加权调和平均数公式计算平均数，且以分子资料为暗含权数。

众数是在总体中出现次数最多的变量值。中位数是总体各单位标志值按大小排列后，居于中间位置的那个标志值。众数和中位数都可以用来说明社会经济现象各单位标志值的一般水平。

算术平均数、众数和中位数之间的关系与次数分布数列有关。应用平均数时应遵循的原则有：在同质总体中计算和应用平均指标的原则、组平均数补充总平均数的原则、分配数列补充说明平均数的原则、平均指标与典型事例相结合的原则。

（4）离散趋势的描述与分析。标志变异指标又称标志变动度，它是描述总体单位标志值分布特征的另一个重要指标，它综合反映总体单位标志值的差异程度。标志变异指标的作用：可以用于衡量平均指标的代表性，反映总体各单位标志值分布的离中趋势，反映社会经济活动均衡性、稳定性或节奏性程度，科学确定必要的抽样单位数应考虑的重要因素。常用的变异指标有全距、平均差、方差和标准差、变异系数等。当两个总体平均数相等时，可以使用前三种标志变异指标来说明平均数的代表性高低；当两个总体平均数不相等时，必须使用标准差系数来说明平均数的代表性高低。

交替标志又称是非标志，它是指总体中的各总体单位，某些单位具有某种属性，而其他一些单位则不具有某种属性。

平均指标与标志变异指标汇总表，如表 4-21 所示。

表 4-21 平均指标与标志变异指标汇总表

指标名称与符号	计算公式				主要作用
	简 单 式		加 权 式		
	公 式	应用条件	公 式	应用条件	
算术平均数 ($\bar{x}$)	$\dfrac{\sum X}{n}$		$\dfrac{\sum Xf}{\sum f}$	分组资料。不掌握基本公式的分子资料，掌握其分母资料，分母是绝对数，且以分母为权数	表明现象的一般水平
			$\sum X \dfrac{f}{\sum f}$	分组资料。不掌握基本公式的分子资料，掌握其分母资料，分母是比重形式，且以分母为权数	
调和平均数 (H)	$\dfrac{n}{\sum\limits_{i=1}^{n}\dfrac{1}{X_i}}$		$\dfrac{\sum\limits_{i=1}^{n}m_i}{\sum\limits_{i=1}^{n}\dfrac{m_i}{X_i}}$	分组资料。不掌握基本公式的分母资料，掌握其分子资料，以分母为暗含权数	算术平均数的变形
几何平均数 ($\overline{x_G}$)	$\sqrt[n]{\prod\limits_{i=1}^{n}X_i}$		$\sqrt[\Sigma f]{\prod\limits_{i=1}^{n}X_i^{f_i}}$	分组资料。n 个变量值乘积关系	仅适用于具有等比或近似等比关系的数据
众数 (M_o)		未分组资料	$L+\dfrac{\Delta_2}{\Delta_1+\Delta_2}d$	组距数列。下限公式	位置平均数。总体中出现次数最多的变量值
			$U-\dfrac{\Delta_2}{\Delta_1+\Delta_2}d$	组距数列。上限公式	
中位数 (M_e)	$\dfrac{X_{n+1}}{2}$ （n 为奇数） $\dfrac{X_{\frac{n}{2}}+X_{\frac{n}{2}+1}}{2}$ （n 为偶数）		$L+\dfrac{(\sum f/2)-S_{m-1}}{f_m}d$	组距数列。下限公式	位置平均数。处于中间位置的变量值
			$U-\dfrac{(\sum f/2)-S_{m+1}}{f_m}d$	组距数列。上限公式	
全距 (R)	$X_{\max}-X_{\min}$		最高组的上限－最低组的下限		反映总体标志值的差异范围
平均差 ($A.D.$)	$\dfrac{\sum|X-\bar{X}|}{N}$		$\dfrac{\sum|X-\bar{X}|f}{\sum f}$	分组资料	反映总体各单位标志值的变动程度
方差 (σ^2)	$\dfrac{\sum(X-\bar{X})^2}{N}$		$\dfrac{\sum(X-\bar{X})^2f}{\sum f}$	分组资料。两总体的平均指标相等时使用	衡量平均指标的代表性
标准差 (σ)	$\sqrt{\dfrac{\sum(X-\bar{X})^2}{N}}$		$\sqrt{\dfrac{\sum(X-\bar{X})^2f}{\sum f}}$		
标准差系数 (V)		$V_\sigma=\dfrac{\sigma}{\bar{X}}$		两总体平均指标不等时使用	

（续表）

交替标志的平均数	$\overline{X}_{交替标志} = P$	总体中的各总体单位只有两种属性	交替标志的一般水平
交替标志的标准差	$\sigma_{交替标志} = \sqrt{pq}$		交替标志平均值的代表性

技能训练：用 Excel 计算描述统计量

常用描述统计量的有算术平均数、调和平均数、几何平均数、中位数、众数、标准差、方差、标准差系数等。一般来说，在 Excel 中求这些统计量，未分组资料可用函数计算，已分组资料可用公式计算。

实训项目：用 Excel 计算描述统计量。

实训目的：掌握 Excel 在描述统计中的应用，熟练应用 Excel 进行各类平均数和标准差的计算。

实训要求：掌握统计中各类平均数和标准差的计算方法。

实训资料：某企业 60 名工人的日常量（单位：件）。

720	700	580	660	450	710	560	700	570	480	460	520	630	720	690
650	450	700	460	480	470	550	640	490	540	500	470	590	560	550
580	590	570	550	580	600	490	580	650	710	730	750	600	660	650
640	580	650	660	700	660	550	590	750	650	560	710	590	570	500

1. 利用"描述统计"分析工具计算描述统计量

本功能需要使用 Excel 的扩展功能，因此在安装"数据分析"功能基础上按照如下步骤操作。

第一步，启动 Excel，新建一个工作簿 Book1，将 60 名工人的日产量数据资料输入到 A1：A60 单元格，如图 4-2 所示。

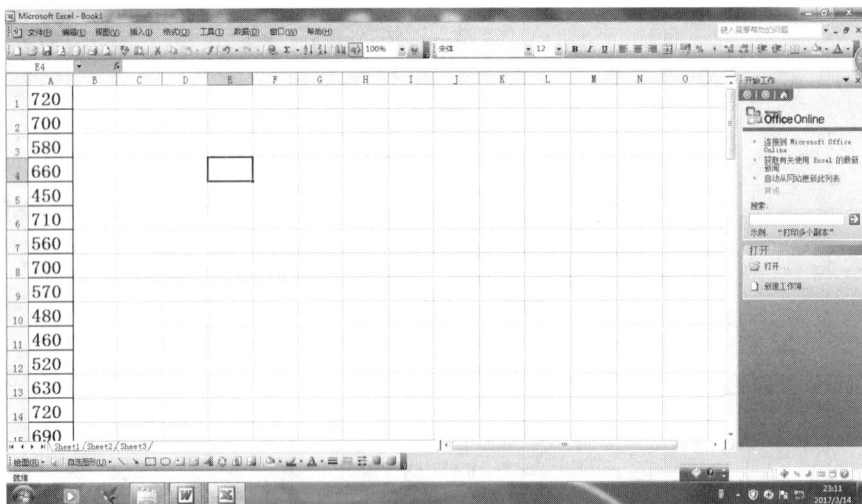

图 4-2　输入原始数据资料

　　第二步，在工具菜单中选择"数据分析"选项，再从其对话框中选择"描述统计"选项，单击"确定"按钮后，打开"描述统计"对话框，在输入区域中输入"＄A＄1：＄A＄60"，在输出区域中输入"＄C＄1"，其他复选框可根据需要选定，如图4-3和图4-4所示。

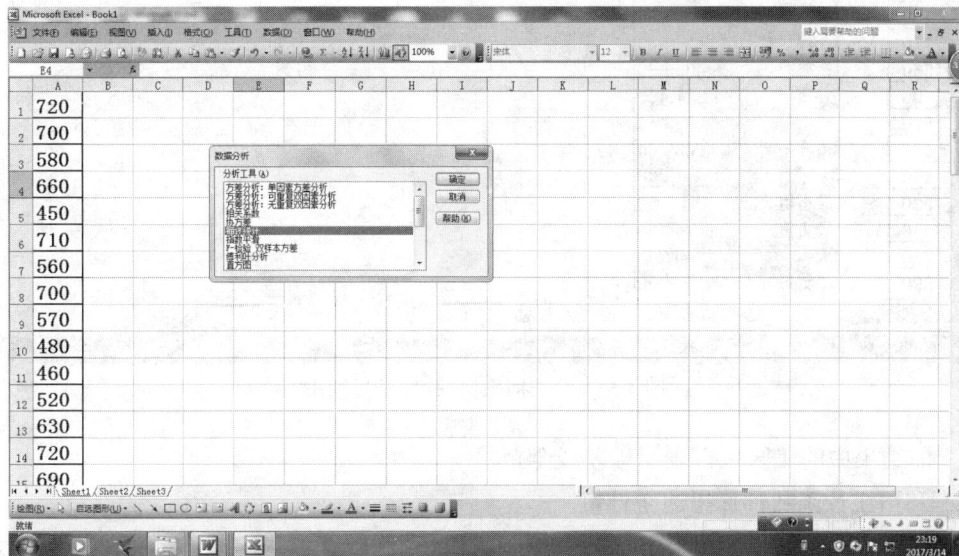

图4-3　"数据分析"对话框

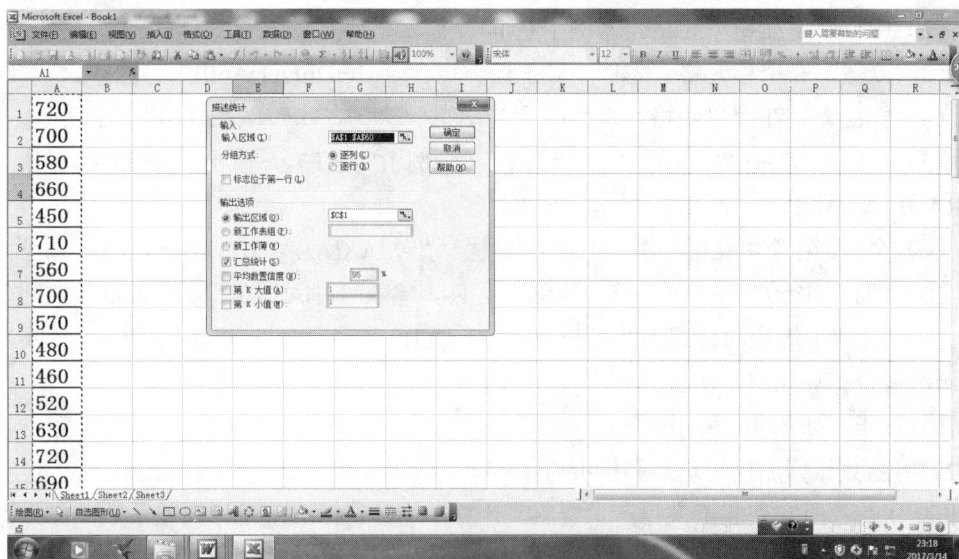

图4-4　"描述统计"对话框

　　第三步，选择汇总统计，可给出一系列描述统计量，单击"确定"按钮，可得到输出结果，如图4-5所示。

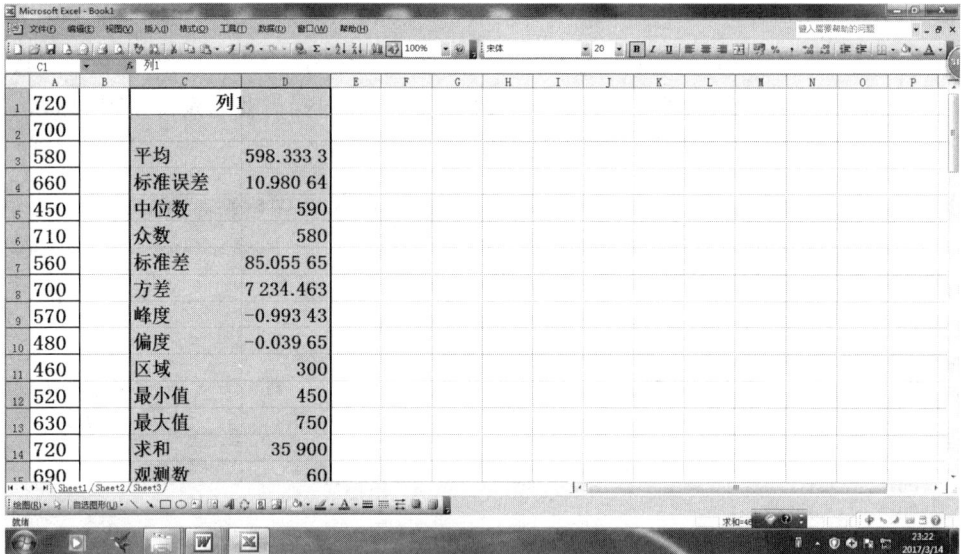

图 4-5 "描述统计"计算结果输出

上面结果中的"区域"表示极差或全距。

2. 利用统计函数计算描述统计量

仍使用上面的例子，根据 Excel 提供的公式，用函数计算描述统计量。

1）用函数计算各种平均数

（1）算术平均数。在空单元格，本例中是 F3，输入"=AVERAGE(A1:A60)"，回车。

（2）中位数。在空单元格，本例中是 F4，输入"=MEDIAN(A1:A60)"，回车。

（3）众数。在空单元格，本例中是 F5，输入"=MODE(A1:A60)"，回车。

（4）标准差。在空单元格，本例中是 F6，输入"=STDEV(A1:A60)"，回车。

（5）标准差系数。在空单元格，本例中是 F7，输入"=STDEV(A1:A60)/AVERAGE(A1:A60)"，回车。

（6）全距。在空单元格，本例中是 F8，输入"=MAX(A1:A60)-MIN(A1:A60)"，回车。

（7）调和平均数。在空单元格，本例中是 F9，输入"=HARMEAN(A1:A60)"，回车。

此外，几何平均数的公式为"=GEOMEAN（A1:A60）"（注：以本例的输入区域为例，但本例不适合计算几何平均数）。

计算结果，如图 4-6 所示。

2）用函数计算加权平均数和标准差

根据甲、乙两家企业工人日产量资料，计算平均数、标准差及标准差系数，有关资料，如表 4-22 所示。

表 4-22 甲、乙企业工人日产量数据表

甲 企 业		乙 企 业	
日产量 / 件	工人人数 / 人	日产量 / 件	工人人数 / 人
5	6	8	11

（续表）

甲　企　业		乙　企　业	
日产量 / 件	工人人数 / 人	日产量 / 件	工人人数 / 人
7	10	12	14
9	12	14	7
10	8	15	6
13	4	16	2
合计	40	合计	40

将原始数据输入 Excel 工作簿 Book1，如图 4-7 所示。以甲企业的数据为例计算，如图 4-8 所示。

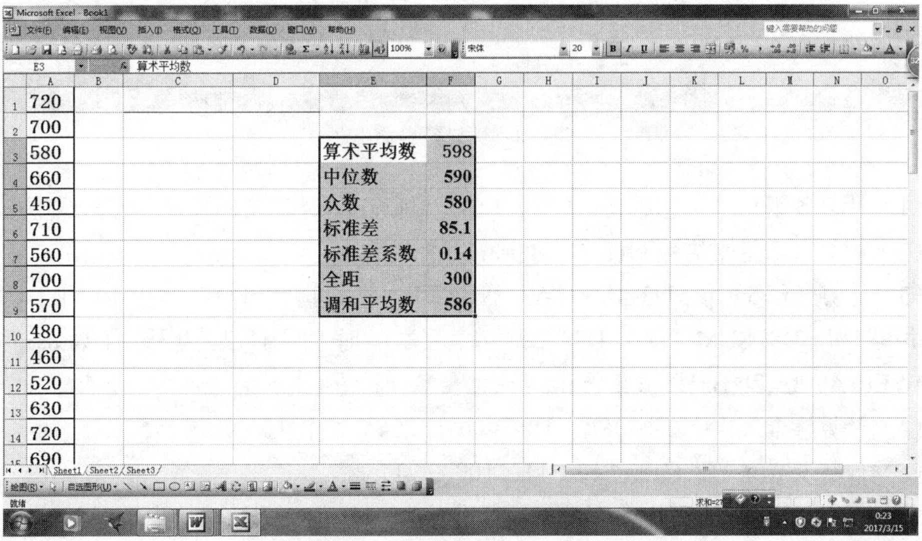

图 4-6　"函数"计算结果输出

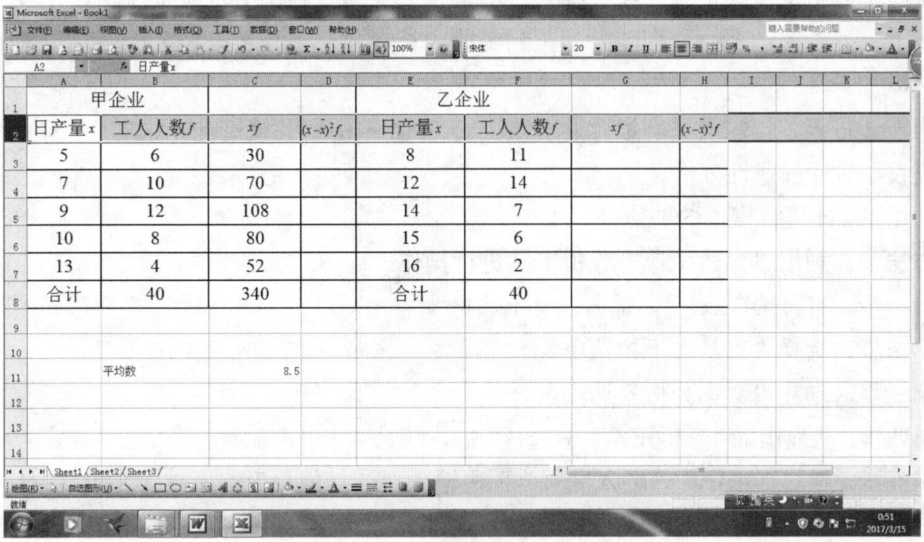

图 4-7　输入甲、乙两企业原始数据资料

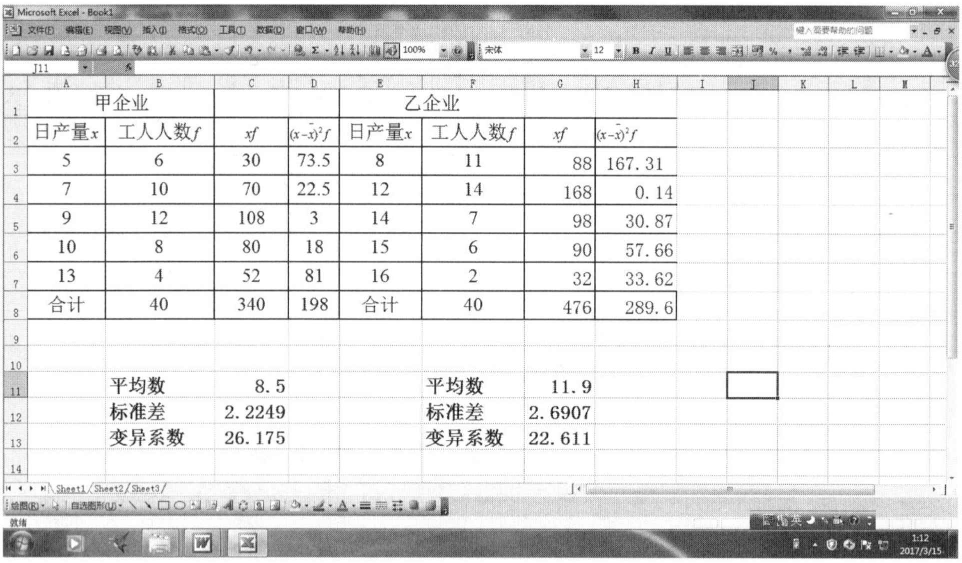

	甲企业				乙企业			
	日产量x	工人人数f	xf	$(x-\bar{x})^2f$	日产量x	工人人数f	xf	$(x-\bar{x})^2f$
	5	6	30	73.5	8	11	88	167.31
	7	10	70	22.5	12	14	168	0.14
	9	12	108	3	14	7	98	30.87
	10	8	80	18	15	6	90	57.66
	13	4	52	81	16	2	32	33.62
	合计	40	340	198	合计	40	476	289.6
		平均数	8.5			平均数	11.9	
		标准差	2.2249			标准差	2.6907	
		变异系数	26.175			变异系数	22.611	

图 4-8　计算结果输出

（1）计算各组日产量总数 xf：C3=A3*B3，填充并求和，C8=SUM（C3：C7）。

（2）计算日产量平均数 C11=C8/B8=8.5（件）。

（3）计算 $(x-\bar{x})^2f$：D3=B3*（A3-＄C＄11）^2，即“=POWER(A3-C11,2)*B3”，填充并求和，D8=SUM（D3：D7）[注意：填充时将C11改为平均数8.5，即用“=POWER(A3-8.5,2)*B3]，填充求和。

（4）计算标准差：C12=SQRT（D8/B8）=2.224 9（件）。

（5）计算变异系数：C13=C12/C11×100=26.175%。

同理，计算乙企业的平均数为 11.9，标准差为 2.690 7，变异系数为 22.611%。

我们现在使用 Excel 计算表 4-1 给出的例子——中国银行业上市公司的每股收益。每股收益通常被用来反映企业的经营成果，衡量普通股的获利水平及投资风险，是投资者等信息使用者据以评价企业盈利能力、预测企业成长潜力、进而做出相关经济决策的重要的财务指标之一。

为了让投资者较深入了解银行业上市公司 2016 年中期业绩情况，请对 24 家上市公司的每股收益进行描述性分析。

利用 Excel 进行操作的要点：

方法一：利用“描述统计”分析工具进行操作。

第一步，打开“Excel”，输入表 4-1 数据。

第二步，选择“工具”下拉菜单。

第三步，选择“数据分析”选项。

第四步，从弹出的“分析工具”中选择“描述统计”并单击“确定”按钮，如图 4-9 所示。

第五步，在对话框中的“输入区域”框内输入要计算的单元格区域（如果包括字段行，则须选中“标志位于第一行”复选框。若分组方式为逐行，则该复选框选定标志位于第一列）；在输出选项中选择"输出区域"；选择"汇总统计"（该选项给出全部描述统计量）选项；单击"确定"按钮，如图 4-10 所示。

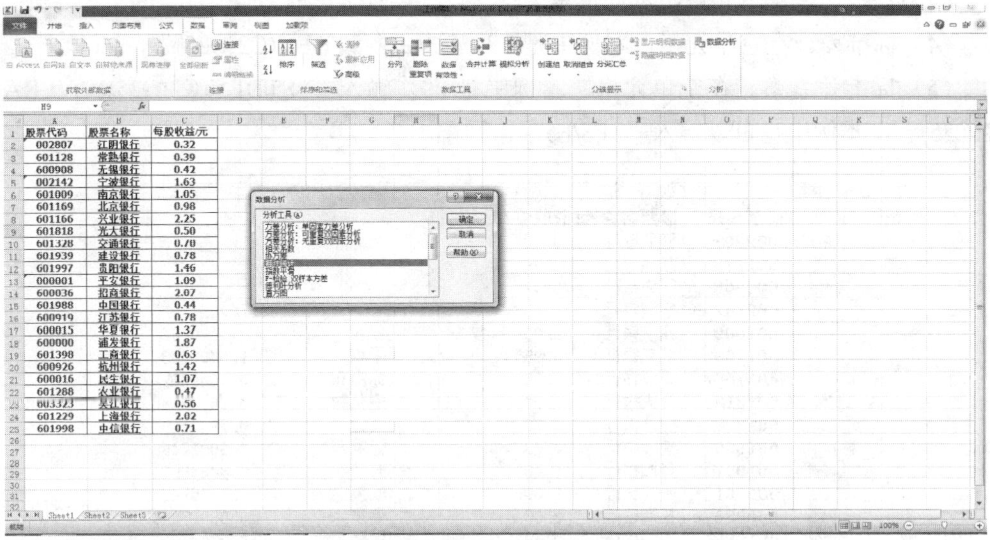

图 4-9 "数据分析"对话框

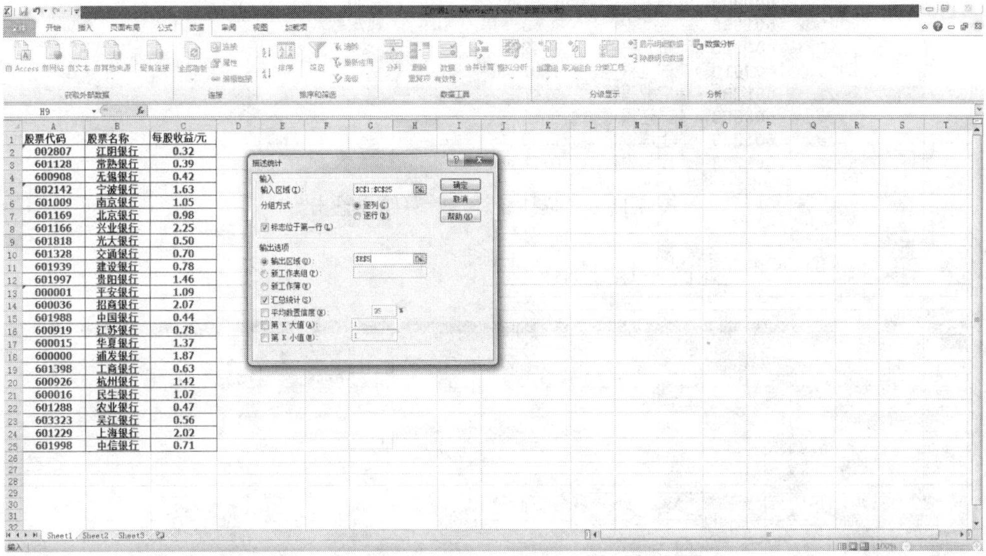

图 4-10 "描述统计"对话框

第六步，输出结果如图 4-11 所示。

方法二：利用统计函数进行操作。

第一步，打开"Excel"，输入表 4-1 数据。

第二步，在适当的单元格内输入计算公式或者在适当的单元格内插入函数，选择"插入"下拉菜单，然后选择"函数"选项，接下来从弹出的对话框左边的函数类别中选择"统计"，再从对话框右边的函数名中进行选择，最后单击"确定"按钮：

（1）算术平均数。在空单元格，本例中是 F5，输入"=AVERAGE(C2:C25)"，回车。

（2）中位数。在空单元格，本例中是 F6，输入"=MEDIAN(C2:C25)"，回车。

（3）众数。在空单元格，本例中是 F7，输入"=MODE(C2:C25)"，回车。

（4）标准差。在空单元格，本例中是 F8，输入"=STDEV(C2:C25)"，回车。

（5）标准差系数。在空单元格，本例中是 F9，输入"=STDEV(C2:C25)/ AVERAGE (C2:C25)"，本例中也可以输入"=F8/F5"，回车。

	A	B	C	D	E	F
1	股票代码	股票名称	每股收益/元			
2	002807	江阴银行	0.32			
3	601128	常熟银行	0.39			
4	600908	无锡银行	0.42			
5	002142	宁波银行	1.63		每股收益/元	
6	601009	南京银行	1.05			
7	601169	北京银行	0.98		平均	1.0408333
8	601166	兴业银行	2.25		标准误	0.1205301
9	601818	光大银行	0.50		中位数	0.88
10	601328	交通银行	0.70		众数	0.78
11	601939	建设银行	0.78		标准差	0.5901745
12	601997	贵阳银行	1.46		方差	0.3486601
13	000001	平安银行	1.09		峰度	0.707594
14	600036	招商银行	2.07		偏度	0.6891707
15	601988	中国银行	0.44		区域	1.93
16	600919	江苏银行	0.78		最小值	0.32
17	600015	华夏银行	1.37		最大值	2.25
18	600000	浦发银行	1.87		求和	24.98
19	601398	工商银行	0.63		观测数	24
20	600926	杭州银行	1.42			
21	600016	民生银行	1.07			
22	601288	农业银行	0.47			
23	603323	吴江银行	0.56			
24	601229	上海银行	2.02			
25	601998	中信银行	0.71			

图 4-11　"描述统计"计算结果输出

第三步，输出结果，如图 4-12 所示。

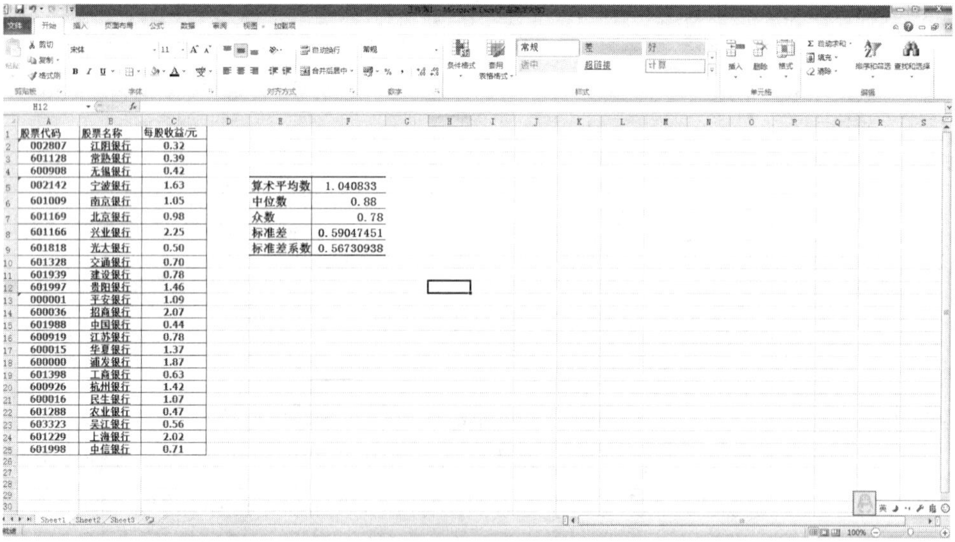

图 4-12　"函数"计算结果输出

思考与练习

一、单项选择题

1. 时点指标的数值（　　）。

    A. 与其时间间隔长短无关　　　　　　　B. 通常连续登记

    C. 时间间隔越长，指标数值越大　　　　D. 具有可加性

2. 下列指标属于总量指标的是（　　）。

    A. 人均粮食产量　　B. 资金利税率　　　C. 产品合格率　　　D. 学生人数

3. 2016 年，我国人均国内生产总值 53 980 元，它是（　　）。

    A. 结构相对指标　　　　　　　　　　　B. 比较相对指标

    C. 比例相对指标　　　　　　　　　　　D. 强度相对指标

4. 下列指标属于比例相对指标的是（　　）。

    A. 工人出勤率　　　　　　　　　　　　B. 男女生的比例关系

    C. 每百元产值利税额　　　　　　　　　D. 净产值占总产值的比重

5. 一个企业产品销售收入计划增长 8%，实际增长 20%，则计划超额完成程度为（　　）。

    A. 12%　　　　　　B. 150%　　　　　C. 111.11%　　　　D. 11.11%

6. 某产品单位成本计划 2016 年比 2015 年降低 10%，实际降低 15%，则计划完成程度为（　　）。

    A. 150%　　　　　B. 94.4%　　　　　C. 104.5%　　　　D. 66.7%

7. 总体各部分指标数值与总体数值计算求得的结构相对数之和（　　）。

    A. 大于 100%　　　B. 小于 100%　　　C. 等于 100%　　　D. 无法确定

8. 计算平均指标最常用的方法和最基本的形式为（　　）。

    A. 中位数　　　　　B. 众数　　　　　　C. 调和平均数　　　D. 算术平均数

9. 当计算一个时期到另一个时期的销售额的年平均增长速度时，应采用（　　）。

    A. 众数　　　　　　B. 中位数　　　　　C. 算术平均数　　　D. 几何平均数

10. 某工厂新工人月工资 400 元，工资总额为 200 000 元，老工人月工资 800 元，工资总额 80 000 元，则平均工资为（　　）。

    A. 600 元　　　　　B. 533.33 元　　　C. 466.67 元　　　D. 500 元

11. 某市 2016 年农村人均收入和城市人均收入分别为 4 800 元和 10 060 元，标准差分别为 320 元和 780 元，则人均收入的变异程度（　　）。

    A. 城市大　　　　　B. 一样大　　　　　C. 农村大　　　　　D. 不具可比性

12. 两个总体平均数不等，但标准差相等，则有（　　）。

    A. 两个平均数的代表性相同　　　　　　B. 平均数大，代表性差

    C. 平均数小，代表性差　　　　　　　　D. 无法正确进行判断

13. 总量指标按其反映的内容不同可分为（　　）。

    A. 实物指标和价值指标　　　　　　　　B. 总体单位总量和总体标志总量

    C. 时期指标和时点指标　　　　　　　　D. 时间指标和时期指标

14. 总量指标数值大小（　　　）。

    A. 随总体范围扩大而增大　　　　　　B. 随总体范围扩大而减小

    C. 随总体范围缩小而增大　　　　　　D. 与总体范围大小无关

15. 总体标志总量（　　　）。

    A. 说明总体单位特征　　　　　　　　B. 表示总体本身规模大小

    C. 是指总体各单位标志值的总和　　　D. 是指总体单位总量

16. 某市 2016 年年末总人口 380.85 万人，其中，城镇人口占总人口的 46.1%，这两个指标中，（　　　）。

    A. 前者是时期指标，后者是时点指标

    B. 前者是时点指标，后者是时期指标

    C. 前者是时点指标，后者是结构相对指标

    D. 前者是时期指标，后者是结构相对指标

17. 某企业 2015 年完成产值 400 万元，2016 年计划增长 8%，实际完成 480 万元。超额完成计划为（　　　）。

    A. 12%　　　　　　B. 120%　　　　　　C. 20%　　　　　　D. 11%

18. 变量数列中各组标志值不变，每组次数均增加为 120%，加权算术平均数的数值（　　　）。

    A. 增加 20%　　　B. 不变化　　　　　C. 减少 20%　　　　D. 无法判断

19. 标志变异指标中，由总体中两个极端数值大小决定的是（　　　）。

    A. 全距　　　　　B. 平均差　　　　　C. 标准差　　　　　D. 标准差系数

20. 反映总体单位标志值变动范围的指标是（　　　）。

    A. 平均数　　　　B. 标准差　　　　　C. 变异系数　　　　D. 全距

21. 如果两个总体平均数不相等，比较其离差程度的指标是（　　　）。

    A. 全距　　　　　B. 平均差　　　　　C. 标准差　　　　　D. 标准差系数

22. 已知一车间日平均劳动生产率为 28 件 / 人，标准差为 3 件；又知二车间日平均劳动生产率为 30 件 / 人，标准差也为 3 件。则劳动生产率水平的代表性（　　　）。

    A. 一车间大　　　B. 二车间大　　　　C. 一样大　　　　　D. 不能确定

23. 用无名数表示的标志变异指标是（　　　）。

    A. 全距　　　　　B. 平均差　　　　　C. 标准差　　　　　D. 标准差系数

24. 交替标志的标准差是（　　　）。

    A. $\sqrt{p(1-p)}$　　　B. $p(1-p)$　　　C. $\sqrt{1-p}$　　　D. $1-p$

二、多项选择题

1. 下列指标属于动态相对指标的有（　　　）。

    A. 某厂 2016 年的产量是 2008 年产量的 5 倍

    B. 1990 年国民生产总值为 1980 年的 236.3%

    C. 2016 年国民生产总值中，第一、二、三产业分别占 8.6%、39.8%、51.6%

    D. 1990 年国民收入为 1952 年的 2 364.2%

E. 1990 年国民收入使用额中积累和消费分别占 34.1% 和 65.9%

2. 下列指标属于总量指标的有（　　　）。

A. 国内生产总值　　B. 人均利税总额　　C. 利税总额

D. 职工人数　　　　E. 固定资产原值

3. 下列指标中，属于强度相对指标的有（　　　）。

A. 人均国内生产总值　　　　　　B. 人口密度

C. 人均钢产量　　　　　　　　　D. 每千人拥有的商业网点数

E. 人均粮食产量

4. 相对指标数值的表现形式有（　　　）。

A. 比例数　　　　B. 无名数　　　　C. 结构数

D. 抽样数　　　　E. 复名数

5. 平均指标（　　　）。

A. 是质量指标　　　　　　　　　B. 是数量指标

C. 能反映总体分布的集中趋势　　D. 能反映总体单位的一般水平

E. 是一个综合性指标

6. 如果在分配数列中，有一个标志值为零，则不能计算（　　　）。

A. 加权算术平均数　　　　　　　B. 加权调和平均数

C. 简单调和平均数　　　　　　　D. 简单几何平均数

E. 加权几何平均数

7. 标志变异指标有（　　　）。

A. 全距　　　　　B. 平均差　　　　C. 标准差

D. 标准差系数　　E. 相关系数

8. 两个总体平均数相同，但标准差不等，则（　　　）。

A. 标准差越大，平均数代表性越小

B. 标准差越小，各单位标志差异程度越小

C. 两总体集中趋势相同

D. 无法比较两总体的离散程度

E. 无须计算标准差系数，直接用标准差比较两总体离散趋势

9. 平均指标与变异指标的关系是（　　　）。

A. 平均指标是对总体各单位标志值一般水平的测度，代表程度取决于标志变异指标的大小

B. 标志变异程度越大，平均指标代表性越差

C. 标志变异程度越小，平均指标代表性越好

D. 平均指标和标志变异指标分别反映同一总体的集中趋势和离散趋势

E. 两者无关系

10. 下列属于绝对数指标的有（　　　）。

A. 某商场月末商品库存额　　　　B. 某地区人口净增加数

C. 某高校某年毕业生人数　　　　　　D. 某合资企业月末在册人数

E. 按人口总数计算的人均钢产量

11. 下列相对数中，属于结构相对数的有（　　　）。

A. 小学生入学率　　　　　　　　　　B. 全国总人口中少数民族人口所占比重

C. 出勤率　　　　　　　　　　　　　D. 出口贸易额与进口贸易额的比率

E. 农轻重比例

12. 分子与分母可以互换的相对指标有（　　　）。

A. 结构相对指标　　　　　　　　　　B. 比例相对指标

C. 比较相对指标　　　　　　　　　　D. 强度相对指标

E. 计划完成程度相对指标

13. 中位数是（　　　）。

A. 根据各标志值计算的

B. 标志值按顺序排列后，位于中间位置的变量

C. 最大的标志值

D. 不受极端值影响的

E. 最小的变量值

14. 由总体所有单位的标志值计算的平均数有（　　　）。

A. 算数平均数　　　B. 调和平均数　　　C. 几何平均数

D. 中位数　　　　　E. 众数

15. 从指标的性质看，下面指标中属于平均指标的有（　　　）。

A. 人均粮食产量　　　　　　　　　　B. 人均粮食消费量

C. 人均钢产量　　　　　　　　　　　D. 平均每人月收入

E. 人均住房面积

16. 下列属于时点指标的有（　　　）。

A. 某地区年末人口数　　　　　　　　B. 某地区年内人口出生数

C. 某地区高校在校学生数　　　　　　D. 某地区固定资产投资数

E. 某地区每年初拖拉机台数

17. 标准差是（　　　）。

A. 表明总体单位标志值对其算术平均数的平均距离

B. 反映总体单位的一般水平

C. 反映总体单位标志值的离散程度

D. 反映总体分布的集中趋势

E. 反映总体分布的离中趋势

三、判断题

1. 比例相对指标是同一总体不同部分数值的对比，因此，可以说明总体的构成情况。
（　　　）

2. 用相对指标的分子资料作权数计算平均数应采用加权算术平均法。（　　　）

3. 众数是总体中出现最多的次数。（　　　）

4. 对平均数大小起决定作用的权数是比重权数。（　　　）

5. 平均差和标准差都表示各标志值对其算术平均数的平均距离。（　　　）

四、简答题

1. 试述总量指标的概念和种类。

2. 试述时期指标和时点指标的特点。

3. 相对指标有几种？其作用如何？

4. 强度相对数与比较相对数、比例相对数有什么区别？强度相对数又与平均数有什么不同？

5. 在分析长期计划执行情况时，水平法和累计法有什么区别？

6. 算术平均数与调和平均数的关系如何？什么情况下要计算调和平均数？

7. 简述算术平均数、调和平均数、几何平均数、众数及中位数之间的关系？

8. 全距、平均差、标准差及标准差变异系数各有什么特点？

9. 为什么相对指标要与总量指标结合起来应用？

五、计算分析题

1. 某集团所属的三家公司 2016 年工业产值计划和实际资料如表 4-23 所示。

表 4-23　某集团所属三家公司 2016 年工业产值计划和实际资料　　　单位：万元

公司名称	2016				计划完成 /%	2015 年实际产值	2016 年 比 2015 年增长 /%
	计划		实际				
	产值	比重 /%	产值	比重 /%			
A					97		9.3
B		31			111		
C	370		402				−0.8
合计	1 900					1 500	

试填入表 4-23 所缺的数字，要求写出计算过程。

2. 某制冷机公司计划在未来的五年内累计生产压缩机 12 000 台，其中，最后一年产量达到 3 000 台，实际完成情况如表 4-24 所示。

表 4-24　某制冷机公司生产压缩机五年计划期间实际完成情况　　　单位：台

时间	第一年	第二年	第三年	第四年				第五年			
				一季	二季	三季	四季	一季	二季	三季	四季
产量	2 000	2 300	2 600	650	650	700	750	750	800	800	850

试求：（1）该公司五年累计完成计划程度？

（2）该公司提前多少时间完成累计产量计划？

（3）该公司提前多少时间达到最后一年计划产量？

3. 某自行车公司下属 20 家企业，2016 年甲种车的单位成本分组资料，如表 4-25 所示。

表 4-25　某自行车公司下属 20 家企业 2016 年甲种车生产资料

甲种车单位成本 /（元 / 辆）	企业数 / 家	各组产量占总产量的比重 /%
200～220	5	40
220～240	12	45
240～260	3	15

试计算该公司 2016 年甲种车的平均单位成本。

4. 某企业 3 个车间一季度生产情况，如表 4-26 所示。

表 4-26　某企业 3 个车间一季度生产资料

车间	计划完成百分比 /%	实际产量 / 件	单位产品成本 /（元 / 件）
第一车间	90	198	15
第二车间	105	315	10
第三车间	110	220	8

根据资料计算：（1）一季度 3 个车间产量平均计划完成程度。

（2）一季度 3 个车间产量平均单位产成本。

5. 某企业 2016 年某月按工人劳动生产率高低分组的有关资料，如表 4-27 所示。

表 4-27　某企业 2016 年某月按工人劳动生产率分组资料

按工人劳动生产率分组 /（件 / 人）	实际产量 / 件
50～60	1 100
60～70	4 550
70～80	11 250
80～90	4 250
90 以上	950

试计算该企业工人平均劳动生产率，并用 Excel 数据分析功能验证计算结果。

6. 某车间有甲、乙两个生产组，甲组平均每个工人的日产量为 36 件，标准差为 9.6 件；乙组工人日产量资料，如表 4-28 所示。

表 4-28　某车间乙组日产量资料

按日产量分组 / 件	工人人数 / 人
10～20	18
20～30	39
30～40	31
40～50	12

要求：（1）计算乙组平均每个工人的日产量。

（2）比较甲、乙两个生产组哪个组的平均日产量更有代表性？

（3）试用 Excel 计算解题。

7. 已知某商贸公司下属 20 家企业的分组资料如表 4-29 所示。

表 4-29 某商贸公司下属 20 家企业的分组资料

按销售额计划完成程度分组 /%	企业个数 / 家	实际销售额 / 万元	销售利润率 /%
100 以下	3	590	12
100 ~ 110	12	4 300	18
110 ~ 120	5	1 728	22
合计	20	6 618	—

请计算公司销售额平均计划完成程度及公司的平均销售利润率？

8. 某车间 120 人日生产产品 478 件，具体情况如表 4-30 所示。

表 4-30 某车间 120 人日生产产品具体情况

日产量 x/ 件	1	2	3	4	5	6	7	8
人数 f/ 个	5	12	20	38	25	10	8	2

（1）总量指标是（　　）。

A. 某车间日生产产品总数

B. 日生产产品数为 4 的工人数

C. 日产 3 件的工人数占总工人数的 25%

D. 每个工人平均日产量

（2）日产量的中位数是（　　）。

A. 4　　　　　B. 4.5　　　　　C. 5　　　　　D. 8

（3）日产量的众数是（　　）。

A. 4　　　　　B. 4.5　　　　　C. 5　　　　　D. 8

（4）该车间工人日产量全距是（　　）。

A. 4.5　　　　B. 4.5　　　　C. 8　　　　　D. 7

（5）该车间工人日产量的平均差是（　　）。

A. 4　　　　　B. 478/120　　　　C. 2

D. $\dfrac{|1-4.15|\times 5 + |2-4.15|\times 12 + \cdots + |8-4.15|\times 2}{120} = \dfrac{140.5}{120} = 1.17$

（6）该车间工人日产量的方差与标准差是（　　）。

A. 4，2　　　　　　　　　　B. 4.5，2.1

C. 2，1.14　　　　　　　　D. $\sigma = \sqrt{\dfrac{\sum (x-\bar{x})^2 f}{\sum f}}$, $\sigma^2 = \dfrac{\sum (x-\bar{x})^2 f}{\sum f}$

（7）该车间工人日产量的平均差系数是（　　）。

A. $\dfrac{1.17}{4.15}$　　　B. $\dfrac{2}{4.15}$　　　C. $\dfrac{4}{4.15}$　　　D. $\dfrac{4.5}{4.5}$

9. 某公司所属 6 家企业，按生产某产品平均单位成本高低分组，其各组产量占该公司总产量的比重资料如表 4-3 所示。

表4-31　某公司所属6家企业各组产量占该公司总产量的比重资料

按平均单元成本分组 /（元 / 件）	企业数	各组产量占总产量比重 /%
10～12	1	22
12～14	2	40
14～18	3	38
合　计	6	100

试计算该公司所属企业的平均单位成本。

10. 某企业工人各级别的工资额及相对应的工资总额资料如表4-32所示。

表4-32　某企业工人各级别的工资额及相对应的工资总额资料

工资额 / 元	工资总额 / 元
460	2 300
520	7 800
600	10 800
700	7 000
850	1 700
合　计	29 600

试计算工人平均工资。

11. 某地区抽样调查职工家庭收入资料如表4-33所示，计算职工家庭平均每人月收入（算术平均数），并用下限公式计算中位数和众数。

表4-33　某地区抽样调查职工家庭收入资料

按平均月收入分组 / 元	职工户数 / 户
100～200	6
200～300	10
300～400	20
400～500	30
500～600	40
600～700	240
700～800	60
800～900	20
合计	426

12. 某种蔬菜早、午、晚的价格及购买金额资料如表4-34所示。

表4-34　某种蔬菜早、午、晚的价格及购买金额资料

时　间	价格 /（元 / 斤）	购买金额 / 元
早	0.25	5
午	0.20	6
晚	0.10	7
合　计	—	18

试计算该种蔬菜的平均购买价格。

13. 甲、乙两单位职工人数及日产量资料如表 4-35 所示。

表 4-35 甲、乙两单位职工人数及日产量资料

甲 单 位		乙 单 位	
日产量 x/件	职工人数 f/人	日产量 x/件	职工人数 f/人
145	4	140	5
155	8	160	10
170	15	175	24
185	20	187	15
195	7	197	2
215	3	220	1
合计	57	合计	57

试比较哪一个单位的平均日产量更具有代表性。

14. 某工厂生产一批零件共 10 万件，为了解这批产品的质量，采取不重复抽样的方法抽取 1 000 件进行检查，其结果如表 4-36 所示，根据质量标准，使用寿命 800 小时及以上者为合格品。计算平均合格率、标准差及标准差系数。

表 4-36 某工厂产品质量抽样检查结果

使用寿命 / 小时	零件数 / 件
700 以下	10
700 ～ 800	60
800 ～ 900	230
900 ～ 1 000	450
1 000 ～ 1 200	190
1 200 以上	60
合计	1 000

15. 有两个班学生的统计学考试成绩如表 4-37 所示，请分别计算两个班的平均成绩，并说明哪个班的平均成绩更具有代表性？

表 4-37 两个班学生的统计学考试结果

成绩 / 分	学 生 数	
	一班	二班
50 以下	1	2
50 ～ 60	3	3
60 ～ 70	6	6
70 ～ 80	12	9
80 ～ 90	8	12
90 以上	2	3
合计	32	35

16. A、B 两个组的学生考分资料如表 4-38 所示。

表 4-38　A、B 两个组的学生考分资料

学生序号	学生考分 / 分	
	A 组	B 组
甲	65	68
乙	70	70
丙	75	76
丁	80	80
戊	85	81
合　计	375	375

试问 A、B 两组哪一组学生的平均考分更有代表性（用平均差和标准差计算）？

六、技能训练题

[实训 1] 2017 年 6 月甲、乙两市场某商品价格、销售量和销售额资料，如表 4-39 所示。

表 4-39　甲、乙两市场某商品价格、销售量和销售额资料

商品品种	价格 / (元 / 件)	甲市场销售量 / 件	乙市场销售额 / 元
甲	105	700	126 000
乙	120	900	96 000
丙	137	1 100	95 900
	—	2 700	317 900

要求：（1）试分别计算该商品在两个市场上的平均价格。

（2）用 Excel 数据分析功能，验证两个平均价格。

[实训 2] 某企业 2017 年 3 月按工人劳动生产率高低分组的有关资料，如表 4-40 所示。

表 4-40　某企业按工人劳动生产率高低分组的有关资料

按工人劳动生产率高低分组 / (件 / 人)	实际产量 / 件
50 ～ 60	1 100
60 ～ 70	4 550
70 ～ 80	11 250
80 ～ 90	4 250
90 以上	950

试计算该企业工人平均劳动生产率，并用 Excel 数据分析功能验证计算结果。

[实训 3] 某车间有甲、乙两个生产组，甲组平均每个人的日产量为 36 件，标准差为 9.6 件；乙组工人日产量资料如表 4-41 所示。

表 4-41 某车间乙组工人日产量资料

日产量 / 件	工人人数 / 人
10 ～ 20	18
20 ～ 30	39
30 ～ 40	31
40 ～ 50	12

要求：（1）计算乙组平均每个工人的日产量。

（2）比较甲、乙两个生产组哪个组的平均日产量更有代表性？

（3）试用 Excel 计算组距数列的平均数、标准差及标准差系数。

七、案例阅读

第五章 时间序列分析

本章学习目的

了解时间序列的概念、意义、种类和编制原则；

重点掌握时期序列与时点序列的区别；

熟悉各种水平指标和速度指标的计算和应用；

掌握长期趋势和季节变动的测定与应用；

理解并掌握关键词：时间序列、水平指标、速度指标、时期序列、时点序列、长期趋势和季节变动。

引导案例

阿里巴巴近年重要财务数据盘点

美国时间 2014 年 9 月 19 日，阿里巴巴敲开了纽交所的大门，作为美国股票交易史又一市值超千亿美元的巨头公司昂首入驻。

从 2013 年年底的上市搁浅，到 5 月再启上市议程，再到 9 月初的路演，阿里巴巴的市场估值一路增长至 1 650 亿美元，一度超过全球最大的社交网站 Facebook 当年 1 040 亿美元的 IPO 估值。

而且从阿里 2013 年的业绩来看，已经超过港交所上市的腾讯，成为中国最赚钱的互联网公司，那么其财务状况表现到底如何？需要指出的是由于阿里巴巴集团此前未上市，财务信息主要来自作为阿里集团股东之一的雅虎，本文关于阿里所整理的数据多来自雅虎披露的财务信息。

■ 一、阿里巴巴的营收状况

图 5-1 与图 5-2 显示从 2010 年以来，阿里巴巴的总营收和净利润都以很高的速度增长，总营收年复合增长率达到 106.8%，净利润年复合增长率也达到 145.47%。图 5-3 显示阿里巴巴平台总活跃人数也在不断增长，图 5-4 显示阿里巴巴表面上看营收不及京东，但京东营收中包含了大量的交易流水，而阿里巴巴营收中不包含交易流水，因此其营收增长好于京东。

从 2014 年 6 月阿里披露的招股书来看，2014 财年淘宝总 GMV 为 1.172 万亿元人民币，天猫总 GMV 为 5 050 亿元人民币（GMV 是指移动端商品成交总额）。与此作为对比的是，2013 年全年京东商城总交易额为 1 255 亿元人民币，即天猫目前的体量相当于 4 个京东，而淘宝体量则是京东的 9 倍。

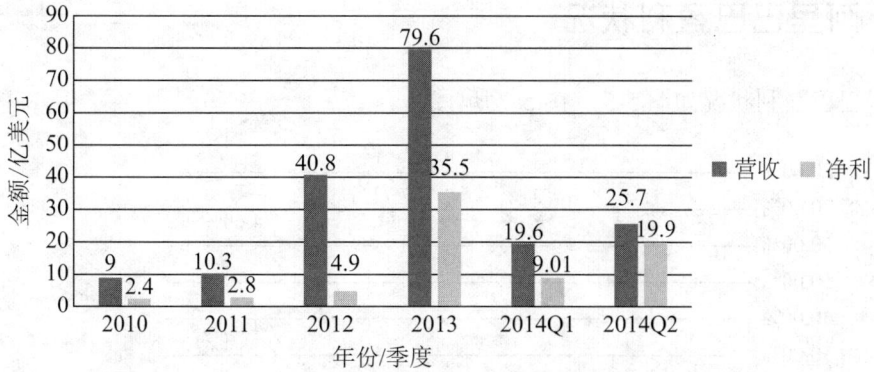

图 5-1　阿里巴巴年度营收及净利

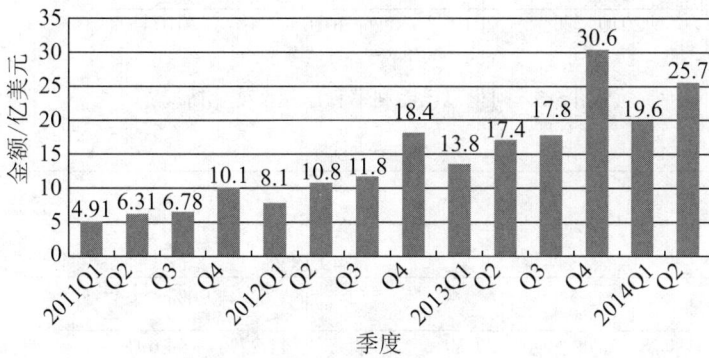

图 5-2　阿里巴巴季度营收入状况

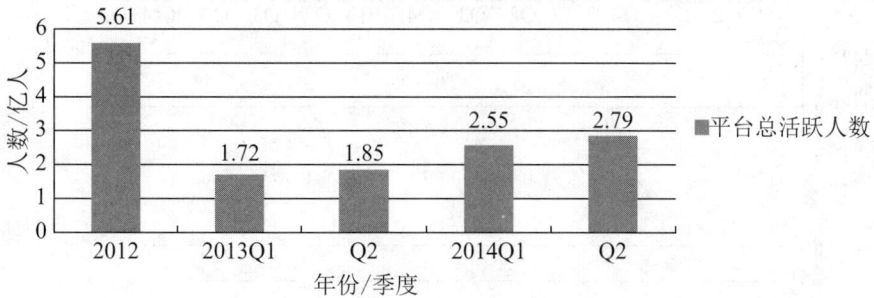

图 5-3　阿里巴巴平台总活跃人数

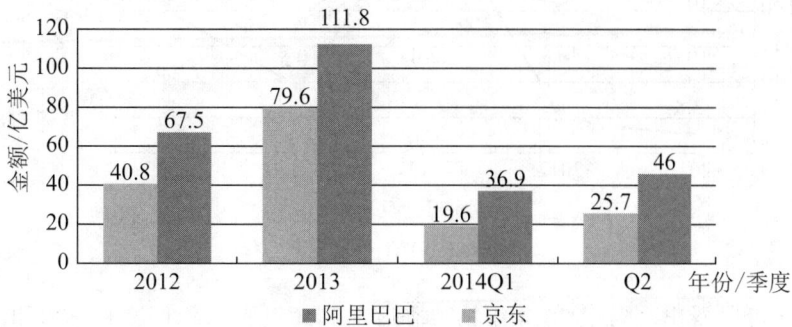

图 5-4　阿里巴巴 VS 京东

▌二、阿里巴巴盈利状况

阿里巴巴盈利状况如图 5-5 ～图 5-7 所示。

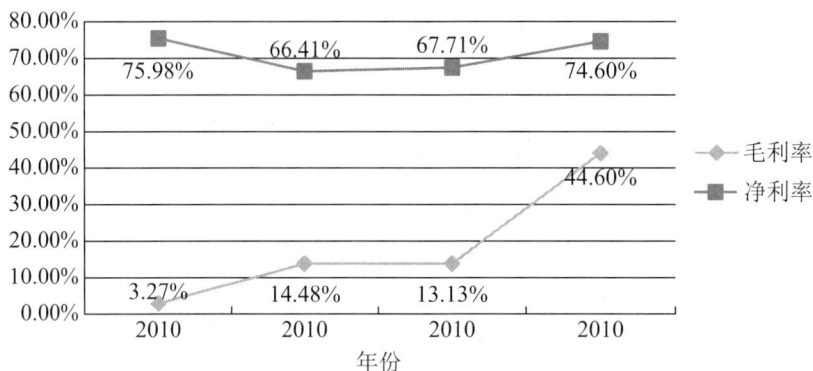

图 5-5　阿里巴巴毛利率和净利率变化情况

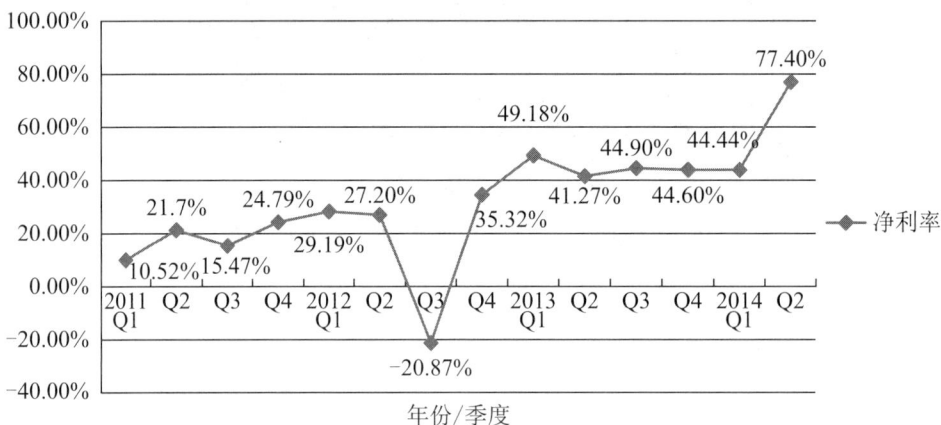

图 5-6　阿里巴巴净利率季度变化情况

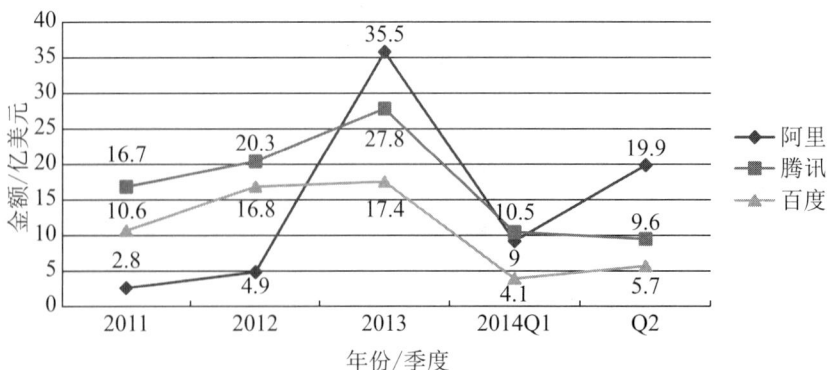

图 5-7　BAT 净利 PK

从图 5-7 可以看出，阿里 2014 年第二季度净利超过腾讯和百度利润总和，位居 BAT 三巨头之首，成为中国最赚钱的互联网公司。

三、移动端交易额占比

自阿里 2011 年发布手淘，全面进入移动端以来，不断增长的移动端 GMV 为其营收贡献的比重越来越大。

从雅虎和阿里巴巴披露的数据来看，在移动电子商务领域，阿里巴巴 2014 财年上半年 GMV 达到 3 190 亿元人民币，较 2013 年度同期 810 亿元大幅增长 394%，占总交易额比例超过 30%，移动端月活跃数达到 1.88 亿，三个月内增加 2 500 万用户。

根据艾瑞发布的数据来看，33.0% 的移动电商比重对于阿里来说不仅是个巨大突破，同时，也占去中国移动交易额高达 87.2% 的比例，如图 5-8 所示。

图 5-8　阿里巴巴移动端交易额占比

京东 Q2 发布的财报显示，其移动端订单量占到 24%，与阿里相去不远，但阿里最新月活跃用户数达到 1.88 亿，京东只在去年年底透露，其移动端月活跃数超千万，正以 10% 的速度增长，具体结果尚未有确切数据佐证。

资料来源与说明：本资料来源于 http://yude.baijia.baidu.com/article/29845，2014 年 9 月 19 日；该资料只作教学使用，未经许可，不得转载。

通过上面的例子我们能够看出动态的发展变化趋势，那么我们经常碰到发展水平、平均发展水平、平均增长量、发展速度、增长速度等一些概念，它们是如何计算得到的？它们又分别表示什么意思呢？

第一节　时间序列概念及意义

一、时间序列的概念

统计不仅要着眼于经济现象的相互联系和相互制约，而且要对它们的发展变化进行研究，前者是横向来看的，即一个时间截面上的数据比较，后者纵向来看的，即沿着时间的轨迹来比较的。通常二者结合，才能更加全面地了解统计数据所反映出来的情况。相对于前几章的内容，本章的时间序列分析就是纵向的视角，它作为一种广泛应用的数据分析方法，主要用于描述和探索现象随时间发展变化的数量规律性。

时间序列是指把同一指标在不同时间上的指标数值，按时间先后顺序编排而成的一种统计数列，又称动态数列。时间序列由两个基本要素构成：一是现象所属的时间（时期或时点），二是现象在所属时间上的指标数值（发展水平），分别是对应坐标轴的 XY 轴。

现象所属的时期，可以是日、月、季、年或更长时期（如五年、十年）。现象的观察值根据表现形式不同有绝对数、相对数和平均数。思考一下，生活中按日、月、季、年统计的数列有哪些呢？表 5-1 是某食品企业生产产值时间序列，从中可以看出该企业生产产值逐年增长的发展过程和趋势。

表 5-1　2010—2016 年某食品企业生产产值时间序列表

年份	生产产值 / 万元	蔬菜 / 万元	蔬菜产值比重 /%	肉类 / 万元	酒类饮品 / 万元	年底职工人数 / 人	职工平均工资 / 元
2010	1 854	371	20.01	927	556	114	2 140
2011	2 161	432	19.99	1 081	648	115	2 340
2012	2 663	533	20.02	1 332	799	117	2 711
2013	3 463	693	20.01	1 732	1 039	118	3 371
2014	4 675	935	20.00	2 338	1 403	119	4 538
2015	5 847	1 169	19.99	2 924	1 754	121	5 500
2016	6 788	371	5.47	927	556	122	6 210

■ 二、时间序列的作用

时间序列是动态分析的依据，主要作用是了解过去，掌握现在，预测未来。具体来说，包括以下几点：

（1）编制时间序列可以描述社会经济现象发展的过程及结果，了解现象的过去和现在。

（2）通过时间序列的分析，可以深入地揭示社会经济现象发展变化的数量特征，用以研究现象发展的方向、程度和趋势，探索事物发展变化的规律性，并据此进行趋势预测，为科学决策提供可靠依据。

（3）时间序列可以用于不同空间上同类指标的比较分析，用于分析相关事物发展变化的依存关系。

■ 三、时间序列的种类

在学习时间数列之前，可以回顾一下高中所学知识——等差数列。时间序列正是给等差数列加上了时间的烙印，使它具备更多的统计信息。比如，一个人的年龄每年增加 1 岁，那么连续几年的年龄数据就是一个等差数列，如果今年 5 岁，明年就是 6 岁。该数列符合时间数列的两大要素，它也是一个时间序列。更多情况下，时间序列中的差值并非常数，因此时间序列的一般形式，如表 5-2 所示。

表 5-2 时间序列的一般形式

时间 t	0	1	2	$\cdots$	$N-1$	N
绝对数（子项）a	a_0	a_1	a_2	$\cdots$	a_{n-1}	a_n
绝对数（母项）b	b_0	b_1	b_2	$\cdots$	b_{n-1}	b_n
相对数或平均数 $c=a/b$	c_0	c_1	c_2	$\cdots$	c_{n-1}	c_n

按指标表现形式和时间状况，时间序列包括绝对数时间序列（即总量指标动态数列）、相对数时间序列（即相对指标动态数列）和平均数时间序列（即平均指标动态数列），分类如图 5-9 所示。

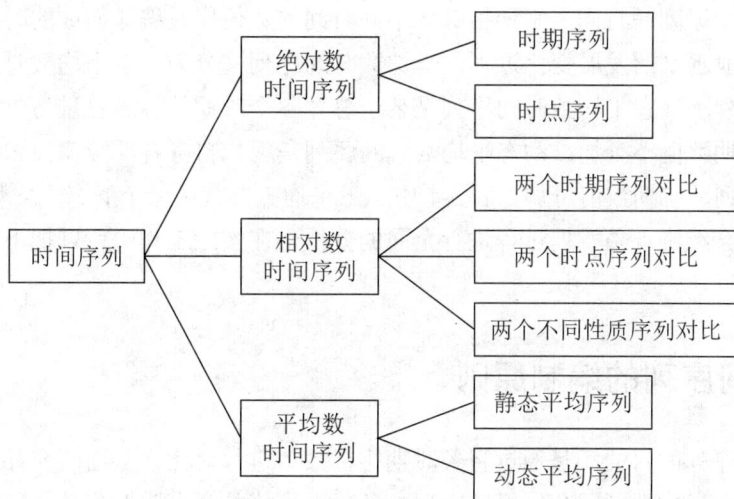

图 5-9 时间序列的类型

（一）绝对数时间序列

绝对数时间序列是将同一总量指标在不同时间的数值序时编排而成的时间序列。它反映现象总规模或总水平的发展过程及结果。其中时期序列反映现象在各段时期发展过程的总量，时点序列反映现象在各个时点上达到的总量。表 5-1 中第 2 栏所列的生产产值就是时期序列，第 7 栏所列的职工人数就是一个时点序列。

时期序列的三个主要特点：①每个指标数值表示在一段时期内发展过程的总量，因而各个指标可以相加，相加的合计数表示更长时期内的发展总量。②每个指标数值的大小与所属时期长短有密切联系，一般情况下，时期越长，指标数值越大；时期越短，指标数值越小。③时期序列需要连续登记，因此要进行经常性调查，以获得数据。

时点序列的三个主要特点：①每个指标数值只表明某一社会经济现象在一定时点上所达到的水平，所以各项指标数值不能相加。②每个指标数值的大小与相邻两时点间隔长短无密切联系。③时点序列不需要连续登记，而是一次性登记得到，因此采用一次性调查即可。

（二）相对数时间序列

相对数时间序列是将同一相对指标在不同时间的数值序时编排而成的时间数列，它反映现象数量对比关系或相互联系的发展变化过程。序列中各个时间上的数值也没有可加性。相对数时间序列构成情况比较复杂，可以是两个时点数列对比派生，也可以是两个时期数列对比派生，或是两个不同性质的序列对比派生。表 5-1 中蔬菜产值比重就是相对数时间序列。

（三）平均数时间序列

平均数时间序列是将同一平均指标在不同时间的数值序时编排而成的时间序列。它反映现象数量一般水平的发展变化过程。平均数时间序列又分为静态平均数时间序列和动态平均数时间序列。静态平均数时间序列是某一总体各个时期的标志总量与单位总量对比派生的序列，各期数值不可加；动态平均数时间序列是现象自身各期数值与相应的时期项数对比派生的序列，各期数值可加。表 5-1 中职工平均工资就是一个静态平均数时间序列。

为了对社会经济现象发展过程进行全面的分析，在实际工作中可以把上述各种动态序列结合起来运用。

■ 四、时间序列的编制原则

编制时间序列的目的，是通过将各时期指标数值进行对比，从而研究社会经济现象的发展变化过程和规律性。因此，保证序列中各项观察值具有可比性，是编制时间序列的基本原则。所谓可比性，是要求各观察值所属时间、总体范围、经济内容、计算方法价格、单位等可比。为了保证可比性，还应遵循以下基本原则：

（1）时间长短相等（时期长短、间隔大小）。由于时期序列指标数值的大小与时期的长短有直接的关系，因此各项指标数值所属的时期长短应该前后一致，时期长短不同的指标数值是不可以比较的。例如，一年的产值与一个月的产值是不能比较的。

例如，表 5-3 就不符合时间序列编制原则，主要是统计时间长短不相等，无法进行对比计算。

表 5-3　某企业 2003—2016 年的产值情况　　　　　　　单位：万元

指标	2003—2005	2006—2010	2011—2013	2012—2015	2015—2016
总产值	8 283.4	15 448.2	6 698	4 721.07	2 039.03
工业产值	3 404.5	9 903.3	3 878.1	2 955.39	1 838.49

但是，有时为了研究不同时期的经济发展水平或各个历史阶段的发展变化，也可以编制时期长短不等的时期序列，这主要是根据研究的目的而定，如表 5-4 所示的动态数列。

表 5-4 我国普通高校本专科毕业生人数

年 份	1912—1948	1949	1965	1978	1985	1990	2004	2005	2006
毕业生人数/万人	21.08	2.1	18.6	16.5	31.6	61.4	239.1	306.8	377.5
年 份	2007	2008	2009	2010	2011	2012	2013	2014	2015
毕业生人数/万人	447.8	512.0	531.1	575.4	608.2	624.7	638.7	659.4	680.9

资料来源：1978 年以前数据来源于：曹光四，邹小明．统计学原理 [M]．上海：立信会计出版社，2005. 其余数据来源于《中国统计年鉴（2016）》。

从表 5-4 可以看出，1990 年普通高校本专科毕业生人数为 61.4 万人，约相当于 1912—1948 年 37 年普通高校本专科毕业生人数总和的 3 倍；而 2004 年我国普通高校本专科毕业生人数又大约相当于 1990 年普通高校本专科毕业生人数的 4 倍；2015 年我国普通高校本专科毕业生人数又大约相当于 2004 年普通高校本专科毕业生人数的 3 倍。这说明我国高等教育事业取得了巨大成就，呈加速发展趋势。

对于时点序列来说，指标数值的大小与时点间隔长短虽然没有直接联系，但是为了明显地反映社会经济现象发展变化的规律性，时点间隔也应力求一致。

（2）要求总体范围的大小一致（尤其总量指标）。总体范围是指动态数列指标数值所包括的地区范围、隶属关系范围等。在进行动态序列分析时，要查明所依据的指标数值总体范围是否一致，如果随着时间的变化，现象的总体范围发生了变化，必须进行适当的调整。例如，2010 年 7 月 1 日，北京市撤销原东城区、崇文区，设立新的北京市东城区；撤销北京市原西城区、宣武区，设立新的北京市西城区。那么在进行时间序列分析时，就应该进行总体范围的调整，否则不能进行前后对比分析。

（3）指标内容和属性相同。经济内容和属性不同的指标，不能混合编成一个动态数列。例如，在编制劳动生产率动态数列分析时，其各年的指标数值是选择生产工人的劳动生产率还是选择全员的劳动生产率，应该前后一致。另外，随着时间的推移，同一名称的指标，其包括的经济内容可能发生改变，不同经济内容的指标是不能编制成一个动态数列的。例如，编制产品成本的动态序列时，就应该注意 1993 年以前我国的产品成本是指生产产品的完全成本，而 1993 年以后的产品成本是指产品的制造成本。

（4）计算口径（包括计算方法、计算价格、计量单位）应该统一。在社会经济统计中如果指标的计算方法、计量单位、计算价格不一致，则难以进行比较。

五、时间序列常用分析方法

时间序列最常用的分析方法有两种，一是指标分析法，二是构成因素分析法，如图 5-10 所示。

指标分析法是通过计算一系列时间序列分析指标，包括发展水平、平均发展水平等来揭示现象的发展状况和发展变化程度。

构成因素分析法是将时间序列看作是长期趋势、季节变动、循环变动和不规则变动等几种因素所构成，通过因素分解分析，解释现象随时间变化而演变的规律。

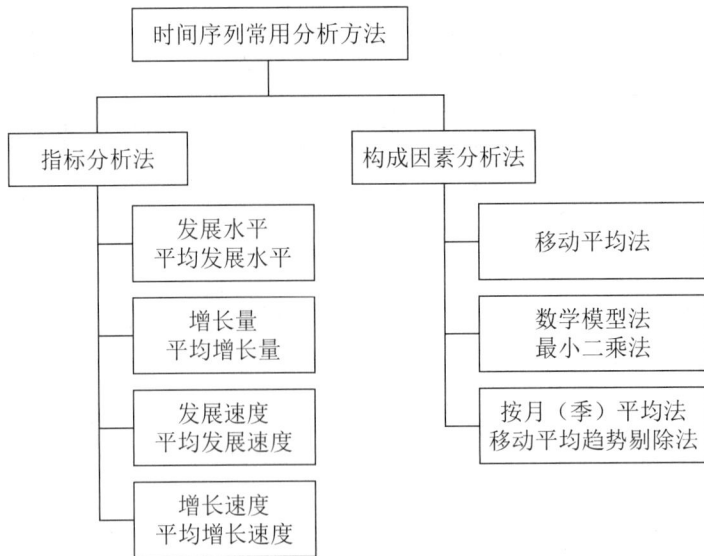

图 5-10　时间序列常用分析方法

第二节　时间序列的水平分析

为了研究现象的动态变化，还需要对动态序列进行加工，计算动态序列指标。动态序列指标，也称为动态序列分析指标，包括两大类，即水平指标和速度指标。动态序列的水平指标有发展水平、增长量、平均发展水平、增长 1% 的绝对值；动态序列的速度指标有发展速度、增长速度、平均发展速度、平均增长速度。本任务主要介绍水平指标的分析。

■ 一、发展水平指标

发展水平是指时间序列中的每个指标数值，反映现象在某一时间上所达到的一种数量状态，是整个动态分析研究的基础指标。发展水平通常是总量指标，如国内生产总值、职工人数等；也可以是相对指标，如产品的计划完成程度；或者是平均指标，如平均单位产品的成本、平均工资等。按发展水平在数列 a_0、a_1、a_2、$\cdots$、a_{n-1}、a_n 中的位置分为：最初水平、中间水平和最末水平，如表 5-5 所示。

表 5-5　某超市 1 ~ 6 月营业额水平　　　　　　　　　　单位：万元

月　份	1	2	3	4	5	6
营业额	268	360	243	225	180	190
符号	a_0	a_1	a_2	a_3	a_4	a_5
发展水平	最初水平	中间水平				最末水平

按发展水平在动态对比中所起的作用分为：报告期水平和基期水平。在动态分析中，

通常将所研究和反映的那个时间上的发展水平称为报告期水平，将用作比较基础的那个时间上的发展水平称为基期水平。

在对发展水平进行文字说明时，常用"增加到""增加了"或"降低到""降低了"来表述。为此，要注意"增加到"与"增加了"、"降低到"与"降低了"的区别。例如，表 5-5 中超市 1 月营业额 268 万元，2 月增加到 360 万元，相比 1 月份增加了 92 万元。

注意：运用时，一定不要把"到"和"为"字漏掉，否则，要说明的社会经济现象指标的意义就发生了变化。

■ 二、增长量

（一）逐期增长量和累计增长量

增长量是报告期水平与基期水平之差，反映报告期比基期增加（或减少）的绝对数量。用下式表示。

$$增长量 = 报告期水平 - 基期水平 \qquad (5\text{-}1)$$

增长量的计算结果有正负之分，正数表示增长，负数表示减少，因此，增长量又称为增减量。由于采用的基期不同，增长量可以分为逐期增长量和累计增长量。逐期增长量是报告期与前一期水平之差，表明报告期较前一期增减的绝对量。累计增长量是报告期与某一固定基期（通常为最初水平）之差，表明报告期较某一固定基期增减的绝对量。这两个指标可用下式表示。

$$逐期增长量：a_1-a_0,\ a_2-a_1,\ \cdots,\ a_n-a_{n-1} \qquad (5\text{-}2)$$
$$累计增长量：a_1-a_0,\ a_2-a_1,\ \cdots,\ a_n-a_0 \qquad (5\text{-}3)$$

逐期增长量与累计增长量之间存在如下运算关系。

（1）逐期增长量之和等于累计增长量，即

$$(a_1-a_0)+(a_2-a_1)+\cdots+(a_n-a_{n-1})=a_n-a_0 \qquad (5\text{-}4)$$

（2）两个相邻的累计增长量之差等于报告期的逐期增长量，即

$$(a_i-a_0)-(a_{i-1}-a_0)=a_i-a_{i-1} \qquad (5\text{-}5)$$

在统计实践中，为了消除季节变动的影响，常采用年距增长量指标，它是报告期水平与上一年同期水平之差，表明报告期水平较上年同期水平增减的绝对量，其计算公式如下：

$$年距增长量 = 报告期水平 - 上年同期水平 \qquad (5\text{-}6)$$

例 5-1 某企业甲产品 2017 年第一季度的产量为 9 600 吨，2016 年第一季度的产量为 9 000 吨，则

$$年距增长量 =9\ 600-9\ 000=600（吨）$$

这表明 2017 年第一季度产品产量比上年同期增长了 600 吨。

（二）平均增长量

平均增长量是时间序列中逐期增长量的序时平均数，表明现象在一定时段内平均每期

增加（或减少）的绝对量。计算公式为

$$\bar{\Delta} = \frac{\sum(a_i - a_{i-1})}{n} \tag{5-7}$$

或者

$$\bar{\Delta} = \frac{a_n - a_0}{N - 1} \tag{5-8}$$

式中，$\bar{\Delta}$ 为平均增长量；n 为逐期增长量的个数；N 为时间序列发展水平的项数；其他符号同前。

例 5-2 已知某地区 2013—2016 年的工业产值分别为 2 亿元、5 亿元、8 亿元和 6 亿元。要求：根据资料计算逐期增长量、累计增长量与平均增长量。

根据资料，计算的逐期增长量与累计增长量，如表 5-6 所示。

表 5-6 某地区 2013—2016 年的工业产值资料

年 份	2013	2014	2015	2016
工业产值 / 亿元	2	5	8	6
逐期增长量 / 亿元	—	3	3	−2
累计增长量 / 亿元	—	3	6	4

$$\bar{\Delta} = \frac{\sum(a_i - a_{i-1})}{n} = \frac{(5-2)+(8-5)+(6-8)}{3} = \frac{3+3+(-2)}{3} = \frac{4}{3} \approx 1.33 \text{（亿元）}$$

或者

$$\bar{\Delta} = \frac{a_n - a_0}{N-1} = \frac{6-2}{4-1} = \frac{4}{3} \approx 1.33 \text{（亿元）}$$

三、平均发展水平

平均发展水平是时间序列中各期发展水平的平均数，又叫动态平均数或序时平均数。序时平均数主要用于比较现象在不同阶段的发展水平、研究现象的发展趋势。序时平均数与静态平均数（一般平均数）都是抽象化数值和代表性数值，即抽象现象在数量上的差异，以反映现象总体的一般水平。二者的区别在于：①平均的对象或内容不同，序时平均数平均的是总体在不同时间上的数量差异，一般平均数平均的是总体各单位在某一标志值上的数量差异；②时间状态与基本作用不同，序时平均数是动态说明被研究现象本身在一段时间内平均发展水平，一般平均数是静态说明总体各单位某个标志值的平均水平；③计算依据不同，序时平均数的计算依据是时间序列，一般平均数的计算依据是变量序列。两者的区别如表 5-7 所示。

表 5-7 静态平均数和动态平均数之间的区别

平均数类型	计算依据	平均的内容	基 本 作 用
序时平均数	时间序列	发展水平在不同时间上的差异	反映现象在较长一段时间内发展的一般水平
静态平均数	变量序列	标志值在各单位之间的差异	反映一定时间下总体各单位标志值的一般水平

平均发展水平是通过对不同时间上的指标数值求平均数，将指标在各个时间上的差异加以抽象，以一个数值来代表现象在这一时间的一般发展水平。但是发展水平求平均值需要根据序列性质的分类计算。

（一）由绝对数序列计算平均发展水平

1. 时期序列的平均发展水平

因各期数值具有可加性，可采用简单算术平均法计算。

$$\bar{a} = \frac{a_1 + a_2 + \cdots + a_n}{n} \qquad (5\text{-}9)$$

式中：$\bar{a}$ 为序时平均数；a_n 为各期发展水平；n 为观察值的个数。

例 5-3　根据表 5-5 中的超市营业额时间序列，计算月度平均营业额。

根据时期数列序时平均数公式有

$$\bar{a} = \frac{a_1 + a_2 + \cdots + a_n}{n} = \frac{268 + 360 + 243 + 225 + 180 + 190}{6} = 244.33（万元）$$

2. 时点序列的平均发展水平

时点序列中的数值都是瞬间资料，在两个时点之间有一定间隔。一般都是将一天看作一个时点，即以一天为最小时间单位，这样时点序列可认为有连续时点和间断时点序列之分，而时点序列又有间隔相等与间隔不等之别，其序时平均数的计算方法不同，分述如下：

（1）由连续时点序列计算平均发展水平。根据连续时点序列的登记间隔不同，又分为以下两种情况：

① 间隔相等的连续时点序列：这种时点资料是逐日登记的，如已知每天的顾客流量资料，求平均每天的顾客流量。

时点数可视同时期长度只有一天的"时期数"（因为每个时点数可以代表当天的情况），也采用简单算术平均法计算

$$\bar{a} = \frac{a_1 + a_2 + \cdots + a_n}{n}$$

例 5-4　某超市统计每天顾客流量，计算一周内平均日顾客数量。

表 5-8　某超市一周内每日顾客流量

时间	周一	周二	周三	周四	周五	周六	周日
数量	52	52	55	55	55	60	58

该超市一周平均日顾客数量为

$$\bar{a} = \frac{a_1 + a_2 + \cdots + a_n}{n} = \frac{52 + 52 + 55 + 55 + 55 + 60 + 58}{6} = 55.29 \approx 55（人）$$

② 间隔不等的连续时点序列：有些现象不用每日登记，只需要在发生变化时记录即可，例如，单位的人事变动资料，可以采用加权算术平均法，其计算公式为

$$\bar{a} = \frac{a_1f_1 + a_2f_2 + \cdots + a_nf_n}{f_1 + f_2 + \cdots + f_n} = \frac{\sum af}{\sum f} \tag{5-10}$$

式中：f 为各时点水平所持续的间隔长度，其他符号同前。

例 5-5 某企业 2017 年 4 月职工人数资料如表 5-9 所示。

表 5-9 某企业 2017 年 4 月职工人数资料

日　期	1—6	7—16	17—26	27—30
职工人数 / 人	480	490	495	485

要求：计算该企业 4 月的平均职工人数。

$$\bar{a} = \frac{a_1f_1 + a_2f_2 + \cdots + a_nf_n}{f_1 + f_2 + \cdots + f_n} = \frac{\sum af}{\sum f}$$

$$= \frac{480 \times 6 + 490 \times 10 + 495 \times 10 + 485 \times 4}{6 + 10 + 10 + 4} = \frac{14\,670}{30} = 489\,(\text{人})$$

（2）间断时点序列的序时平均数。实际统计工作中，很多现象并不是逐日对其时点数据进行统计的，而是隔一段时间对某一时点数据进行统计，这样的序列称为间断时点序列。对于间隔相等的资料，采用首末折半法计算；对间隔不等的资料，采用间隔加权的方法计算。

① 间隔相等的间断时点：根据间隔相等的间断时点序列计算平均发展水平时，需要假设相邻两个时点数之间的变动是均匀的，这样就可用两个相邻时点数的简单算术平均数作为这段时间的平均数，由于间隔相等，无须加权，只需将所有两两相邻时点数的平均数再进行简单算术平均，便可求得全部时点数的平均数。如已知各月月初或月末职工人数，求平均职工人数，采用的就是这种办法。

例 5-6 某企业账户 2016 年第三季度各月月初资金余额如表 5-10 所示。试求该企业 2016 年第三季度平均资金余额。

表 5-10 某企业账户 2016 年第三季度各月月初资金余额　　　　单位：万元

日　期	7 月初	8 月初	9 月初	10 月初
资金余额	500	800	1 000	1 200

7 月份平均资金余额：

$$\frac{500+800}{2} = 650\,(\text{万元})$$

8 月份平均资金余额：

$$\frac{800+1\,000}{2} = 900\,(\text{万元})$$

9 月份平均资金余额：

$$\frac{1\,000+1\,200}{2} = 1\,100\,(\text{万元})$$

第三季度平均资金余额：

$$\frac{\dfrac{500+800}{2}+\dfrac{800+1\,000}{2}+\dfrac{1\,000+1\,200}{2}}{4-1} = 884\,(\text{万元})$$

根据其计算过程可推导出计算公式为

$$\bar{a} = \frac{\left(\dfrac{a_1+a_2}{2}\right)T_1+\left(\dfrac{a_2+a_3}{2}\right)T_2+\cdots+\left(\dfrac{a_{n-1}+a_n}{2}\right)T_{n-1}}{T_1+T_2+\cdots+T_{n-1}}$$

其中：T_1，T_2，$\cdots$，T_{n-1} 是时间间隔长度，如果 $T_1=T_2=\cdots=T_{n-1}$，则

$$\bar{a} = \frac{\dfrac{a_1}{2}+a_2+\cdots+a_{n-1}+\dfrac{a_n}{2}}{n-1} \tag{5-11}$$

例 5-7 某企业 2016 年 9—12 月月末职工人数如表 5-11 所示，计算该企业第四季度的平均职工人数。

表 5-11 某企业 2016 年 9—12 月月末职工人数

日　期	9 月 30 日	10 月 31 日	11 月 30 日	12 月 31 日
月末人数	1 400	1 510	1 460	1 420

按时点指标计算平均值

$$\bar{x} = \frac{\dfrac{1}{2}a_0+a_1+a_2+\dfrac{1}{2}a_3}{n-1} = \frac{\dfrac{1\,400}{2}+1\,510+1\,460+\dfrac{1\,420}{2}}{4-1} = 1\,460\,(\text{人})$$

② 间隔不等的间断时点序列：如果掌握的是间隔不等的间断时点资料，在间隔相等的间断时点序列的基础上需用不同的时点间隔长度作权数，用加权算术平均数计算平均发展水平，其公式如下

$$\bar{a} = \frac{\dfrac{a_1+a_2}{2}T_1+\dfrac{a_2+a_3}{2}T_2+\cdots+\dfrac{a_{n-1}+a_n}{2}T_{n-1}}{\sum\limits_{i=1}^{n-1}T_i} \tag{5-12}$$

例 5-8 某企业 2016 年钢材库存量的资料如表 5-12 所示。

表 5-12 某企业 2016 年钢材库存量资料

日　期	1 月 1 日	4 月 1 日	9 月 1 日	12 月 31 日
钢材库存量 / 吨	22	24	18	16

要求：试计算该企业 2016 年平均每月钢材的库存量。

$$\bar{a} = \frac{\frac{a_1+a_2}{2}T_1 + \frac{a_2+a_3}{2}T_2 + \cdots + \frac{a_{n-1}+a_n}{2}T_{n-1}}{\sum_{i=1}^{n-1}T_i} = \frac{\frac{22+24}{2}\times3 + \frac{24+18}{2}\times5 + \frac{18+16}{2}\times4}{12}$$

$$= \frac{69+105+68}{12} = \frac{242}{12} \approx 20.17(吨)$$

（二）由相对数序列计算平均发展水平

相对指标分为静态相对指标和动态相对指标，相应的动态序列就有静态相对指标动态序列和动态相对指标动态序列之分。此处仅介绍静态相对指标动态序列，动态相对指标动态序列平均发展水平在平均发展速度中介绍。静态相对指标动态序列是两个相关的绝对数时间序列相应时间上的数值对比派生出来的。由于各时间上的相对数的对比基础不同，所以不能加总，也就不能采取算术平均的方法，而是要采用对比的方法。基本公式：相对数时间序列平均数 = 分子序列的序时平均数 / 分母序列的序时平均数，即

$$\bar{Y} = \frac{\bar{a}}{\bar{b}} \tag{5-13}$$

应用式（5-13）的关键是计算 $\bar{a}$ 和 $\bar{b}$。根据对比的分子和分母指标的性质不同，相对指标时间序列，分为两个时期指标对比形成的、两个时点指标对比形成的和一个时期指标与一个时点指标对比形成的三种情况。因而在计算其平均发展水平时应视具体资料而采用上述相应的计算方法。

第一种情况：两个时期指标对比形成的相对指标时间序列，如例 5-9。

例 5-9 某企业 2016 年各季度销售额、利润额以及利润率资料，如表 5-13 所示。

表 5-13 某企业 2016 年各季度有关资料

季 度	销售额 b/ 万元	利润额 a/ 万元	利润率 Y/%
一	220	70.4	32
二	240	79.2	33
三	250	87.5	35
四	280	100.8	36
合计	990	337.9	—

要求：试计算该企业 2016 年各季度的平均利润率。

（1）各季度平均利润额：

$$\bar{a} = \frac{\sum a}{n} = \frac{70.4+79.2+87.5+100.8}{4} = \frac{337.9}{4} = 84.475(万元)$$

（2）各季度平均销售额：

$$\bar{b} = \frac{\sum b}{n} = \frac{220+240+250+280}{4} = \frac{990}{4} = 247.5(万元)$$

（3）各季度平均利润率：$\overline{Y} = \dfrac{\overline{a}}{\overline{b}} = \dfrac{84.475}{247.5} \approx 34.13\%$

根据上面的计算过程可以将公式与计算简写为

$$\overline{Y} = \frac{\overline{a}}{\overline{b}} = \frac{\sum a / n}{\sum b / n} = \frac{\sum a}{\sum b} = \frac{337.9}{990} \approx 34.13\%$$

第二种情况：两个时点指标对比形成的相对指标时间序列，如例 5-10。

例 5-10 某企业职工人数及非生产人员人数资料，如表 5-14 所示。

表 5-14 某企业职工人数及非生产人员人数资料

日 期	1月初	2月初	3月初	4月初	5月初	6月初	7月初
职工人数 b/ 人	5 000	5 050	5 070	5 100	5 130	5 180	5 200
非生产人数 a/ 人	824	808	798	780	806	816	844
非生产人数占全体职工人数的比重 c/%	16.48	16.00	15.74	15.29	15.71	15.75	16.23

要求：计算上半年非生产人员占全体职工人数的平均比重。

（1）上半年非生产人员平均人数：

$$\overline{a} = \frac{\dfrac{a_1}{2} + a_2 + a_3 + \cdots + a_{n-1} + \dfrac{a_n}{2}}{n - 1} = \frac{\dfrac{824}{2} + 808 + 798 + 780 + 806 + 816 + \dfrac{844}{2}}{7 - 1}$$

$$= \frac{4\,842}{6} = 807 （人）$$

（2）上半年全体职工平均人数：

$$\overline{b} = \frac{\dfrac{b_1}{2} + b_2 + b_3 + \cdots + b_{n-1} + \dfrac{b_n}{2}}{n - 1} = \frac{\dfrac{5\,000}{2} + 5\,050 + 5\,070 + 5\,100 + 5\,130 + 5\,180 + \dfrac{5\,200}{2}}{7 - 1}$$

$$= \frac{30\,630}{6} = 5\,105 （人）$$

（3）上半年非生产人员占全体职工人数的平均比重：

$$\overline{Y} = \frac{\overline{a}}{\overline{b}} = \frac{807}{5\,105} \approx 15.81\%$$

第三种情况：一个时期指标与一个时点指标对比形成的相对指标时间序列，如例 5-11。

例 5-11 某商店第一季度商品周转情况，如表 5-15 所示。

表 5-15 某商店第一季度商品周转情况 单位：万元

日 期	1月	2月	3月	4月
商品流转额	120	143	289	300
月初商品储存额	60	64	66	70
商品流转次数	1.94	2.2	4.25	4.29

要求：计算第一季度月平均流转次数。

第一季度月平均流转次数：

$$\bar{a} = \frac{120 + 143 + 289}{3} = 184（万元）$$

$$\bar{b} = \frac{\frac{1}{2}a_0 + a_1 + a_2 + \frac{1}{2}a_3}{n-1} = \frac{\frac{60}{2} + 64 + 66 + \frac{70}{2}}{n-1} = 65（万元）$$

$$\bar{c} = \frac{\bar{a}}{\bar{b}} = \frac{184}{65} = 2.83$$

（三）平均数动态序列平均发展水平的计算

平均数动态序列有一般（静态）平均数动态序列和序时（动态）平均数动态序列两种，这两种平均数动态序列计算平均发展水平的方法大不一样。

1. 静态平均数动态序列平均发展水平的计算

静态平均数动态序列，如前所述，各项指标数值是不能相加的，其指标数值也是由两个总量指标数值对比计算得到的，因此，其平均发展水平的计算与静态相对指标动态序列平均发展水平的计算是完全相同的。

2. 序时平均数时间序列平均发展水平的计算

序时平均数时间序列的平均发展水平的计算方法有以下两种。

（1）当各平均发展水平的计算时期和间隔相等时，可采用简单算术平均法计算平均发展水平，其公式为

$$\bar{a} = \frac{\sum a}{n} \tag{5-14}$$

例 5-12 某工厂 1 月平均职工人数为 520 人，2 月平均职工人数为 528 人，3 月平均职工人数为 536 人，试计算第一季度月平均职工人数。

$$\bar{a} = \frac{\sum a}{n} = \frac{520 + 528 + 536}{3} = \frac{1\,584}{3} = 528（人）$$

（2）当各平均发展水平的计算时期和间隔不等时，可采用加权平均法计算平均发展水平，其公式为

$$\bar{a} = \frac{\sum at}{\sum t}$$

例 5-13 某工厂第一季度平均职工人数为 520 人，4 月平均职工人数为 514 人，5、6 月平均职工人数为 532 人，试计算上半年月平均职工人数。

$$\bar{a} = \frac{\sum at}{\sum t} = \frac{520 \times 3 + 514 \times 1 + 532 \times 2}{3 + 1 + 2} = \frac{3\,138}{6} = 523（人）$$

▋ 四、增长 1% 的绝对值

增长 1% 的绝对值是指每增长 1% 所包含的绝对量，由于其计算涉及环比增长速度问题，故此其计算公式将在后面给出。

第三节 时间序列的速度分析

▋ 一、发展速度分析

（一）发展速度

发展速度是报告期发展水平与基期发展水平之比，用于描述现象在观察期内相对的发展变化程度，表明报告期水平已发展到基期水平的若干倍或百分之几。其基本公式为

$$发展速度 = 报告期水平 / 基期水平 \tag{5-15}$$

发展速度是动态相对数，可用 %、倍数表示。比值 > 100%（或 1），表明现象在增长；比值 < 100%（或 1），表明现象在下降。比值 =100%（或 1），表明现象两期持平。

设时间序列的观察值为 $i=0$，1，2，3，4，$\cdots$，n，则发展速度按采用的基期不同划分，有：

环比发展速度 = 报告期水平 / 前一期水平

$$X_i = \frac{a_i}{a_{i-1}} \quad (i=1, 2, 3, \cdots, n-1, n) \tag{5-16}$$

定基发展速度 = 报告期水平 / 固定基期水平

$$R_i = \frac{a_i}{a_0} \quad (i=1, 2, 3, \cdots, n-1, n) \tag{5-17}$$

定基发展速度与环比发展速度有积、商关系：

（1）定基发展速度等于环比发展速度之积，即

$$R_i = \frac{a_1}{a_0} \frac{a_2}{a_1} \frac{a_3}{a_2} \cdots \frac{a_{i-1}}{a_{i-2}} \frac{a_i}{a_{i-1}} = \prod X_i \tag{5-18}$$

（2）环比发展速度等于定基发展速度之比，即

$$X_i = \frac{a_i}{a_{i-1}} = \frac{a_i / a_0}{a_{i-1} / a_0} = \frac{R_i}{R_{i-1}} \tag{5-19}$$

在统计实践中，为了消除季节变动的影响，常采用年距发展速度指标，它是报告期水平与上年同期水平之比。其计算公式为

$$\text{年距发展速度} = \frac{\text{报告期水平}}{\text{上年同期水平}} \qquad\qquad (5\text{-}20)$$

根据例 5-1 资料计算的年距发展速度 $= \dfrac{9\,600}{9\,000} \approx 106.67\%$

（二）平均发展速度

平均发展速度是各期环比发展速度的序时平均数，平均发展速度可能大于 100%，也可能小于 100%，反映社会经济现象在一定时期内逐期发展变化的一般速度。

计算平均发展速度的常用方法有水平法和方程法。

1. 水平法

水平法又称几何平均法，其基本思想是：现象从最初水平出发，如果各期都以平均发展速度发展，那么最末一期的理论水平应与最末一期的实际水平相等，因此该指标根据各期的环比发展速度采用几何平均法计算出来。计算公式为

$$\overline{R} = \sqrt[n]{\frac{a_1}{a_0} \cdot \frac{a_2}{a_1} \cdots \frac{a_n}{a_{n-1}}} = \sqrt[n]{\frac{a_n}{a_0}} \qquad\qquad (5\text{-}21)$$

式中，$\overline{R}$ 为平均发展速度；n 为环比发展速度的个数，它等于观察数据的个数减 1。

例 5-14 已知国内生产总值 2009—2016 年环比发展速度，如表 5-16 所示，计算平均发展速度。

表 5-16　我国 2009—2016 年国内生产总值（GDP）变化情况

年　　份		2009	2010	2011	2012	2013	2014	2015	2016
生产总值 / 万元		348 498.5	411 265.2	484 753.2	539 116.5	590 422.4	644 791.1	682 635.1	744 127
增减量 / 万元	逐期		62 766.7	73 488.0	54 363.3	51 305.9	54 368.7	37 844.0	61 491.9
	累积		62 766.7	136 254.7	190 618.0	241 923.9	296 292.6	334 136.6	395 628.5
发展速度 /%	环比		118.01	117.87	111.21	109.52	109.21	105.87	109.01
	定基		118.01	139.10	154.70	169.42	185.02	195.88	213.52

$$\overline{R} = \sqrt[7]{118.01\% \times 117.87\% \times \cdots \times 109.01\%}$$
$$= \sqrt[7]{213.52\%}$$
$$= 111.45\%$$

从水平法计算平均发展速度的公式中可以看出，$\overline{R}$ 实际上只与序列的最初观察值 a_0 和最末观察值 a_n 有关，而与其他各观察值无关，这一特点表明，水平法旨在考察现象在最后一期所达到的发展水平。因此，如果我们所关心的是现象在最后一期应达到的水平，采用水平法计算平均发展速度比较合适。

2. 方程法

方程法又称累计法，是运用代数的高次方程式来计算社会经济现象平均发展速度的方法。其基本思想是：现象从最初水平出发，每期都按照平均发展速度发展，则推算出来的各期发展水平总和，就等于各期实际发展水平的累计数。

设 $\bar{R}$ 为平均发展速度，a_0 为初始发展水平，则

第一期的理论水平为 $a_0\bar{R}$，第二期的理论水平为 $a_0\bar{R}\bar{R}=a_0\bar{R}^2$，第三期的理论水平为 $a_0\bar{R}^2\bar{R}=a_0\bar{R}^3$，…，第 n 期的理论水平为 $a_0\bar{R}^{n-1}\bar{R}=a_0\bar{R}^n$。因此，按照平均发展速度计算的各期理论发展水平之和为

$$a_0\bar{R}+a_0\bar{R}^2+a_0\bar{R}^3+\cdots+a_0\bar{R}^n=a_0(\bar{R}+\bar{R}^2+\bar{R}^3+\cdots+\bar{R}^n)$$

由于各期实际水平之和为

$$a_1+a_2+a_3+\cdots+a_n=\sum_{i=1}^{n}a_i$$

因此，按照方程法的基本思想，理论水平总和与实际水平总和相等，可列出如下方程式：

$$a_0(\bar{R}+\bar{R}^2+\bar{R}^3+\cdots+\bar{R}^n)=\sum_{i=1}^{n}a_i$$

即 $\bar{R}+\bar{R}^2+\bar{R}^3+\cdots+\bar{R}^n=\dfrac{\sum\limits_{i=1}^{n}a_i}{a_0}$，移项得

$$\bar{R}+\bar{R}^2+\bar{R}^3+\cdots+\bar{R}^n-\frac{\sum\limits_{i=1}^{n}a_i}{a_0}=0 \tag{5-22}$$

这是一个一元高次方程，它的正根即所求的平均发展速度。将平均发展速度减 1 即平均增长速度。由于累计法计算复杂，实际工作中为了简化计算，可以从《累计法平均增长速度查对表》中查得平均增长速度，再计算平均发展速度。

《累计法平均增长速度查对表》由两部分组成，一部分为递增表，另一部分为递减表。如果 $\dfrac{\sum\limits_{i=1}^{n}a_i}{a_0 n}>1$ 或 100% 时，则表明现象的发展是递增的，应查递增表；如果 $\dfrac{\sum\limits_{i=1}^{n}a_i}{a_0 n}<1$ 或 100% 时，则表明现象的发展是递减的，应查递减表。

例 5-15 某地区 2011—2016 年原油产量资料，如表 5-17 所示。

表 5-17 某地区 2011—2016 年原油产量资料

年 份	原油产量 / 万吨	年 份	原油产量 / 万吨
2011	6 120	2014	8 393
2012	6 773	2015	9 279
2013	7 537	2016	9 859

首先，计算各期发展水平总和为基数的百分比（$\dfrac{\sum\limits_{i=1}^{n}a_i}{a_0}$）。

$$\frac{\sum\limits_{i=1}^{5}a_i}{a_0}=\frac{a_1+a_2+a_3+a_4+a_5}{a_0}\times100\%=\frac{6\,773+7\,537+8\,393+9\,279+9\,859}{6\,120}\times100\%$$

$$=\frac{41\,841}{6\,120}\times100\%=683.68\%$$

其次，计算并判断是递增速度还是递减速度。

$$\frac{\sum_{i=1}^{5} a_i}{a_0} \div 5 = \frac{683.68\%}{5} = 136.74\% > 100\%$$

计算结果表明为递增速度，因此需要查《累计法平均增长速度查对表》，如表 5-18 所示。

表 5-18　累计法平均增长速度查对表（部分）

递增速度　　　　　　　　　　　　　　　　　　　　　　　　　　　　　　间隔期：1 ～ 5 年

平均增长速度 /%	各年发展水平总和为基数的百分比 /%				
	1 年	2 年	3 年	4 年	5 年
⋮	⋮	⋮	⋮	⋮	⋮
10.4	110.40	232.28	366.84	515.39	679.39
10.5	110.50	232.60	367.52	516.61	681.35
10.6	110.60	232.92	368.21	517.84	683.33
10.7	110.70	233.24	368.89	519.05	685.28
10.8	110.80	233.57	369.60	520.32	687.32
10.9	110.90	233.89	370.29	521.56	689.32
11.0	111.00	234.21	370.97	522.77	691.27
⋮	⋮	⋮	⋮	⋮	⋮

最后，查表。在《累计法平均增长速度查对表》中的 $n=5$ 栏内，找到最接近 683.68% 的数字为 683.33%，该数值所在行左边第一栏内百分比为 10.6%，近似于所求得的平均增长速度，即该地区 2011—2016 年原油产量的平均发展速度为 100%+10.6%=110.6%。

以上介绍了计算平均发展速度和平均增长速度的两种方法，这两种方法的侧重点不同，应该根据研究对象的不同特点来选用。如果研究的主要目的侧重于考察现象最末一期的发展水平，则宜采用水平法计算平均发展速度，如产品产量、工业总产值、商品销售额和职工人数等均可采用这种方法。如果研究的重要目的侧重于考察现象发展的整个过程的总和，则宜采用累计法计算平均发展速度，如固定资产投资额、住宅面积、造林面积、人员培训数等均可采用这种方法。

■ 二、增减速度分析

（一）增减速度

增减速度是某一现象报告期的增减量与基期水平之比，表明现象报告期比基期增加或减少的程度。基本公式为

$$增减速度 = \frac{报告期增减量}{基期水平} = \frac{报告期水平 - 基期水平}{基期水平} = 发展速度 - 1 \quad (5\text{-}23)$$

比值 > 0，为增长率；比值 < 0，为降低率；比值 =0，则表明持平。增长速度是不含

基数的发展速度，称为"净速度"。它与发展速度关系密切，增长速度按采用的基期不同有环比增长速度与定基增长速度两种。环比增长速度是逐期增长量与其前一期发展水平之比，表明现象逐期增长的速度。定基增长速度是累计增长量与某一固定基期水平（通常为最初水平）之比，表明现象在某一较长时期的增长速度，二者分别表示为

环比增长速度 = 逐期增长量 / 前一期水平 = 环比发展速度 −1（或 100%）

$$S_i = \frac{a_i - a_{i-1}}{a_{i-1}} = X_i - 1 \tag{5-24}$$

定基增长速度 = 累计增长量 / 固定基期水平 = 定基发展速度 −1（或 100%）

$$T_i = \frac{a_i - a_0}{a_0} = R_i - 1 \tag{5-25}$$

此处，我们结合前面对增长 1% 的绝对值概念，给出增长 1% 的绝对值计算公式。以上基本概念的计算，如表 5-19 所示。

$$增长1\%的绝对量 = \frac{逐期增长量}{环比增长速度 \times 100} = \frac{前一期水平}{100} \tag{5-26}$$

表 5-19　我国 2009—2016 年地区生产总值（GDP）变化情况　　单位：万元

年 份		2009	2010	2011	2012	2013	2014	2015	2016
国内生产总值		348 498.5	411 265.2	484 753.2	539 116.5	590 422.4	644 791.1	682 635.1	744 127
增减量	逐期		62 766.7	73 488.0	54 363.3	51 305.9	54 368.7	37 844.0	61 491.9
	累积		62 766.7	136 254.7	190 618.0	241 923.9	296 292.6	334 136.6	395 628.5
发展速度 /%	环比		118.01	117.87	111.21	109.52	109.21	105.87	109.01
	定基		118.01	139.10	154.70	169.42	185.02	195.88	213.52
增减速度 /%	环比		18.01	17.87	11.21	9.52	9.21	5.87	9.01
	定基		18.01	39.10	54.70	69.42	85.02	95.88	113.52
增减 1% 的绝对值			3 484.99	4 112.65	4 847.53	5 391.17	5 904.22	6 447.91	6 826.35

需要注意的是：

（1）环比增长速度与定基增长速度之间并没有直接的换算关系。如果已知各期的环比增长速度求其相应的定基增长速度，则需要先将各期环比增长速度换算成各期环比发展速度，再将它们连乘得到各期定基发展速度，最后，将各期定基发展速度换算成各期的定基增长速度。相反，如果已知各期的定基增长速度求相应的环比增长速度，也要经过一定的变换才能求得。例如，已知某现象各期环比增长速度为 3%、5%、7% 和 9%，则最后一期的定基增长速度为：[（1+3%）×（1+5%）×（1+7%）×（1+9%）]−1。

（2）增长 1% 的绝对值具有双刃剑作用，在速度上每增长 1%，绝对量就增加 $\frac{前一期水平}{100}$；每降低 1%，绝对量就减少 $\frac{前一期水平}{100}$。如表 5-19 所示，我国 2016 年的国内生产总值较 2015 年增长 1%，其绝对量就增加 783.452 万元；假如降低 1%，其绝对量

同样会减少 783.452 万元。为了对比分析社会经济现象的增长情况，必须将速度指标和绝对水平指标结合起来进行分析，通常是利用增长 1% 的绝对值来弥补速度分析中的局限性。

例 5-16 假定有两个生产条件基本相同的企业，各年的利润额及有关的速度资料，如表 5-20 所示。

表 5-20 甲、乙两家企业各年的利润额及有关的速度资料

年　　份	甲　企　业		乙　企　业	
	利润额 / 万元	增长率 /%	利润额 / 万元	增长率 /%
2015	500	—	60	—
2016	600	20	84	40

分析：如果不看利润额的绝对值，仅仅就速度对甲、乙两个企业进行评价，可以看出乙企业的利润增长速度比甲企业的高出 1 倍，如果就此得出乙企业的生产经营业绩比甲企业好得多的结论是不切实际的。因为速度是一个相对值，它与对比的基期值的大小有很大关系。由于这两个企业的生产起点不同，也就是它们用作对比的基期值不同，所以必须通过计算增长 1% 的绝对值来进行对比分析。

$$甲企业增长1\%的绝对值 = \frac{500}{100} = 5（万元）$$

$$乙企业增长1\%的绝对值 = \frac{60}{100} = 0.6（万元）$$

这表明，甲企业每增长 1% 增加的利润额为 5 万元，而乙企业的则为 0.6 万元，甲企业远高于乙企业。这表明甲企业的生产经营业绩不比乙企业差，而是更好。

在统计实践中，为了消除季节变动的影响，也经常使用年距增长速度指标，它是报告期年距增长量与上年同期发展水平之比。其计算公式为

$$
\begin{aligned}
年距增长速度 &= \frac{报告期年距增长量}{上年同期发展水平} \\
&= \frac{报告期发展水平 - 上年同期发展水平}{上年同期发展水平} \quad\quad （5\text{-}27） \\
&= 年距发展速度 - 1（或100\%）
\end{aligned}
$$

根据例 5-1 资料计算的年距增长速度 $= \frac{9\,600}{9\,000} - 1 \approx 106.67\% - 100\% = 6.67\%$

这表明 2017 年第一季度的产品产量比上年同期增长了 6.67%。

（二）平均增长速度

平均增长速度是各期环比增长速度的序时平均数，说明现象逐期增减的平均程度。平均增长速度可能为正值，也可能为负值。当平均增长速度为正值时，表明现象在一定时期内逐期增长的一般速度，也称为平均递增率；当平均增长速度为负值时，表明现象在一定

时期内逐期降低的一般速度，也称为平均递减率。

平均增长速度不能直接根据环比增长速度计算，只能通过与平均发展速度的数量关系来计算。平均增减速度（$\overline{G}$）与平均发展速度仅相差一个基数，即

$$\overline{G} = \overline{R} - 1 \tag{5-28}$$

■ 三、发展速度与增长速度的比较

发展速度和增长速度都是人们在日常社会经济工作中经常用来表示某一时期内某动态指标发展变化状况的动态相对数。既然两个都是"速度"，说明两者有着密不可分的联系。它们都把对比的两个时期发展水平抽象成为一个比例数，来表示某一事物在这段对比时期内发展变化的方向和程度，分析研究事物发展变化规律，但两者又有明显的区别。

发展速度一般用百分数表示，当比例数较大时，则用倍数表示较为合适。例如：某地固定资产投资 2016 年为 366 亿元，2015 年为 328 亿元，2016 年与 2015 年相比较，366÷328=1.12，就是发展速度，用百分数表示为 112%，用倍数表示则是 1.12 倍。

而增长速度则是以相减和相除结合计算的动态比较指标，计算结果若是正值，则称为增长速度，也可称为增长率；若是负值，则称为降低速度，也可称为降低率，如上例的某地固定资产投资 2016 年比 2015 年的增长速度为：（366-328）÷328=0.12，用百分数表示则为 12%。

由上可知：增长速度 = 发展速度 -1（或 100%）。若发展速度是百分数表示的，发展速度减去 100% 即为增长速度，如上例的发展速度 112% 中减去 100% 得出增长速度为 12%；若发展速度是用倍数表示的，发展速度减去 1 即为增长速度。同样，某一时期增长速度加 1（或 100%）则为这一时期的发展速度了。

但是在使用速度指标分析时需要注意：当时间序列中的观察值出现 0 或负数时，不宜计算速度。比如，某企业连续五年的利润额分别为 5 万元、2 万元、0 万元、-3 万元、2 万元，对这一序列计算速度，要么不符合数学公理，要么无法解释其实际意义。在这种情况下，适宜直接用绝对数进行分析。

此外，计算平均发展速度与平均增长速度在社会经济统计中具有重要的作用。首先，可以比较分析国民经济在不同发展阶段的一般发展情况和增长情况；其次，可以为经济预测、编制年度计划和中长期规划，以及为检查计划的执行情况提供数据资料；最后，可以在不同国民经济部门、不同地区、不同国家之间进行对比，找出差距、克服缺点，以加速经济发展。

第四节 动态趋势分析

动态趋势分析就是运用统计分析方法，把影响时间序列变动的各类因素测定出来，进

而研究现象发展变化的原因及其规律性，为预测未来和决策提供依据。

■ 一、测定动态趋势的概念和作用

动态趋势是指某种现象在一段相当长的时期内，持续上升或下降的总趋势。它是现象发展过程中，长期起决定作用的基本因素促使时间序列沿着一定方向发生有规则变动的结果，在一定程度上代表着事物发展变化的规律性。动态趋势是客观存在的，但由于各种偶然因素的影响，表现得并非明显可见，需要用一定的方法加以测定，即进行时间序列修匀。

动态趋势分析的主要作用：

（1）认识和掌握现象发展变化的规律性，以便按照客观规律办事。

（2）为统计预测提供必要的条件。动态趋势一般都有延续发展的倾向。据此，可以对现象的未来做出有科学依据的预测。

（3）更好地研究季节变动。在分月、季节的动态数列中，既有季节变动又有长期趋势，把动态趋势测定出来并加以剔除，就可以更准确地研究季节变动了。

■ 二、动态趋势的影响因素

影响现象发展变动的因素很多，归纳起来，主要有长期趋势变动（T）、季节变动（S）、循环变动（C）和不规则变动（I）。时间序列的变动，是多种不同因素共同影响综合作用的结果。对于一个较长时期的时间序列，其变动主要受以下四大因素的变动影响：

（1）长期趋势变动（T）。长期趋势变动是时间序列中最基本的规律性变动。长期趋势是指社会经济现象在一个相当长的时期内，按一定方向持续发展变化（向上或向下发展）的总趋势。

（2）季节变动（S）。季节变动指的是社会经济现象随着季节的更替而引起的，按一定的时间间隔且周期重复的一种有规律的变动。季节变动是由于某种社会经济现象因季节变化、社会风俗习惯以及某些制度规定等原因所引起的。

（3）循环变动（C）。循环变动也称波浪式变动，是指一种周期较长的、近乎规律性的由高至低、再由低至高周而复始的变动。循环变动不同于长期趋势变动，它不是朝同一个方向的持续发展，也不同于季节变动，季节变动的周期较短，周期长度相等而且波动规则，而循环变动的周期较长，周期长度、波动幅度可以很不规则。循环变动是由多种不同的原因所引起的。

（4）不规则变动（I）。不规则变动是指除了上述各种变动以外，由于自然或社会的偶然因素引起的社会经济现象的变动。这种变动无规则可循，是无法预知的，如地震、水灾、旱灾、非典疫情等突发性变动。

四大因素通常是相互交织作用的，归纳起来有以下两种组合方式：

加法模型，当上述四种变动因素相互独立时，Y 是各因素相加的总和，即 $Y=$

$T+S+C+I$。

乘法模型，四个因素是由不同的原因形成的，但相互之间存在一定的关系，它们对事物的影响是相互的，因此 $Y=TSCI$。

三、长期趋势的测定方法

测定长期趋势的分析方法主要有时距扩大法、移动平均法和最小二乘法。

（一）时距扩大法

时距扩大法又称间隔扩大法，是测定长期趋势最原始、最简单的方法，就是当原来的动态数列不能明显反应现象的趋势时，将原来间隔较小的时间数列，加工整理为间隔较大的时间序列，以便消除因间隔较小而受偶然因素影响所引起的波动，显现出现象变动的总趋势的方法。例如，某商场各月商品销售额资料，如表 5-21 所示。

表 5-21 某商场各月商品销售额资料

月 份	1	2	3	4	5	6	7	8	9	10	11	12
销售额 / 万元	40	43	52	43	44	52	53	47	51	55	54	56

由表 5-21 可以看出，序列变化趋势并不明显，即各月之间的商品销售额起伏不定，用该时间序列并不能清楚地反映出该商品销售额的变动趋势，现将月商品销售额资料整理为季商品销售额资料，如表 5-22 所示。

表 5-22 某商场各季度商品销售额资料

月 份	第一季度	第二季度	第三季度	第四季度
销售额 / 万元	135	139	151	165

由表 5-22 中的资料可以看出，时距扩大后的资料，可以明显地显示出该商场商品销售额呈现出逐渐增长的趋势。

在使用时距扩大法时，应注意三点：①扩大的时距单位大小，应以时距扩大后的序列能正确反映长期趋势为准。若现象有明显变动周期的，扩大后的时距一般与现象的变动周期相同；若现象没有明显变动周期的，可以逐步扩大时距，直至呈现出现象变动的长期趋势。②为了保持动态数列资料的可比性，同一数列前后的时距单位应当一致。③时距扩大法只适用于时期数列。

（二）移动平均法

移动平均法的基本思想和原理是，通过扩大原时间序列的时间间隔，并按一定的间隔长度逐期移动，分别计算出一系列移动平均数，这些平均数形成的新的时间序列对原时间序列的波动起到一定的修匀作用，削弱了原序列中短期偶然因素的影响，从而呈现出现象发展的变动趋势。该方法可以用来分析预测销售情况、库存、股价或者其他趋势，一般分为简单移动平均法和加权移动平均法。例如，某商场某年的商品销售额资料，如表5-23所示。采用三项移动平均法和五项移动平均法对原动态数列进行修匀，如表5-24所示。

表 5-23　某商场某年的商品销售资料

月　　份	1	2	3	4	5	6	7	8	9	10	11	12
销售额 / 万元	4	7	8	6	9	8	12	10	8	14	17	15

表 5-24　移动平均法计算表

月　　份	销售额 / 万元	三项移动平均数	五项移动平均数
1	4	—	
2	7	6.33	—
3	8	7.0	6.8
4	6	7.67	7.6
5	9	7.67	8.6
6	8	9.67	9.0
7	12	10	9.4
8	10	10	10.4
9	8	10.67	12.2
10	14	13	12.8
11	17	15.33	—
12	15	—	—

由表5-24可以看出，利用移动平均法修匀后的时间序列资料，可以明显地显示出该商场商品销售额呈现出逐渐增长的趋势。

在运用移动平均法修匀时间序列时，应当注意三点：①采用移动平均法计算出来的新序列比原时间序列的项数要少，为了便于看出发展趋势，确定移动平均的项数要视情况而定，一般不宜太多。②一般情况下，如果现象的发展具有一定的自然周期，应根据周期确定被移动平均的项数。③移动平均法，选择奇数项移动平均比较简单方便，一次即可得到趋势值。采用偶数项移动平均时，需要两次平均才可得到趋势值。

（三）最小二乘法

最小二乘法（又称最小平方法）是一种数学优化技术，可用于曲线拟合，是长期趋势分析中较常用的统计方法。它通过最小化误差的平方和寻找数据的最佳函数匹配，利用最小二乘法可以简便地求得未知的数据，并使得这些求得的数据与实际数据之间误差的平方和为最小，即

$$\sum (y-y_c)^2 = 最小值 \tag{5-29}$$

式（5-29）表明最小二乘法拟合的趋势线比用其他任何方法拟合的趋势线都理想。用最小二乘法既可以拟合直线趋势方程，也可以拟合曲线趋势方程，本部分只介绍直线趋势方程的拟合方法。

设直线趋势方程为

$$y_c=a+bt \qquad (5\text{-}30)$$

式中：y_c 为趋势值；t 为时间序号；a 为截距，即 $t=0$ 时，y_c 的初始值；b 为斜率，表示时间 t 每变动一个单位时，趋势值 y_c 的平均变动数量。

在时间序列不同时间的观察值基础上，根据最小二乘法的基本原理，若 $\sum(y-y_c)^2=$ 最小值，便可以推导出关于 a、b 的二元一次方程组为

$$\begin{cases} \sum y = na + b\sum t \\ \sum ty = a\sum t + b\sum t^2 \end{cases} \qquad (5\text{-}31)$$

解方程组式（5-31），可以推导出直线趋势方程中两个待定参数 a、b 的直接计算公式为

$$b = \frac{n\sum ty - \sum t \sum y}{n\sum t^2 - (\sum t)^2} \qquad (5\text{-}32)$$

$$a = \frac{\sum y}{n} - b\frac{\sum t}{n} = y - bt \qquad (5\text{-}33)$$

例 5-17 某地区 2007—2016 年粮食产量资料，如表 5-25 所示。

表 5-25 某地区 2007—2016 年粮食产量资料

年　份	产量 / 吨	年份	产量 / 吨
2007	230	2012	257
2008	236	2013	262
2009	241	2014	276
2010	246	2015	281
2011	252	2016	286

要求：用最小平方法建立直线趋势方程，测定该地区粮食产量的长期趋势值，并预测 2020 年的粮食产量。

根据表 5-25 中的资料列出最小平方法的计算数据，如表 5-26 所示。

表 5-26 最小平方法计算表

年　份	时间变量 t	粮食产量 y/ 吨	ty	t^2	y_c
2007	1	230	230	1	228.15
2008	2	236	472	4	234.49
2009	3	241	723	9	240.84
2010	4	246	984	16	247.18
2011	5	252	1 260	25	253.53
2012	6	257	1 542	36	259.87
2013	7	262	1 834	49	266.22
2014	8	276	2 208	64	272.56
2015	9	281	2 529	81	278.91
2016	10	286	2 860	100	285.25
合计	55	2 567	1 4642	385	2 567.00

依据表中数据可得

$$b = \frac{n\sum ty - \sum t\sum y}{n\sum t^2 - (\sum t)^2} = \frac{10 \times 14\,642 - 55 \times 2\,567}{10 \times 385 - 55^2}$$

$$= \frac{146\,420 - 141\,185}{3\,850 - 3\,025} = \frac{5\,235}{825} = 6.345\,5\,(\text{吨})$$

$$a = \frac{\sum y}{n} - b\frac{\sum t}{n} = \bar{y} - b\bar{t}$$

$$= \frac{2\,567}{10} - 6.345\,5 \times \frac{55}{10} = 221.80\,(\text{吨})$$

那么，直线趋势方程为：$y_c = 221.8 + 6.345\,5t$

该地区 2007—2016 年粮食产量的趋势值见表 5-26 的最后一列。若要预测 2020 年的粮食产量，取 $t=14$，则 $y_c = 221.8 + 6.345\,5 \times 4 \approx 310.64$（吨）

在以上计算分析中，时间变量 t 是从小到大排列的，若能使 $\sum t = 0$，则可简化求 a、b 的计算，其公式为

$$b = \frac{n\sum ty - \sum t\sum y}{n\sum t^2 - (\sum t)^2} = \frac{\sum ty}{\sum t^2} \tag{5-34}$$

$$a = \frac{\sum y}{n} - b\frac{\sum t}{n} = \frac{\sum y}{n} = \bar{y} \tag{5-35}$$

为了做到 $\sum t = 0$，当时间序列为奇数项时，可取时间序列的中间一项序号为 0，以上各项依次为 -1，-2，-3，…，以下各项依次为 1，2，3，…；当时间序列为偶数项时，可取时间序列的中间两项序号分别为 -1 和 1，以上各项依次为 -3，-5，-7，…，以下各项依次为 3，5，7，…。仍以表 5-25 的数据为例，重新编制的最小二乘法计算数据表如表 5-27 所示。

表 5-27　编制最小二乘法计算表

年 份	时间变量 t	粮食产量 y/ 吨	ty	t^2	y_c
2007	-9	230	-2\,070	81	228.15
2008	-7	236	-1\,652	49	234.49
2009	-5	241	-1\,205	25	240.84
2010	-3	246	-738	9	247.18
2011	-1	252	-252	1	253.53
2012	1	257	257	1	259.87
2013	3	262	786	9	266.22
2014	5	276	1\,380	25	272.56
2015	7	281	1\,967	49	278.91
2016	9	286	2\,574	81	285.25
合计	0	2\,567	1\,047	330	2\,567.00

依据表 5-27 中的数据可得

$$b = \frac{\sum ty}{\sum t^2} = \frac{1\ 047}{330} = 3.172\ 7（吨）$$

$$a = \frac{\sum y}{n} = \frac{2\ 567}{10} = 256.7（吨）$$

那么，直线趋势方程为：$y_c = 256.7 + 3.172\ 7t$

若要预测 2020 年的粮食产量，取 $t = 17$，则 $y_c = 256.7 + 3.172\ 7 \times 17 \approx 310.64$（吨）

由于两种方法所取的原点和时间距离不同，因此上例中用两种方法计算出的直线趋势方程是不一样的，一个是 $y_c = 221.8 + 6.345\ 5t$，另一个是 $y_c = 256.7 + 3.172\ 7t$。第一种方法的原点为 2007 年年初，时间距离为 1；而第二种方法的原点为 2011 年年末或 2012 年年初，时间距离为 2。但是不管采取哪种方法所得出的预测值是一样的，两种方法测算的该地区 2007—2016 年的粮食产量趋势值分别如表 5-25 与表 5-26 所示，其结果是一样的，2020 年的粮食产量预测值都是 310.64 吨。

■ 四、季节变动的测定

季节变动是客观现象由于受自然因素和生产或生活条件的影响，在一年内随着季节的更换而引起的有规律的周期性变动。在现实生活中，季节变动是一种极为普遍的现象，如农业生产，有农忙农闲和淡、旺季之分，并且年复一年，大体相同；又如冬季取暖器、围巾、手套等的销售量就比较大；冷饮、西瓜等的销售量在夏季比较大；铁路客运量的高峰期则出现在春节等节假日或"黄金周"前后等。对现象季节变动进行分析和研究，可以确定现象过去的季节变化规律，根据这种规律性以便做更好的预测和决策，及时组织生产和运输，安排好市场供应。

测定季节变动的方法很多，从其是否考虑受长期趋势的影响来看，主要有两种方法：

① 先将时间序列中的长期趋势予以消除，而后再根据新时间序列进行计算，常用的方法是移动平均趋势剔除法。

② 不考虑长期趋势的影响，直接根据原始的时间序列来计算，常用的方法是按月（季）平均法。

（一）移动平均趋势剔除法

如果所提供的 3 年或更多年份的资料，不仅各月发展水平有规则性的季节变动，而且逐年数值还有显著增长的趋势。此时应该选用移动趋势剔除法进行分析测定现象的季节变动。所谓移动平均趋势剔除法就是利用移动平均法来消除原时间序列中的长期趋势的影响，然后再来测定它的季节变动，其计算步骤及方法如下：

（1）根据时间序列中各年按月（季）的数值计算其移动平均数，若是月份数据则采用 12 期移动平均，若是季度数据则采用 4 期移动平均。

（2）从原数列中剔除已测定的长期趋势变动。

（3）把 Y/T 或（$Y-T$）的数值按月（季）排列，计算出各年同月（季）的总平均数，这个平均数就是各月（季）的季节比率或季节变差。

（4）把各月（季）的季节比率或季节变差加起来，其总计数应等于 1 200%（若为季资料其总计数应等于 400%）或零，如果不符，还应把 1 200% 与实际加总的各月季节比率相比求出校正系数，分别加到各季的平均变差上，这样求得的季节比率或季节变差就是一个剔除了长期趋势影响后的季节比率或季节变差。

（5）计算季节指数，做出季节变动分析。

例 5-18　某产品专卖店 2014—2016 年各季度销售额资料，如表 5-28 所示。

表 5-28　某产品专卖店 2014—2016 年各季度销售额　　　　　　　　单位：万元

年　份	一季度	二季度	三季度	四季度
2014	51	75	87	54
2015	65	67	82	62
2016	76	77	89	71

要求：

（1）采用按平均趋势剔除法计算季节指数。

（2）计算 2016 年各季度变动情况下的销售额。

按照要求，计算过程为：

（1）移动平均趋势剔除法计算季节指数

$$第一个4期移动平均值 = \frac{51+75+87+54}{4} = 66.75（万元）$$

$$第二个4期移动平均值 = \frac{75+87+54+65}{4} = 70.25（万元）$$

以此类推求出各期 4 季移动平均值，如表 5-29 所示。对于偶数项移动平均需要二次移动求出趋势值，计算如下：

$$第一个趋势值 T = \frac{66.75+70.25}{2} = 68.50（万元）$$

$$第二个趋势值 T = \frac{70.25+68.25}{2} = 69.25（万元）$$

以此类推，求出各个趋势值，如表 5-29 所示。

$$\frac{Y_1}{T} = \frac{87}{68.50} = 127.01，\quad \frac{Y_2}{T} = \frac{54}{69.25} = 77.98（分子分母为表中下划线的数字）$$

以此类推求出各期 $\frac{Y_i}{T}$ 值，如表 5-29 所示。

$$一季度平均值 = \frac{96.11+101.16}{2} = 98.64（万元）$$

$$二季度平均值 = \frac{98.53+99.84}{2} = 99.19（万元）$$

以此类推求出各季平均值，如表 5-30 所示。

各期合计值 =197.2%+198.37%+243.53%+162.91%=802.08%

$$\frac{Y_i}{T}均值 = \frac{802.08\%}{8} = 100.26\%$$

一季度季节指数$= \frac{98.64\%}{100.26\%} = 98.38\%$；二季度季节指数$= \frac{99.19\%}{100.26\%} = 98.93\%$

以此类推求出各季节指数，如表 5-30 所示。

表 5-29　移动平均趋势值计算表

年份	季节	销售额 / 万元 Y_i	4 期移动平均值 / 万元	趋势值 T/ 万元	$\frac{Y_i}{T}$ /%
2014	1	51			
	2	75			
	3	87	66.75		
	4	54	70.25	68.50	127.01
2015	1	65	68.25	69.25	77.98
	2	67	67.00	67.63	96.11
	3	82	69.00	68.00	98.53
	4	62	71.75	70.38	116.52
2016	1	76	74.25	73.00	84.93
	2	77	76.00	75.13	101.16
	3	89	78.75	77.13	99.84
	4	71			

表 5-30　从数列中剔除已测定的长期趋势变动　　　　　　　　　%

年份	一季度	二季度	三季度	四季度	合计
2014			127.01	77.98	204.99
2015	96.11	98.53	116.52	84.93	396.09
2016	101.16	99.84			201.00
合计	197.27	198.37	243.53	162.91	802.08
季平均	98.64	99.19	121.77	81.46	100.26
季节指数	98.38	98.93	121.45	81.24	

（2）剔除季节变动后 2016 年各季节销售额如下：

$$一季度销售额 = \frac{76}{98.38\%} = 77.25（万元）$$

$$二季度销售额 = \frac{77}{98.93\%} = 77.83（万元）$$

$$三季度销售额 = \frac{89}{121.45\%} = 73.28（万元）$$

$$四季度销售额 = \frac{71}{81.24\%} = 87.40（万元）$$

（二）按月（季）平均法

按月（季）平均法不考虑长期趋势的影响，直接用原始时间序列计算。按月（季）平均法计算的季节比率是各月（季）的水平对全年各月（季）总水平之比。为了较准确地观察季节变动情况，要用连续 3 年以上的发展水平资料，加以平均分析。其计算步骤如下：

（1）根据各年按月（季）的时间序列资料计算出各年同月（季）的平均水平。

（2）计算各年所有月（季）的总平均水平。

（3）将各年同月（季）的平均水平与总平均水平进行对比，即得出季节比率或季节指数。

$$季节指数（或比率）= \frac{同月（季）平均数}{总月（季）平均数} \times 100\% \qquad （5\text{-}36）$$

（4）预测现象某年月（季）的发展情况。

$$某年月（季）的发展情况 = 季节指数 \times \frac{预测值}{12（或4）} \qquad （5\text{-}37）$$

例 5-19 仍以例 5-18 资料为例，假定预测 2017 年的销售额为 400 万元。

要求：

（1）采用移动季节平均法计算季节指数。

（2）预测 2017 年各季度的销售额。

按照要求，计算过程为：

（1）移动季节平均法计算季节指数。

$$一季度平均值 = \frac{51+65+76}{3} = 64（万元）$$

$$二季度平均值 = \frac{75+67+77}{3} = 73（万元）$$

以此类推各季度平均值，计算结果如表 5-31 所示。

$$季度平均值总和 = 64+73+86+62.33 = 285.33（万元）$$

$$季度平均值 = \frac{285.33}{4} = 71.33（万元）$$

$$一季度季节指数 = \frac{64}{71.33} = 89.72\%，二季度季节指数 = \frac{73}{71.33} = 102.34\%$$

三、四季度季节指数计算结果如表 5-31 所示。

表 5-31　季节指数计算表　　　　　　　　　　　　　　　　　　单位：万元

年份	一季度	二季度	三季度	四季度	合计
2014	51	75	87	54	267
2015	65	67	82	62	276
2016	76	77	89	71	313
合　计	192	219	258	187	856
季节平均值	64	73	86	62.33	71.33
季节指数 /%	89.72	102.34	120.57	87.38	

预测 2017 年各季度的销售额。

$$平均每季度的销售额 = 400/4 = 100（万元）$$
$$一季度销售额 = 100 \times 89.72\% = 89.72（万元）$$
$$二季度销售额 = 100 \times 102.34\% = 102.34（万元）$$
$$三季度销售额 = 100 \times 120.57\% = 120.57（万元）$$
$$四季度销售额 = 100 \times 87.38\% = 87.38（万元）$$

本章小结

本章主要讲述了时间序列的概念与意义、时间序列的水平分析、时间序列的速度分析、动态趋势分析四个内容。

时间序列，由现象所属的时间和现象在所属时间上的指标数值两个基本要素构成。

时间序列按指标表现形式和时间状况，分为绝对数序列、相对数序列和平均数序列。绝对数时间序列分为时期序列和时点序列。

编制时间序列应遵循的基本原则有：时间长短相等、总体范围大小一致、指标内容和属性相同与计算口径应该统一。

时间序列最常用的分析方法有指标分析法和构成因素分析法。

时间序列分析指标汇总和趋势测定汇总分别如表 5-32 和表 5-33 所示。

表 5-32　时间序列分析指标汇总表

指标名称和适用对象		计算公式	作　　用
发展水平		通常用 a_0，a_1，a_2，$\cdots$，a_{n-1}，a_n 表示	反映现象在一定时期或时点上所达到的规模或水平
增长量	逐期增长量	报告期水平 － 基期水平 $= a_i - a_{i-1}$	反映报告期比基期增加（或减小）的绝对量
	累计增长量	报告期水平 － 基期水平 $= a_i - a_0$	

（续表）

指标名称和适用对象		计算公式	作　用
发展速度	环比发展速度	$\dfrac{报告期水平}{前一期水平}=\dfrac{a_i}{a_{i-1}}$	表明报告期水平已发展到基期水平的几分之几或若干倍
	定基发展速度	$\dfrac{报告期水平}{固定基期水平}=\dfrac{a_i}{a_0}$	
	年距发展速度	年距发展速度 $=\dfrac{报告期水平}{上年同期水平}$	表明报告期水平已发展到上年同期水平的几分之几或若干倍
增长速度	环比增长速度	$\dfrac{逐期增长量}{前一期水平}=$环比发展速度$-1(100\%)$	表明报告期水平比基期水平增长（或降低）了的百分之几或若干倍
	定基增长速度	$\dfrac{累计增长量}{固定基期水平}=$定基发展速度$-1(100\%)$	
	年距增长速度	年距发展速度 -1（或 100%）	表明报告期水平比上年同期水平增长（或降低）了的百分之几或若干倍
增长1%的绝对值		$\dfrac{逐期增长量}{环比增长速度\times100}=\dfrac{前一期水平}{100}=\dfrac{a_{i-1}}{100}$	表明每增长1%包含的绝对量
平均增长量		$\bar{\Delta}=\dfrac{\sum(a_i-a_{i-1})}{n}$ 或 $\bar{\Delta}=\dfrac{a_n-a_0}{N-1}$	反映现象的平均增长水平
平均发展水平	时期序列	$\bar{a}=\dfrac{a_1+a_2+\cdots+a_n}{n}$	反映现象在一段较长时期内发展的一般水平，便于同类现象在不同发展阶段进行比较分析
	间隔相等的连续时点序列	$\bar{a}=\dfrac{a_1+a_2+\cdots+a_n}{n}$	
	间隔不等的连续时点序列	$\bar{a}=\dfrac{a_1f_1+a_2f_2+\cdots+a_nf_n}{f_1+f_2+\cdots+f_n}=\dfrac{\sum af}{\sum f}$	
	间隔相等的间断时点序列	$\bar{a}=\dfrac{\frac{a_1}{2}+a_2+\cdots+a_{n-1}+\frac{a_n}{2}}{n-1}$	
	间隔不等的间断时点序列	$\bar{a}=\dfrac{\frac{a_1+a_2}{2}T_1+\frac{a_2+a_3}{2}T_2+\cdots+\frac{a_{n-1}+a_n}{2}T_{n-1}}{\sum\limits_{i=1}^{n-1}T_i}$	
	静态相对（平均）数动态序列	$\bar{Y}=\dfrac{\bar{a}}{\bar{b}}$	
	动态平均数动态序列	$\bar{a}=\dfrac{\sum a}{n}$ 或 $\bar{a}=\dfrac{\sum at}{\sum t}$	
平均发展速度	侧重考察最末一期的水平	$\bar{R}=\sqrt[n]{\dfrac{a_1}{a_0}\dfrac{a_2}{a_1}\cdots\dfrac{a_n}{a_{n-1}}}=\sqrt[n]{\dfrac{a_n}{a_0}}$	反映现象在一个较长时期内逐期平均发展变化的速度
	侧重考察整个过程的总和	$\bar{R}+\bar{R}^2+\bar{R}^3+\cdots+\bar{R}^n-\dfrac{\sum\limits_{i=1}^{n}a_i}{a_0}=0$	
平均增长速度		平均发展速度 -1（100%），$\bar{G}=\bar{R}-1$	反映现象在一个较长时期内逐期平均增长变化的速度

表 5-33 趋势测定汇总表

趋势类型	测定方法	
	名　称	内　容
长期趋势	时距扩大法	将原时间序列中若干时期资料合并，得出扩大时距的新时间序列，来反映现象发展变化的长期趋势
	移动平均法	对时间序列资料，采用逐项递推移动平均的方法，计算一系列序时平均数，形成一个新的时间序列，以反映现象的长期趋势
	最小二乘法	直线趋势方程为：$y_c = a + bt$ 其中： $$b = \frac{n\sum ty - \sum t \sum y}{n\sum t^2 - (\sum t)^2}, \quad a = \frac{\sum y}{n} - b\frac{\sum t}{n} = \bar{y} - b\bar{t}$$ 或者 $$b = \frac{\sum ty}{\sum t^2}, \quad a = \frac{\sum y}{n} = \bar{y}$$
季节变动	移动平均趋势剔除法	先将时间序列中的长期趋势予以消除，而后再根据新时间序列进行计算
	按月（季）平均法	不考虑长期趋势的影响，直接根据原始的时间序列来计算。 季节指数（或比率）$= \dfrac{同月（季）平均数}{总月（季）平均数} \times 100\%$

技能训练：用 Excel 进行动态数列分析

在 Excel 中，使用移动平均法测定长期趋势，可以利用公式或 Average 函数，也可以利用 Excel 提供的"移动平均"工具。由于公式或函数方法前面已经讲过，而且只能获得数据，不能直接获得长期趋势图，因此长期趋势主要以"移动平均"工具来计算分析。

实训项目：用 Excel 进行动态数列分析。

实训目的：熟练运用 Excel 进行长期趋势的计算、季节比率的计算以及最小二乘法的计算。

实训要求：掌握统计中的时间序列分析方法。

实训资料：某企业 1997—2016 年产品产量资料，如表 5-34 所示；某服装公司 2012—2016 年各月份销售资料，如表 5-35 所示。

表 5-34 某企业 1997—2016 年产品产量资料　　　　　　单位：亿只

年　份	产品产量	年　份	产品产量	年份	产品产量	年　份	产品产量
1997	2.12	2002	2.37	2007	4.36	2012	5.06
1998	2.20	2003	1.65	2008	4.72	2013	5.17
1999	2.22	2004	1.56	2009	5.03	2014	7.59
2000	2.02	2005	2.55	2010	4.38	2015	8.50
2001	1.92	2006	3.86	2011	5.20	2016	9.46

表 5-35　某服装公司 2012—2016 年各月份销售资料

月　　份	各年销售额 / 万元				
	2012	2013	2014	2015	2016
1 月	1.1	1.1	1.4	1.4	1.3
2 月	1.2	1.5	2.1	2.1	2.2
3 月	1.9	2.2	3.1	3.1	3.3
4 月	3.6	3.9	5.2	5.0	4.9
5 月	4.2	6.4	6.8	6.6	7.0
6 月	14.2	16.4	18.8	19.5	20.0
7 月	24.0	28.0	31.0	31.5	31.8
8 月	9.5	12.0	14.0	14.5	15.3
9 月	3.8	3.9	4.8	4.9	5.1
10 月	1.8	1.8	2.4	2.5	2.6
11 月	1.2	1.3	1.2	1.4	1.4
12 月	0.9	1.0	1.1	1.2	1.1
年合计	67.4	79.5	91.9	93.7	96.0

操作步骤：启动 Excel，新建一个工作簿 Book1。

1. 计算移动平均数

第一步，在工作表上将 20 个产量数据资料输入到 A1:A20 单元格，如图 5-11 所示。

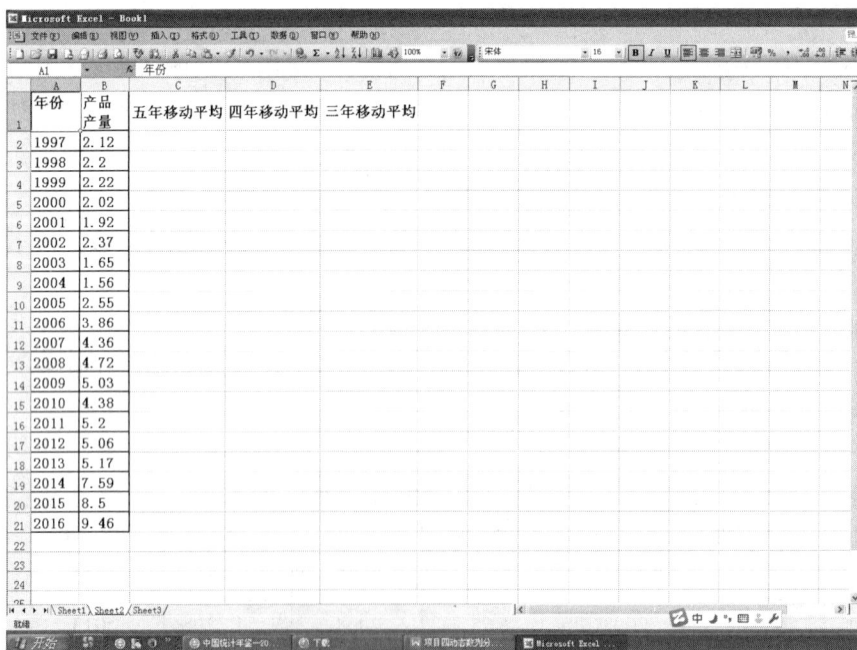

图 5-11　产量数据录入工作表

第二步，选择"工具"菜单，再选择"数据分析"选项。打开"数据分析"对话框，从其"分析工具"列表中选择"移动平均"选项，单击"确定"按钮，如图 5-12 所示。

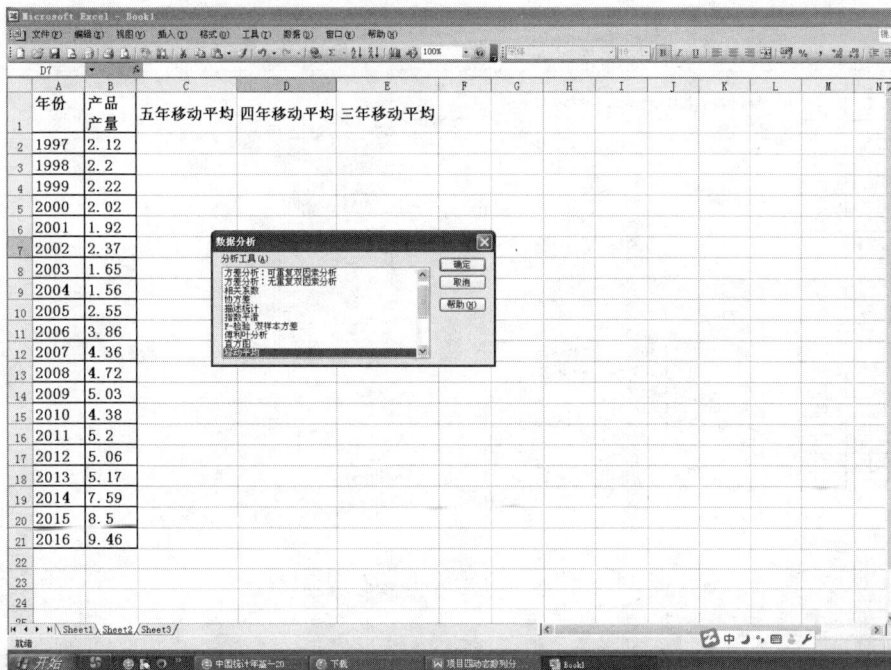

图 5-12　"分析工具"对话框

第三步，打开"移动平均"对话框后，确定输入区域依次为"$B$2:$B$21""$B$2:$B$21"和"$D$5:$D$21"；输出区域依次为"$C$2""$D$2"和"$E$5"；间隔依次为 5、4 和 2，如图 5-13 所示。

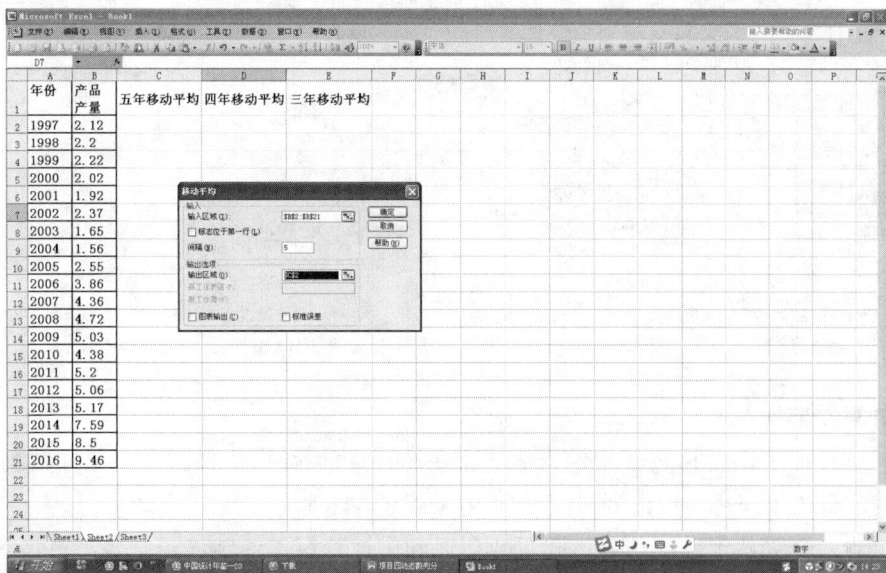

图 5-13　"移动平均"对话框

第四步，单击"确定"按钮，在指定位置给出移动平均计算结果，最后选择"图表输出"复选框，如图 5-14 和图 5-15 所示。

年份	产品产量	五年移动平均	四年移动平均	三年移动平均
1997	2.12			
1998	2.2			
1999	2.22			
2000	2.02		2.14	
2001	1.92	2.096	2.09	2.115
2002	2.37	2.146	2.1325	2.11125
2003	1.65	2.036	1.99	2.06125
2004	1.56	1.904	1.875	1.9325
2005	2.55	2.01	2.0325	1.95375
2006	3.86	2.398	2.405	2.21875
2007	4.36	2.796	3.0825	2.74375
2008	4.72	3.41	3.8725	3.4775
2009	5.03	4.104	4.4925	4.1825
2010	4.38	4.47	4.6225	4.5575
2011	5.2	4.738	4.8325	4.7275
2012	5.06	4.878	4.9175	4.875
2013	5.17	4.968	4.9525	4.935
2014	7.59	5.48	5.755	5.35375
2015	8.5	6.304	6.58	6.1675
2016	9.46	7.156	7.68	7.13

图 5-14　三年、四年、五年移动平均计算结果

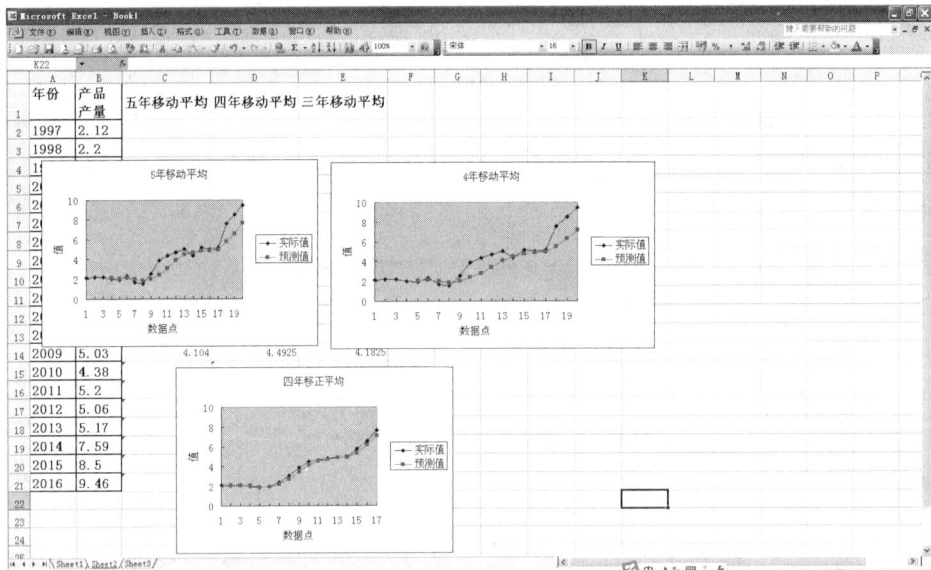

图 5-15　三年、四年、五年移动平均结果图

2. 计算季节比率

第一步，在工作表 Sheet1 上输入表 5-35 中的销售额数据资料。按照已知数据资料列出计算表，将各年同月的数值列在同一列内，如图 5-16 所示。

第二步，计算各年合计与各年同月数值之和。计算每年的销售额总数：单击 N3 单元格，输入"=SUM(B3:M3)"，并用鼠标拖曳将公式复制到 N4:N7 区域，得各年销售额总数；计算各年同月销售额总数：单击 B8 单元格，输入："=SUM(B3:B7)"，并用鼠标拖曳将公式复制到 C3:N8 区域，得各年同月销售额总数与全部销售额总数之和。

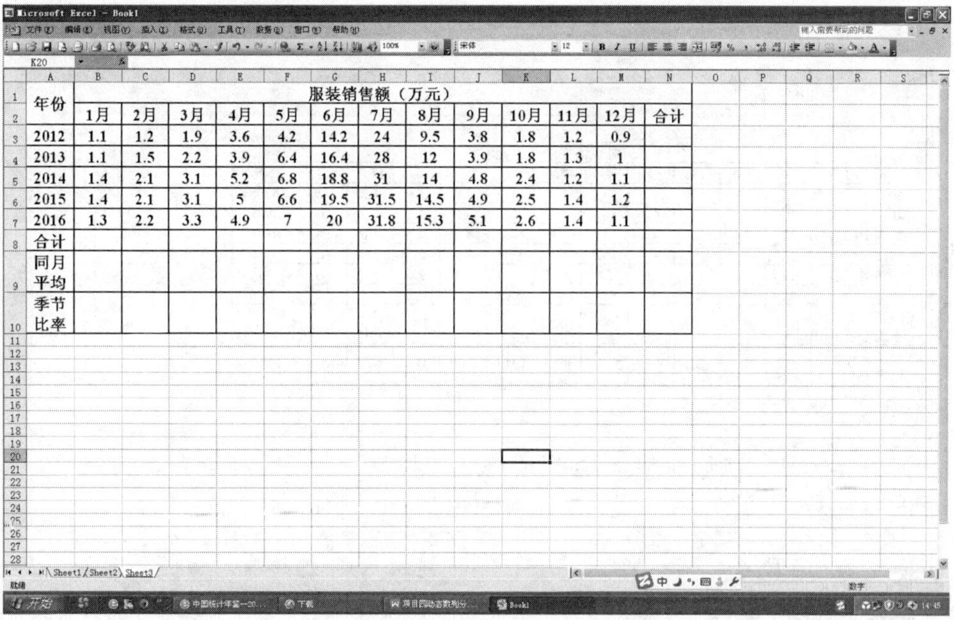

年份	服装销售额（万元）												
	1月	2月	3月	4月	5月	6月	7月	8月	9月	10月	11月	12月	合计
2012	1.1	1.2	1.9	3.6	4.2	14.2	24	9.5	3.8	1.8	1.2	0.9	
2013	1.1	1.5	2.2	3.9	6.4	16.4	28	12	3.9	1.8	1.3	1	
2014	1.4	2.1	3.1	5.2	6.8	18.8	31	14	4.8	2.4	1.2	1.1	
2015	1.4	2.1	3.1	5	6.6	19.5	31.5	14.5	4.9	2.5	1.4	1.2	
2016	1.3	2.2	3.3	4.9	7	20	31.8	15.3	5.1	2.6	1.4	1.1	
合计													
同月平均													
季节比率													

图 5-16　销售额数据录入工作表

第三步，计算同月平均数与总的月平均数。计算同月平均数：单击 B9 单元格，输入“=B8/5”，并用鼠标拖拽将公式复制到 C9:M9 区域；计算总的月平均数：单击 N9 单元格，输入“=N8/60”，回车得到结果为 7.141 667，如图 5-17 所示。

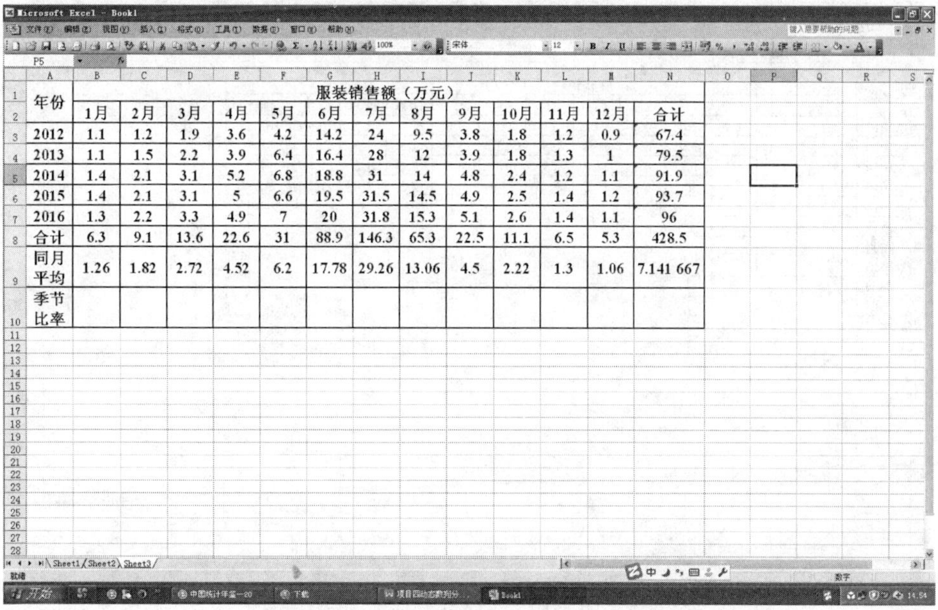

年份	服装销售额（万元）												
	1月	2月	3月	4月	5月	6月	7月	8月	9月	10月	11月	12月	合计
2012	1.1	1.2	1.9	3.6	4.2	14.2	24	9.5	3.8	1.8	1.2	0.9	67.4
2013	1.1	1.5	2.2	3.9	6.4	16.4	28	12	3.9	1.8	1.3	1	79.5
2014	1.4	2.1	3.1	5.2	6.8	18.8	31	14	4.8	2.4	1.2	1.1	91.9
2015	1.4	2.1	3.1	5	6.6	19.5	31.5	14.5	4.9	2.5	1.4	1.2	93.7
2016	1.3	2.2	3.3	4.9	7	20	31.8	15.3	5.1	2.6	1.4	1.1	96
合计	6.3	9.1	13.6	22.6	31	88.9	146.3	65.3	22.5	11.1	6.5	5.3	428.5
同月平均	1.26	1.82	2.72	4.52	6.2	17.78	29.26	13.06	4.5	2.22	1.3	1.06	7.141 667
季节比率													

图 5-17　2012—2016 年全年及分月服装销售额

第四步，计算季节比率计季节比率之和。单击 B10 单元格，输入“=B9*100/7.14”，并用鼠标拖拽将公式复制到 C10:M10 区域。单击 N10 单元格，输入“=SUM（B10:

M10）"，回车得季节比率之和为 1 200，如图 5-18 所示。

图 5-18　分析季节变动数据表

第五步，绘制季节变动曲线。根据季节比率，利用"插入"菜单中的"散点图"，绘制季节变动曲线，如图 5-19 所示。

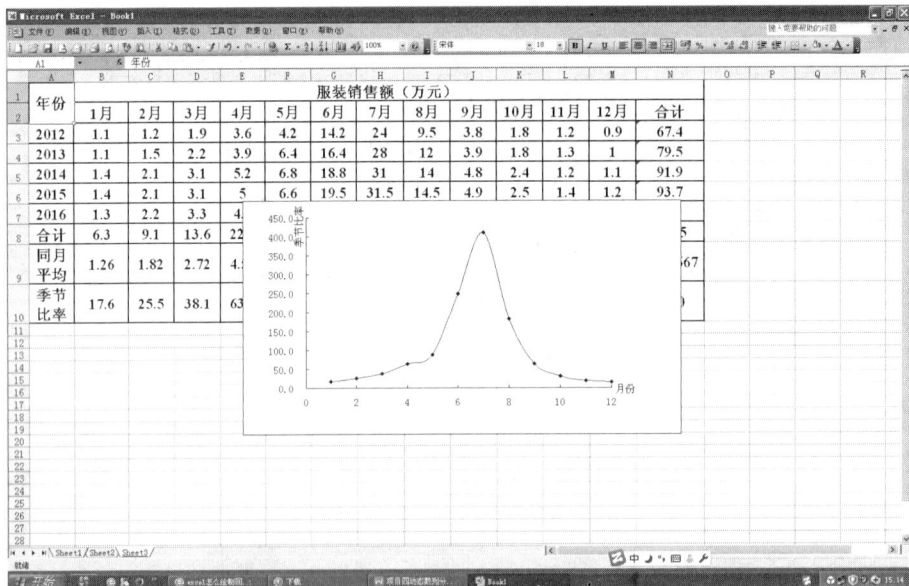

图 5-19　季节变动曲线图

3. 最小二乘法的 Excel 实现

下面通过一个案例来学习最小二乘法的 Excel 实现。某公司每月的广告费用和销售额已知，如表 5-36 所示，总体来看，广告费的投入对销售额的增长是有促进作用的，但是二者之间存在什么样的数量关系还不明确。另外，11 月和 12 月只知道广告费的投入数量，是否可以预测这两个月的销售额情况呢？回答这两个问题，必须建立起广告费和销售额之间的近似函数关系。

表 5-36 某公司每月广告费与销售额情况

月 份	广告费 / 万元	销售额 / 万元	月 份	广告费 / 万元	销售额 / 万元
1	4	9	7	6	18
2	8	20	8	10	25
3	9	22	9	6	10
4	8	15	10	9	20
5	7	17	11	11	?
6	12	23	12	10	?

第一步，将表 5-36 中的动态数列输入到 Excel 工作表中，并选取 X，Y 对应的数据范围，如阴影部分，如图 5-20 所示。在"插入"标签下有"散点图"的图表类型，选择其中最简单的散点图，如图 5-21 所示。散点图中，X 轴为 1 ~ 10 月的广告费，Y 轴为 1 ~ 10 月的销售额，随着广告费投入增长，销售额呈上升趋势。

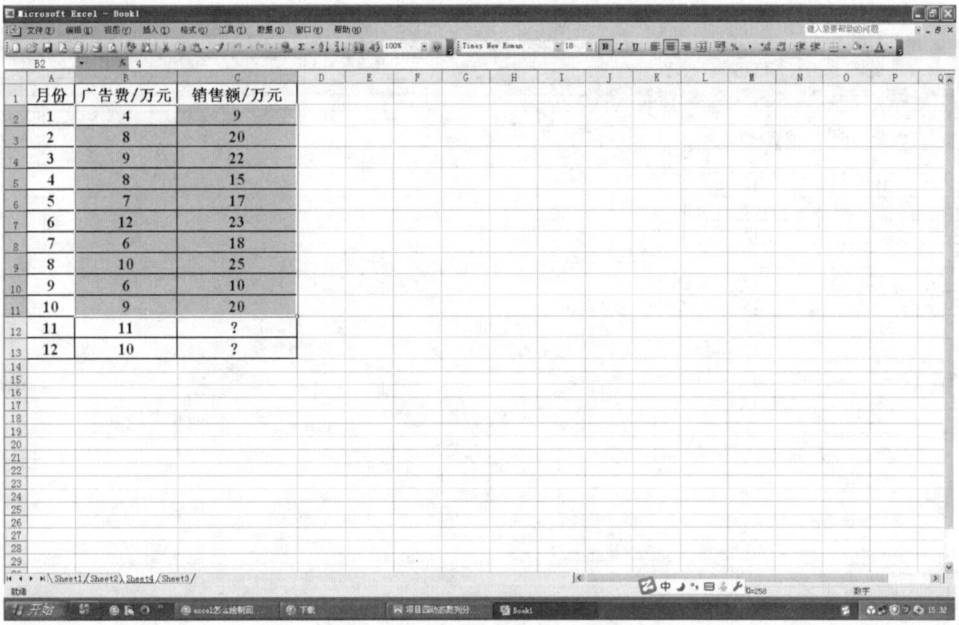

图 5-20 "数据录入"工作表

第二步，为了更好地描述二者的正相关趋势。单击散点中任意一个点，右键菜单中有"添加趋势线"（图 5-22），进入"添加趋势线"对话框，在其类型中选择"线性"，在其"选项"中，同时勾选"显示公式"和"显示 R 平方值"，如图 5-23 所示。

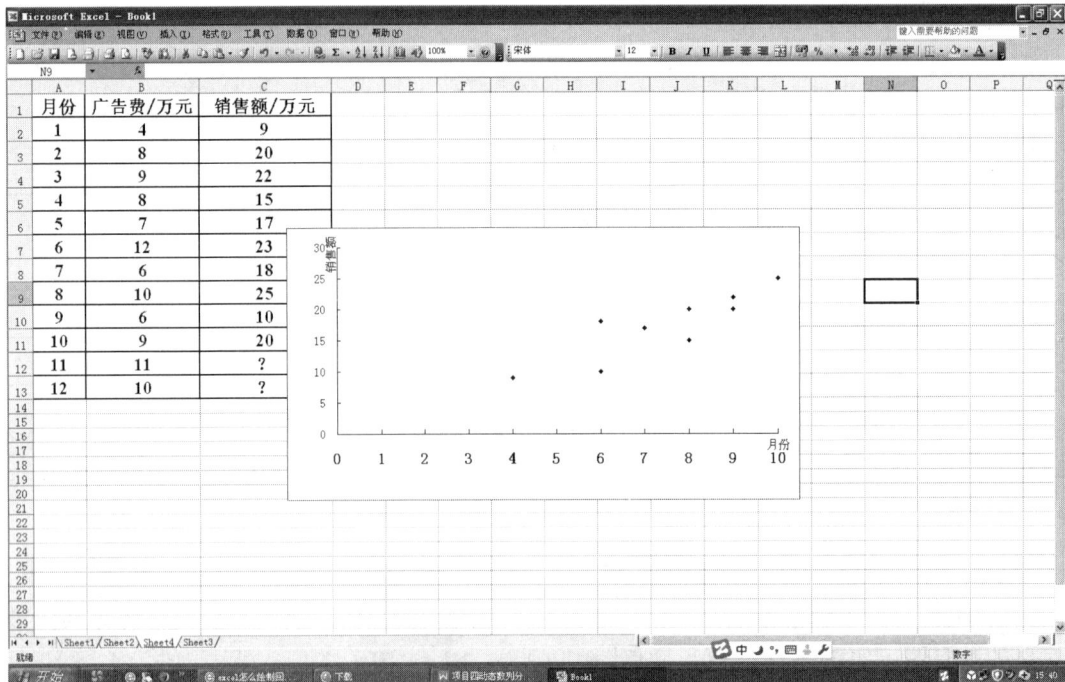

图 5-21　散点图

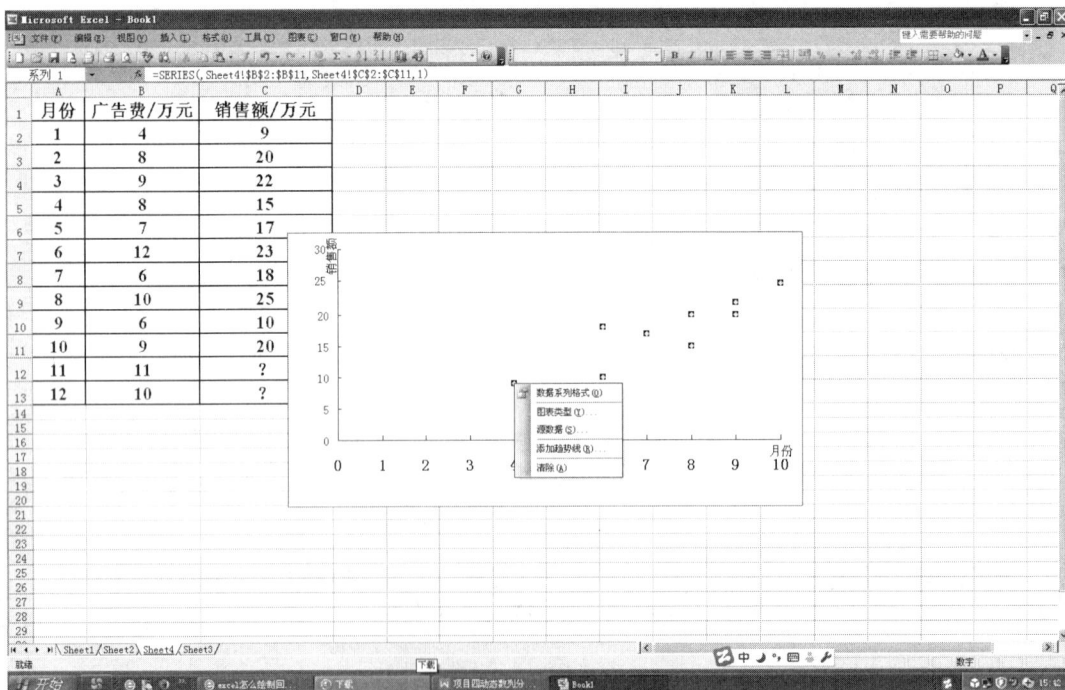

图 5-22　添加趋势线

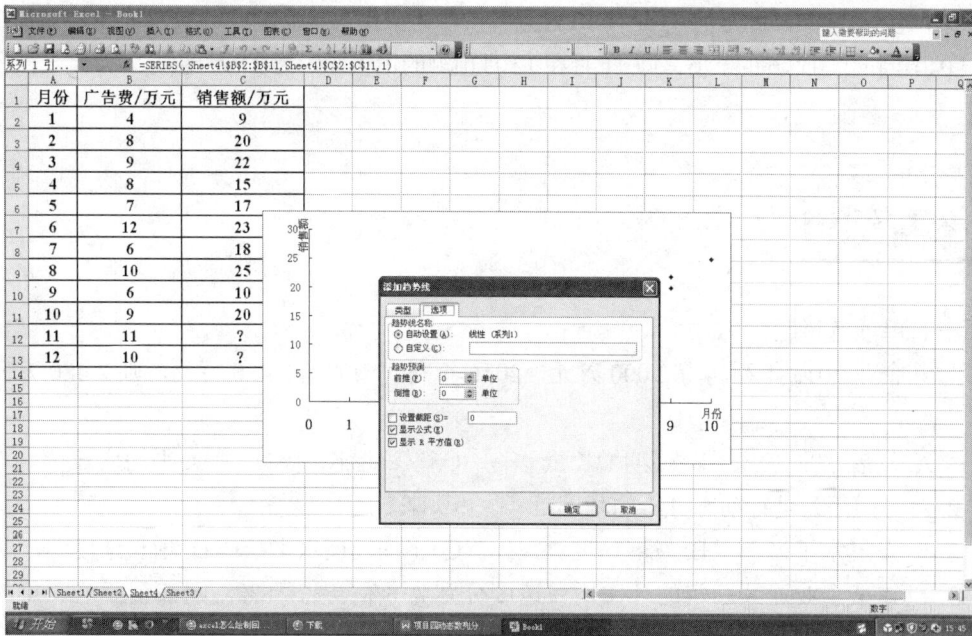

图 5-23 设置趋势线格式

第三步，完成上述步骤后，图表中就会呈现一条直线，即 $y=1.980\,8x+2.251\,6$，$R_2=0.727\,6$ 的函数关系（图 5-24）。其中 $R>0.7$，表现为高度线性正向相关关系。说明加大广告费的投入数量，十分显著地促进了销售额的增长。此方程的计算过程与前面介绍的最小二乘法的计算是一致的，全部由 Excel 后台进行数据处理。

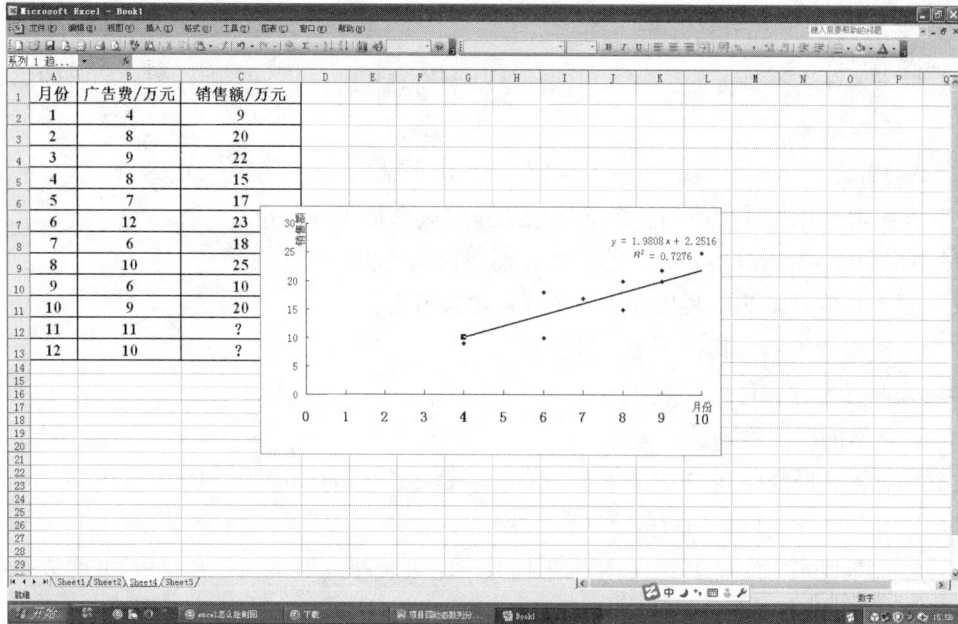

图 5-24 最小二乘法结果

第四步，当广告费为 11 万元和 10 万元时，作为 x 代入 $y=1.980\,8x+2.251\,6$ 线性方程中，有 24.040\,4 和 22.059\,6 的 y 值，即 11 月和 12 月预测的销售额约为 24 万元和 22 万元（保留整数位）。

思考与练习

一、单项选择题

1. 某企业 2013 年利润为 2 000 万元，2016 年利润增加到 2 480 万元，则 2 480 万元是（　　）。

    A. 发展水平　　　　B. 逐期增长量　　　　C. 累积增长量　　　　D. 平均增长量

2. 对时间序列进行动态分析的基础是（　　）。

    A. 发展水平　　　　B. 发展速度　　　　C. 平均发展水平　　　　D. 增长速度

3. 已知某企业连续三年的环比增长速度分别为 6%、7%、8%，则该企业这三年的平均增长速度为（　　）。

    A. $6\%\times7\%\times8\%$　　　　　　　　B. $6\%+7\%+8\%$

    C. $\sqrt[3]{6\%\times7\%\times8\%}$　　　　　D. $\sqrt[3]{106\%\times107\%\times108\%}-100\%$

4. 序时平均数又称作（　　）。

    A. 平均发展速度　　B. 平均发展水平　　C. 平均增长速度　　D. 静态平均数

5. 假定某产品产量 2002 年比 1998 年增加 50%，那么 1998—2002 年的平均发展速度为（　　）。

    A. $\sqrt[5]{50\%}$　　　　B. $\sqrt[5]{50\%}$　　　　C. $\sqrt[5]{1.50}$　　　　D. $\sqrt[4]{1.50}$

6. 现有 5 年各个季度的资料，用四项移动平均对其进行修匀，则修匀后的时间序列项数为（　　）。

    A. 12 项　　　　B. 16 项　　　　C. 17 项　　　　D. 18 项

7. 累积增长量与其相应的各个逐期增长量的关系是（　　）。

    A. 累积增长量等于其相应的各个逐期增长量之和

    B. 累积增长量等于其相应的各个逐期增长量之积

    C. 累积增长率与其相应增长量之差

    D. 两者不存在任何关系

8. 最基本的时间序列是（　　）。

    A. 绝对数时间序列　B. 相对数时间序列　C. 平均数时间序列　D. 时点序列

9. 由时期序列计算平均数应是（　　）。

    A. 简单算术平均数　B. 加权算术平均数　C. 几何平均数　　　D. 序时平均数

10. 历年的物资库存额时间序列是（　　）。

    A. 时期序列　　　　B. 时点序列　　　　C. 动态序列　　　　D. 相对数动态序列

11. 由时间间隔相等的连续时点序列计算序时平均数应采用（　　）。

A. 简单算术平均数　　　　　　　　B. 加权算术平均数

C. 几何平均数　　　　　　　　　　D. 序时平均数

12. 由间隔不等的时点序列计算平均发展水平，以（　　　）为权数。

A. 时期长度　　　B. 时点长度　　　C. 间隔长度　　　D. 指标值项数

13. 计算动态分析指标的基础指标是（　　　）。

A. 总量指标　　　B. 相对指标　　　C. 平均指标　　　D. 发展水平

14. 用移动平均法修匀时间序列时，在确定平均的项数时（　　　）。

A. 必须考虑现象有无周期性变动　　B. 不必考虑现象有无周期性变动

C. 可以考虑也可以不考虑周期性变动　D. 平均的项数必须是奇数

15. 时间序列中，每个指标值可以相加的是（　　　）。

A. 相对数时间序列　　　　　　　　B. 时期序列

C. 平均数时间序列　　　　　　　　D. 时点序列

16. 一般平均数与序时平均数的共同点是（　　　）。

A. 两者都是反映现象的一般水平

B. 都可消除现象在时间上波动的影响

C. 都是反映同一总体的一般水平

D. 共同反映同质总体在不同时间上的一般水平

17. 已知各期环比增长速度为 7.1%、3.4%、3.6%、5.3%，则定基增长速度是（　　　）。

A. 7.1%×3.4%×3.6%×5.3%　　　　B. (7.1%×3.4%×3.6%×5.3%)−1

C. 107.1%×103.4%×103.6%×105.3%　D. (107.1%×103.4%×103.6%×105.3%)−1

18. 平均增长速度是（　　　）。

A. 环比增长速度的算术平均数　　　B. 总增长速度的算术平均数

C. 环比发展速度的算术平均数　　　D. 平均发展速度减 100%

19. 时间序列中的平均发展速度是（　　　）。

A. 各时期环比发展速度的调和平均数　B. 各时期环比发展速度的算术平均数

C. 各时期定基发展速度的调和平均数　D. 各时期环比发展速度的几何平均数

20. 现象若无季节变动，则季节比率应为（　　　）。

A. 0　　　　　　B. 1　　　　　　C. 大于 1　　　　D. 小于 1

21. 半数平均法适用于（　　　）。

A. 呈直线趋势的现象　　　　　　　B. 呈二次曲线趋势的现象

C. 呈指数曲线趋势的现象　　　　　D. 呈三次曲线趋势的现象

22. 用最小平方法配合直线趋势，如果 $y=a+bx$ 中 b 为正值，则这条直线呈（　　　）。

A. 下降趋势　　B. 上升趋势　　C. 不升不降　　D. 无法确定

23. 用最小平方法配合直线趋势，如果 $y=a+bx$ 中 b 为负值，则这条直线呈（　　　）。

A. 下降趋势　　B. 上升趋势　　C. 不升不降　　D. 无法确定

24. 如果时间序列的逐期增长量大致相等，则适宜配合（　　　）。

A. 直线模型　　　　　　　　　　　B. 抛物线模型

C. 曲线模型　　　　　　　　　　　　D. 指数曲线模型

25. 累计增长量等于（　　　）。

A. 报告期水平与基期水平之差　　　　B. 报告期水平与前一期水平之差

C. 报告期水平与某一固定基期水平之差　D. 逐期增长量之差

26. 增长 1% 的绝对值是（　　　）。

A. 增长量与增长速度之比　　　　　　B. 逐期增长量与定基增长速度之比

C. 增长量与发展速度之比　　　　　　D. 前期水平除以 100

二、多项选择题

1. 历年的环比发展速度的连乘积等于其最后一年的（　　　）。

A. 总发展速度　　　B. 总增长速度　　　C. 定基发展速度

D. 发展总速度　　　E. 环比发展速度

2. 各项指标值不能直接相加的时间序列有（　　　）。

A. 时期序列　　　　B. 时点序列　　　　C. 相对数时间序列

D. 平均数时间序列　E. 变量序列

3. 时期序列的特点有（　　　）。

A. 序列中各个指标数值之间具有可比性

B. 序列中各个指标数值之间具有可加性

C. 序列中各个指标数值的大小与包括的时期长短无关

D. 序列中各个指标数值的大小与包括的时期长短有关

E. 序列中各个指标数值具有连续统计的特点

4. 序时平均数与一般平均数不同，它（　　　）。

A. 是根据时间序列计算的　　　　　　B. 是根据变量数列计算的

C. 只能根据绝对数时间序列计算　　　D. 说明现象在不同时期数值的一般水平

E. 说明总体各单位某个数量标志的一般水平

5. 下列数列中属于时点序列的有（　　　）。

A. 历年银行年末储蓄存款余额　　　　B. 历年产值

C. 各月末职工人数　　　　　　　　　D. 各月商品销量

E. 历年年末粮食库存量

6. 下面等式中，正确的有（　　　）。

A. 增长速度 = 发展速度 -1　　　　　 B. 定基发展速度 = 定基增长速度 +1

C. 环比发展速度 = 环比增长速度 +1　 D. 平均发展速度 = 平均增长速度 -1

E. 定基增长速度 = 环比增长速度之积

7. 历年国民生产总值序列是（　　　）。

A. 绝对数时间序列　B. 相对数时间序列　C. 平均数时间序列

D. 时期序列　　　　E. 时点序列

8. 某企业 2013 年总产值为 50 万元, 2016 年为 100 万元,则 2016 年的总产值比 2013 年(　　　)。

A. 增长了 50 万元　B. 增长了 100%　　C. 增长了 50%

D. 翻了一番　　　E. 翻了两番

9. 已知各时期环比发展速度和时期数，便能计算出（　　）。

A. 平均发展速度　B. 平均发展水平　　C. 各期定基发展速度

D. 各期逐期增长量 E. 累计增长量

10. 平均发展速度是（　　）。

A. 环比发展速度的动态平均数

B. 环比发展速度的算术平均数

C. 环比发展速度的几何平均数

D. 各个环比发展速度的代表值

E. 最末水平与最初水平之比的 N 次方根 [数列项数为（N+1）项]

11. 编制时间序列应遵循的原则有（　　）。

A. 时间长短应该一致

B. 总体范围应该一致

C. 指标的经济内容应该一致

D. 指标的计算方法、计算价格、计量单位应该一致

E. 指标数值的变化幅度应该一致

12. 时间序列按统计指标的表现形式不同可分为（　　）。

A. 时期序列　　　　B. 时点序列　　　　C. 绝对数时间序列

D. 相对数时间序列 E. 平均数时间序列

13. 定基发展速度与环比发展速度的数量关系是（　　）。

A. 定基发展速度等于相应的环比发展速度的连乘积

B. 两个相邻的定基发展速度之比等于相应的环比发展速度

C. 定基发展速度与环比发展速度的基期一致

D. 定基发展速度等于相应的环比发展速度之和

E. 定基发展速度等于相应的环比发展速度之差

14. 下列社会经济现象属于时期序列的有（　　）。

A. 某商店各月末商品库存额　　　　　　B. 某商店各月商品销售额

C. 某企业历年内部职工调动工种人次数 D. 某供销社某年各月末人数

E. 某企业历年产品产量

15. 时间序列的水平指标具体包括（　　）。

A. 发展水平　　　B. 平均发展水平　　C. 发展速度

D. 增长量　　　　E. 增长速度

16. 时间序列的速度指标具体包括（　　）。

A. 发展速度　　　B. 平均发展速度　　C. 增长速度

D. 增长量　　　　E. 平均增长速度

17. 影响时间序列变化的因素有（　　）。

A. 基本因素　　　B. 偶然因素　　　　C. 主观因素

D. 循环变动因素　　E. 季节因素

18. 测定长期趋势的方法有（　　　　）。

A. 时距扩大法　　　B. 移动平均法　　　　C. 分段平均法

D. 最小平方法　　　E. 趋势剔除法

19. 在直线趋势方程 $y=a+bt$ 中的参数 b 表示（　　　　）。

A. 趋势值　　　　　B. 趋势线的截距　　　C. 趋势线的斜率

D. 当 t 变动一个单位时 y 平均增减的数值

E. 当 $t=0$ 时，y 的数值

三、判断题

1. 将总体系列不同的综合指标排列起来就构成时间序列。（　　　）

2. 用几何法计算的平均发展速度的大小，与中间各期水平的大小无关。（　　　）

3. 编制时点序列，各项指标的间隔长短必须保持一致。（　　　）

4. 对于同一资料，按水平法和方程法计算的平均发展速度是相等的。（　　　）

5. 用方程法计算的平均发展速度的大小取决于各期发展水平总和的大小。（　　　）

6. 半数平均法的数学依据是变量的实际值与理论值的离差平方和为最小。（　　　）

7. 通过时间序列前后各时间上指标值的对比，可以反映现象的发展变化过程及其规律。
（　　　）

8. 时期序列中每个指标值的大小和它所对应时期的长短有直接关系。（　　　）

9. 时点序列中各个时点的指标值可以相加。（　　　）

10. 定基发展速度等于相应时期内各个环比发展速度的连乘积。（　　　）

11. 间隔相等的间断时点序列序时平均数的计算采用"首末折半法"。（　　　）

12. 事物的发展变化是多种因素共同作用的结果，其中长期趋势是根本的因素，反映现象的变动趋势。（　　　）

13. 采用偶数项移动平均时必须进行两次移动平均。（　　　）

四、简答题

1. 试述时间序列的概念和构成要素？编制时间序列要遵守哪些原则？

2. 时间序列有哪几种？各有什么特点？

3. 在动态分析中，时期序列与时点序列各有什么特点？

4. 序时平均数与一般平均数有何异同？

5. 什么是增长 1% 的绝对量？为什么要计算增长 1% 的绝对量？有哪几种计算方法？

6. 用几何平均法（水平法）和方程式法（累计法）计算平均发展速度各有什么特点？各运用于分析哪些现象？

7. 什么是逐期增长量和累计增长量？它们之间的关系如何？

8. 什么是环比发展速度和定基发展速度？它们之间的关系如何？

9. 研究长期趋势的意义是什么？揭示现象长期发展趋势法有哪几种方法？

五、计算分析题

1. 某企业 2016 年 9—12 月月末职工人数如表 5-37 所示。

表 5-37 某企业 2016 年 9—12 月月末职工人数

日 期	9 月 30 日	10 月 31 日	11 月 30 日	12 月 31 日
月末人数	1 400	1 510	1 460	1 420

试计算该企业第四季度的平均职工人数。

2. 2011—2016 年各年底某企业职工人数和工程技术人员数资料如表 5-38 所示。

表 5-38 2011—2016 年各年底某企业职工人数和工程技术人员数资料

年 份	2011	2012	2013	2014	2015	2016
职工人数 / 人	1 000	1 020	1 085	1 120	1 218	1 425
工程技术人数 / 人	50	50	52	60	78	82

试计算工程技术人员占全部职工人数的平均比重。

3. 某化工企业 2012—2016 年的化肥产量资料如表 5-39 所示。

表 5-39 某化工企业 2012—2016 年的化肥产量资料

年 份	2012	2013	2014	2015	2016
化肥产量 / 万吨	400			484	
环比增长速度 /%	—	5			12.5
定基发展速度 /%	—		111.3		

试填写表中空白处的数据。

4. 某地区 2007—2016 年粮食总产量如表 5-40 所示。

表 5-40 某地区 2007—2016 年粮食总产量

年 份	2007	2008	2009	2010	2011	2012	2013	2014	2015	2016
产量 / 万吨	230	236	241	246	252	257	262	276	281	286

要求：（1）试检查该地区粮食生产发展趋势是否接近于直线型？

（2）如果是直线型，用最小二乘法拟合直线趋势方程。

（3）预测 2017 年的粮食产量。

5. 某自行车车库 4 月 1 日有自行车 320 辆，4 月 6 日调出 70 辆，4 月 18 日进货 120 辆，4 月 26 日调出 80 辆，直至月末再未发生变动，问该库 4 月份平均库存自行车多少辆？

6. 某企业 2016 年月末定额流动资金占有额的统计资料如表 5-41 所示。

表 5-41 某企业 2016 年月末定额流动资金占有额的统计资料

月 份	1	2	3	4	5	6	10	12
月末定额流动资金占有额 / 万元	298	300	354	311	280	290	330	368

2015 年年末定额流动资金占有额为 320 万元。根据表 5-41 资料，分别计算该企业定额流动资金上半年平均占有额、下半年平均占有额和全年平均占有额。

7. 某国有商店 2017 年上半年各月销售计划及其计划完成程度如表 5-42 所示。

表 5-42　某国有商店各月销售计划完成程度

月　份	1	2	3	4	5	6
计划销售额 b/ 万元	45.0	40.0	46.0	50.0	55.0	60.0
计划完成程度 c/%	104.0	98.0	95.0	102.0	106.0	101.0

试计算该商店 2017 年上半年平均每月销售计划的完成程度。

8. 某工厂 2017 年上半年各月末工人数及其比重资料如表 5-43 所示。

表 5-43　某工厂各月末工人数及其比重资料

月　份	2016 年 12 月	1	2	3	4	5	6
月末工人数 a/ 人	550	580	560	565	600	590	590
工人占全部职工比重 b/%	80	86	81	80	90	87	85

试计算该工厂 2017 年上半年工人占全部职工人数的平均比重。

9. 某种股票的 2016 年各统计时点的收盘资料如表 5-44 所示。

表 5-44　某种股票的 2016 年各统计时点的收盘资料

统计时点	1 月 1 日	3 月 1 日	7 月 1 日	10 月 1 日	12 月 31 日
收盘价（元）	8.5	9.4	7.6	7.1	6.4

试计算该股票 2016 年的平均价格。

10. 某地区居民消费价格指数 2014 年比 2013 年上升 0.7%，2015 年比 2014 年下降 0.8%，2016 年比 2015 年上升 1.2%，请问 2016 年居民消费价格指数比 2013 年上升了多少？这几年的居民消费价格指数平均每年上升了多少？

11. 某现象 2013—2016 年各年的递减速度分别为：12%、10%、8%、2%，试用水平法计算其平均下降速度是多少？

12. 我国 2002—2016 年的财政收入资料如表 5-45 所示。

表 5-45　我国 2002—2016 年的财政收入资料

年　份	财政收入 / 亿元	年份	财政收入 / 亿元	年　份	财政收入 / 亿元
2002	18 903.64	2007	51 321.78	2012	117 253.52
2003	21 715.25	2008	61 330.35	2013	129 209.54
2004	26 396.47	2009	68 518.30	2014	140 370.03
2005	31 649.29	2010	83 101.51	2015	152 269.23
2006	38 760.20	2011	103 874.43	2016	159 552

资料来源：《中国统计年鉴 2016》《中华人民共和国 2016 年国民经济与社会发展统计公报》。

试分别用时距扩大法、移动平均法测定其长期趋势（时距长度为 3 年）。

13. 某商场 2006—2010 年各季度毛线销售量资料如表 5-46 所示。

表 5-46　某商场 2006—2010 年各季度毛线销售量资料　　　　单位：千克

季　度	2006	2007	2008	2009	2010
1	580	610	660	700	850
2	190	200	220	230	320
3	230	250	260	290	310
4	620	670	710	730	780

试测定毛线销售量的季节变动（不考虑长期趋势的影响）。

六、技能训练题

[实训 1] 已知某企业 2011—2016 年生产总值资料如表 5-47 所示。

表 5-47　某企业 2011—2016 年生产总值资料

年　份	2011	2012	2013	2014	2015	2016
生产总值 / 万元	343	447	519	548	703	783

要求：（1）用 Excel 计算各年的逐期增长量和累计增长量。

（2）用 Excel 计算各年的环比发展速度和定基发展速度。

（3）用 Excel 计算各年的环比增长速度和定基增长速度。

（4）用 Excel 计算各年的增长 1% 的绝对值。

（5）用 Excel 计算 2012—2016 年生产总值的平均发展速度和平均增长速度。

[实训 2] 某地区年粮食总产量如表 5-48 所示。

表 5-48　某地区年粮食总产量

年　份	产量 / 万吨	年　份	产量 / 万吨
1	230	6	257
2	236	7	262
3	241	8	276
4	246	9	281
5	252	10	286

要求：（1）用 Excel 检查该地区的粮食生产发展趋势是否接近直线型？

（2）如果是直线型，请运用 Excel 用最小平方法配合直线趋势方程。

（3）预测第 12 年的粮食生产水平。

[实训 3] 某商场 2013—2016 年各月某一品牌毛衫的销售量如表 5-49 所示。

表 5-49　某商场 2013—2016 年各月某一品牌毛衫的销售量　　　　单位：件

月　份	2013	2014	2015	2016	月　份	2013	2014	2015	2016
1	80	150	240	280	7	8	12	32	37
2	60	90	150	140	8	12	20	40	48
3	20	40	60	80	9	20	35	70	83
4	10	25	40	30	10	50	85	150	140
5	6	10	20	12	11	210	340	420	470
6	4	8	11	9	12	250	350	480	510

要求：运用 Excel 按月平均法计算季度比率，并对 2017 年 1 月的销售量进行预测。

七、案例阅读

扫描此码　　　　案例学习

第六章 统计指数分析

本章学习目的

明确统计指数的概念、分类和应用；

掌握综合指数和平均指数的编制原理与方法；

掌握指数因素分析方法及应用；

理解平均指标指数体系及其应用；

理解用 Excel 处理统计数据的基本原理，能够应用 Excel 进行综合指数与平均指数的计算与分析；

理解并掌握关键词：统计指数、综合指数、平均指数、因素分析。

引导案例

2017 年 2 月全国居民消费价格变动情况

2017 年 2 月，全国居民消费价格总水平同比上涨 0.8%。其中，城市上涨 0.9%，农村上涨 0.6%；食品价格下降 4.3%，非食品价格上涨 2.2%；消费品价格下降 0.1%，服务价格上涨 2.4%。1—2 月平均全国居民消费价格总水平比去年同期上涨 1.7%。

2 月，全国居民消费价格总水平环比下降 0.2%。其中，城市下降 0.2%，农村下降 0.1%；食品价格下降 0.6%，非食品价格下降 0.1%；消费品价格下降 0.1%，服务价格下降 0.3%。如图 6-1 所示。

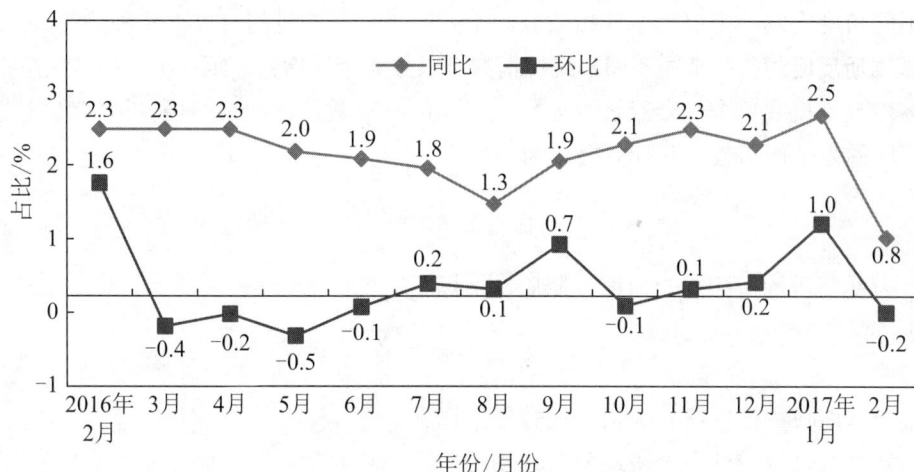

图 6-1 全国居民消费价格涨跌幅

如上所述，日常生活中，我们经常听到或看到各种价格指数的统计数字，那么什么是指数？这些指数是用什么方法测算出来的？又是如何应用的？本章将介绍统计指数的基本理论及编制方法。

第一节　统计指数概述

一、指数的概念

统计指数从物价指数产生开始，由反映一种商品价格变动的指数发展成反映多种商品价格变动的指数，由反映物价变动的指数发展成反映经济领域各个方面变动的指数，由反映现象变动的指数发展成反映现象静态变动的指数。随着历史的推移，统计指数已被应用到社会经济各个领域，成为研究社会经济现象数量方面时间变动状况和空间对比关系的综合性分析方法。

统计指数简称指数，有广义和狭义之别。广义的统计指数是指同类社会经济现象数量对比的相对数，比如动态相对数、比较相对数和计划完成情况相对数，都属于广义的统计指数的范畴。狭义的统计指数是指用来综合反应所研究复杂社会经济现象总体数量时间变动和空间对比状况的一种特殊相对数，它用来说明不能直接相加或对比的复杂社会经济现象总体数量变化的相对数，比如生产成本变动的相对数、商品销售价格变动的相对数。狭义的指数概念及编制方法是统计指数相关理论的核心，也是本章介绍的重点。

二、统计指数的分类

从不同角度出发，可以将统计指数分为不同的类型，常见的有以下几种分类。

1. 根据所反应对象的范围不同，统计指数可以分为个体指数、组（类）指数和总指数

个体指数是反映单个社会经济现象数量变动的相对数，比如某商场日销售量指数或价格指数，均称为个体指数。其计算公式为

$$个体质量指标指数\ k_p = \frac{p_1}{p_0} \tag{6-1}$$

式中：p_0 为基期质量指标；p_1 为报告期质量指标。

$$个体数量指标指数\ k_q = \frac{q_1}{q_0} \tag{6-2}$$

式中：q_0 为基期数量指标；q_1 为报告期数量指标。

总指数是综合反应整个经济现象总体变动情况的相对数，如反映全部商品价格变动的相对数，称为价格总指数。总指数具有两个性质：①综合性，即总指数反映了全部现象综合变动的结果；②平均性，即总指数反映的是全部现象相对变动的一般水平。上述三种指

数中，总指数是指数方法论中的重点。

组（类）指数是介于个体指数与总指数之间的指数，即一定总体范围的总指数，如反映生活消费品价格变动的指数、反映工业产品产量变动的指数。

2. 根据所反映对象的特征不同，统计指数可以分为数量指标指数和质量指标指数

数量指标指数是反映所研究现象的数量规模变动情况的相对数，如产品产量指数、物品销售量指数、职工人数指数等。质量指标指数是反映所研究现象的质量水平变动情况的相对数，如价格变动指数、产品成本指数、劳动生产率指数、平均工资指数等。

3. 根据指数的表现形式不同，统计指数可以分为综合指数、平均指标指数和平均指标对比指数

综合指数是通过两个有联系的总量指标的对比计算的相对数。平均指标指数是用加权平均的方法计算出来的指数，分算术平均指数和调和平均指数。平均指标对比指数则是两个有联系的加权算术平均指标对比计算出来的总指数。

4. 根据采用的基期不同，统计指数可以分为定基指数和环比指数

由不同时间的指数所形成的时间序列称为指数数列。在指数数列中，如果各期指数都以某一固定时期为基期，这种指数称为定基指数。比如，以 2000 年作为基期计算的 2000—2016 年各年的国内生产总值指数就属于定基指数，定基指数反映现象的长期变化与发展过程。如果各期指数都以其前一期作为基期，则为环比指数。比如，以上年作为基期计算的 2000—2016 年各年的国内生产总值指数就属于环比指数。环比指数反映现象的逐期变化情况。

5. 根据说明现象的时间状况是否为同一时间，统计指数可分为动态指数和静态指数

动态指数是说明现象在不同时间上变动情况的指数。适用于某一同类现象数量由于时间变化所引起的变动分析，比如零售商品物价指数、产品产量指数等。静态指数是说明复杂现象在同一时间不同空间的综合对比的指数或实际数与计划数综合对比的指数，它适用于同一时间、地点、单位发生变化的同类现象对比分析，比如地区间物价分析比较指数、产销价格指数、计划完成指数等。

▋ 三、统计指数的作用

统计指数主要有以下几个方面的作用：

（1）统计指数可以综合反映社会经济现象总体变动的方向和程度。这是统计指数尤其是狭义统计指数的主要作用。统计指数的计算结果一般用百分比表示。这个百分比大于或小于100%，分别表示是增加还是减少，比 100% 大多少或小多少，表示升降变动的程度。例如，生产成本价格指数 95%，说明生产商成本价格有所回落，即从方向上来讲，降低了，从程度上来说，降低了 5%。

（2）统计指数可以进行因素分析，即分析经济现象总体变动中各个因素的变动及其影响。总体的变动是由各种因素综合影响的结果，多个因素的变动速度和变动方向综合影响导致总体的变动。例如，产品总成本是单位成本和产品产量的乘积，而产品总成本的变动是单位成本变动和产品产量变动综合作用的结果。如某工厂 2016 年产品总成本为 2015 年总成本的 120%，说明 2016 年该工厂产品总成本的增长幅度为 20%。这个变动是单位产品成本和产品产量两个因素共同作用的结果，借助于统计指数法，可以深入分析和测定这两个因素在速度和方向上的变动对总成本变动的影响。

（3）统计指数分析总体现象平均水平的变动中各个因素变动的影响。总体现象水平是多个因素综合作用的结果。总体现象平均水平的变动同样也受到各个因素变动的影响。例如，某地区居民平均收入的变动，即受到各收入层次的居民收入的影响，也受到各收入层次居民数量结构变动的影响。借助于统计指数法，就能对全体居民平均收入的变动进行分析，同时分析各收入层次居民收入的变动及各个收入层次居民数量结构变动对全体居民平均收入变动的影响。

（4）统计指数可以分析现象总体的长期变动发展趋势。统计指数反映总体现象的变动方向和程度，将不同时间的指标值按时间的先后顺序组合既可编织成连续的指数数列，借助于指数数列，可以推测总体现象在长期的变化速度和方向上的趋势，以预测未来。

第二节　综合指数

■ 一、综合指数的含义

综合指数是总指数的一种表现形式，反应复杂总体的综合变动情况。它是由两个综合的总量指标对比形成的总指数。总量指标有两个或两个以上因素指标构成，在这两个总量指标对比形成综合指数的过程中，将总量指标中的一个或多个因素指标加以固定，以观察某一特定因素指标变动对综合指数的影响。

综合指数的编制是先综合后对比。编制综合指数首先必须明确两个概念：一是"指数化指标"，二是"同度量因素"。所谓指数化指标就是编制综合指数所要测定的因素，所谓同度量因素是指媒介因素，借助媒介因素，把不能直接加总的因素过渡到可以加总，所以称其为同度量因素。编制综合指数的目的是测定指数化指标的变动，因此，在对比的过程中，对同度量因素应加以固定。同度量因素在编制综合指数中具有两个重要作用：①媒介作用。它使不能直接相加的现象转化成可以直接相加的现象，利用可以相加现象的对比，来反映不可直接相加现象的数量总变动；②权数作用。同度量因素数值较大的指数化因素指标的变动，在总指数中的作用就较大，反之就较小，所以同度量因素又称作权数。

综合指数是编制总指数的基本形式，它的重要意义在于它能完美地展示出被研究现象总体动态变化的客观实际内容。综合指数有两种，即数量指标综合指数和质量指标综合指数。

二、综合指数的编制

（一）数量指标综合指数的编制

数量指标综合指数是说明总体规模变动情况的相对指标指数，它是反映现象的规模、水平发展变化的指数。比如产品产量指数，它说明总产值中产量变动的影响情况；又比如商品销售量指数，它说明商品销售额中商品销售量变动的影响情况。

常见的数量指标综合指数还有工业产品生产量指数、股票交易量指数、商品销售量指数和职工人数指数等。数量指标综合指数的基本公式如下：

$$\overline{K}_q = \frac{\sum q_1 p_i}{\sum q_0 p_i} \tag{6-3}$$

式中：p 为质量指标；q 为数量指标；下标 1 为报告期；下标 0 为基期；i 为同度量因素固定的时期。

例 6-1　某商场销售甲、乙、丙商品的基期和报告期销售量、销售价格资料，如表 6-1 所示，试编制该商场的销售量综合指数。

表 6-1　某商场商品销售量与价格

商　品	销　售　量		销售价格 / 万元	
	基期 q_0	报告期 q_1	基期 p_0	报告期 p_1
甲 / 吨	200	300	12.0	12.5
乙 / 套	500	600	6.5	6.0
丙 / 件	400	350	8	9

如果计算各种商品的销售量个体指数，则用各种商品的报告期销售量除以基期销售量即可。以 k_q 表示销售量个体指数，则 $k_q = \dfrac{q_1}{q_0}$

那么，$k_{q甲} = \dfrac{300}{200} = 150\%$，$k_{q乙} = \dfrac{600}{500} = 120\%$，$k_{q丙} = \dfrac{350}{400} = 87.5\%$

计算结果表明，各种商品销售量报告期与基期相比的变化情况不同，甲商品销售量增加 50%，乙商品销售量增加 20%，丙商品销售量减少 12.5%。

研究商品销售量的变动，不仅是研究各种商品销售量的变动，而且更重要的是研究所有商品销售量的综合变动，为企业管理或国民经济的宏观管理提供必要的信息，这就需要计算商品销售量的总指数。但从表 6-1 中可以看出，由于商品的计量单位不同，销售量不能相加，因此无法直接对其销售量进行对比。此时，引入价格这个同度量因素，把商品销售量通过价格转化为销售额，这时就可以相加和对比了，详情如表 6-2 所示。

表 6-2　某商场商品销售量与销售额

商　品	销　售　量		销售单价		销售额 / 万元			
	q_0	q_1	p_0	p_1	$q_0 p_0$	$q_1 p_0$	$q_0 p_1$	$q_1 p_1$
甲 / 吨	200	300	12.0	12.5	2 400	3 600	2 500	3 750
乙 / 套	500	600	6.5	6.0	3 250	3 900	3 000	3 600
丙 / 件	400	350	8	9	3 200	2 800	3 600	3 150
合计	—	—	—	—	8 850	10 300	9 100	10 500

以基期的商品价格作为同度量因素，则销售量综合指数为

$$\bar{k}_q = \frac{\sum q_1 p_0}{\sum q_0 p_0} = \frac{10\ 300}{8\ 850} = 116.38\%$$

计算结果表明，三种商品的销售量报告期比基期平均增加了16.38%，如果把上式的分子、分母结合起来分析，可以看出分子是报告期商品销售量按基期商品销售价格计算的假定商品销售额，分母是基期的商品实际销售额，分子与分母的差，即

$$\sum q_1 p_0 - \sum q_0 p_0 = 10\ 300 - 8\ 850 = 1\ 450\ （万元）$$

说明按基期商品价格计算，由于报告期商品销售量的增长而增加销售额的绝对额为1 450万元，反映了销售量的变动所带来的经济效果。

以报告期的商品价格作为同度量因素，则销售量综合指数为

$$\bar{k}_q = \frac{\sum q_1 p_1}{\sum q_0 p_1} = \frac{10\ 500}{9\ 100} = 115.38\%$$

$$\sum q_1 p_1 - \sum q_0 p_1 = 10\ 500 - 9\ 100 = 1\ 400\ （万元）$$

计算结果表明，三种商品的销售额平均增加了15.38%，由于销售量增加而使销售额增加的绝对额为1 400万元，这里不仅仅是销售量这个因素变动的影响，还包含着价格由基期变到报告期这个因素的影响，所以以报告期商品价格为同度量因素计算的销售量综合指数就不能准确反映销售量的变动所带来的经济效果。

综上所述，数量指标综合指数编制时，采用基期的质量指标为同度量因素更能够准确反映数量指标变动所带来的经济效果，更加合理。因此商品销售量总指数的综合指数公式为

$$\bar{k}_q = \frac{\sum q_1 p_0}{\sum q_0 p_0} \tag{6-4}$$

用综合指数法编制商品销售量的总指数，必须解决以下两个问题：①同度量因素的确定。该类综合指数确定同度量因素的一般规则为指数化因素是数量指标时，以质量指标为同度量因素。②同度量因素时期的选择。统计指数研究的最终目的是综合反映不能直接相加现象的数量总变动，因此必须把同度量因素固定在某一时期上，使其不变。根据上面的计算分析，选择质量同度量因素时期的一般规则为将其固定在基期比较合适。

（二）质量指标综合指数的编制

质量指标综合指数是反映社会经济现象相对水平或平均水平的统计指标的指数。比如产品单位成本指数，它说明总产值中单位成本变动的影响情况；商品销售价格指数，它说明销售额中商品价格变动的影响情况。

常见的质量指标综合指数有产品价格指数、商品销售价格指数、产品单位成本总指数等。质量指标综合指数的基本公式如下：

$$K_p = \frac{\sum q_i p_1}{\sum q_i p_0} \tag{6-5}$$

式中：p 为度量指标；q 为数量指标；下标 1 为报告期；下标 0 为基期；i 为同度量因素固

定的时期。

例 6-2 以例题 6-1 资料为例，编制该商场的销售价格综合指数。

如果计算各种商品的销售价格个体指数，则用各种商品的报告期销售价格除以基期销售价格即可。以 k_p 表示销售价格个体指数，则用式（6-1），$k_p = \dfrac{p_1}{p_0}$，计算结果为

$$k_{p甲} = \frac{12.5}{12.0} \approx 104.17\%, \quad k_{p乙} = \frac{6.0}{6.5} \approx 92.31\%, \quad k_{p丙} = \frac{9.0}{8.0} = 112.5\%$$

计算结果表明各种商品销售价格变动程度不同，甲商品销售价格上升了约 4.17%，乙商品销售价格下降了约 7.69%，丙商品销售价格上升了 12.5%。

研究商品销售价格的变动，不仅是研究各种商品销售价格的变动，而且更重要的是研究所有商品销售价格的综合变动。为国家制定物价政策，研究人民生活水平的变化情况等提供必要的信息，需要计算商品销售价格总指数，而不同商品的价格是不能直接相加和比较的，必须引入销售量作为同度量因素，转化为销售额就可以相加和比较了。

根据表 6-2 所示：

以基期的销售量作为同度量因素，则价格综合指数为

$$k_p = \frac{\sum q_0 p_1}{\sum q_0 p_0} = \frac{9\,100}{8\,850} = 102.82\%$$

$$\sum q_0 p_1 - \sum q_0 p_0 = 9\,100 - 8\,850 = 250（万元）$$

计算结果表明，三种商品的销售额平均增加了 2.82%，由于价格变化而使销售额增加的绝对额为 250 万元。以基期的销售量作为同度量因素，它是在基期销售量和销售结构的基础上分析商品价格的综合变动，一般认为它现实的经济意义不是很大，但从另一个角度来看，分子与分母之差能够表明消费者为了维持基期的消费水平或购买同样多的商品，由于价格的变化将会增减多少实际开支，从这一点上来看，它仍然是有意义的。

以报告期的销售量作为同度量因素，则价格综合指数为

$$k_p = \frac{\sum q_1 p_1}{\sum q_1 p_0} = \frac{10\,500}{10\,300} = 101.94\%$$

$$\sum q_1 p_1 - \sum q_1 p_0 = 10\,500 - 10\,300 = 200（万元）$$

计算结果表明，三种商品的销售额平均增加了 1.94%，由于价格变化而引起销售额增加的绝对额为 200 万元。以报告期的销售量作为同度量因素，说明它是在报告期销售量和销售额的基础上分析商品价格的综合变动情况的，分子与分母之差能够说明报告期实际销售的商品由于价格变化而增减了多少销售额，相较于以基期作为同度量因素的情况具有更强的现实意义，使价格变动对经济生活的影响具有实际的，而不是假定的社会经济内容，所以相对而言，编制质量指标综合指数时，以报告期的销售量作为同度量因素更加合理。

可见，用综合指数编制商品销售价格总指数同样必须解决两个问题：①同度量因素的确定。②同度量因素时期的选择。该类综合指数确定同度量因素的一般规则为指数化因素是质量指标时，以数量指标为同度量因素，并且数量同度量因素的时期一般固定在报告期比较合适。因此得出两点结论：第一，商品销售价格总指数的综合指数公式如式（6-6）所示。

第二，编制质量指标综合指数时，以报告期的数量指标为同度量因素。

$$K_p = \frac{\sum q_1 p_1}{\sum q_1 p_0} \quad\quad (6\text{-}6)$$

综合指数计算方法简便，意义明确，但它的计算必须同时具备两个前提条件，一是要有全面的原始资料，二是要有对应的不同时期不同指标属性的资料。只有这样，才能把不同度量的变量转化为可相加的价值总量指标，如果研究的范围很大，包括的产品种类很多，那么要取得这些资料是很困难的，也就为实际应用带来了困难。

第三节　平均指数

在统计实践中，有时由于受到资料的限制，无法利用综合指数进行计算，这时可以采用总指数的另一种形式，平均指数进行分析。平均指数是以个体指数为变量值，利用一定的权数形式而编制的总指数。

平均指数的编制思路为先对比后平均。所谓先对比，是指先通过对比计算个体指数：$k_q = \frac{q_1}{q_0}$ 或 $k_p = \frac{p_1}{p_0}$；所谓后平均，则是指将个体指数赋予适当的权数 $q_0 p_0$ 或 $q_1 p_1$，加以平均得到总指数。平均指数也是总指数的一种重要形式，可以看作是综合指数的变形形式。利用平均指数编制总指数有三个要点：①计算个体指数；②确定一个合理的权数；③选择合适的加权平均形式。按指数化因素的性质和平均方法不同，平均指数可分为加权算术平均指数和加权调和平均指数。

■ 一、加权算术平均指数

加权算术平均法是以各种产品或者商品的数量指标个体指数为变量值，以基期的总值资料为权数，对个体指数加权算术平均以计算总指数的方法。

利用加权算术平均法，可以将数量指标综合指数的公式变形为加权算术平均的形式：

$$\bar{k}_q = \frac{\sum q_1 p_0}{\sum q_0 p_0} = \frac{\sum \frac{q_1}{q_0} q_0 p_0}{\sum q_0 p_0} = \frac{\sum k_q q_0 p_0}{\sum q_0 p_0} \quad\quad (6\text{-}7)$$

式中：$q_0 p_0$ 为基期总值，是权数。

例 6-3　某商场有关资料，如表 6-3 所示，计算销售量总指数。

表 6-3　某商场商品销售资料

| 商　品 | 销　售　量 | | 个体销售量指数 | 基期销售额 / 万元 |
	基期 q_0	报告期 q_1	$k_q = \frac{q_1}{q_0}$	$q_0 p_0$
甲 / 吨	200	300	1.5	2 400
乙 / 套	500	600	1.2	3 250
丙 / 件	400	350	0.875	3 200

商场的销售量总指数为

$$K_q = \frac{\sum k_q q_0 p_0}{\sum q_0 p_0} = \frac{1.5 \times 2\,400 + 1.2 \times 3\,250 + 0.875 \times 3\,200}{2\,400 + 3\,250 + 3\,200} = \frac{10\,300}{8\,850} = 116.38\%$$

$$\sum k_q q_0 p_0 - \sum q_0 p_0 = 10\,300 - 8\,850 = 1\,450（万元）$$

三种商品的销售额平均增加了 16.38%，由于销售量提高而使销售额增加的绝对额为 1 450 万元，其结果与数量指标综合指数的结果相同，所以加权算术平均指数可以看作是数量指标综合指数的变形形式。

在实际工作中，加权算术平均指数还有以固定权数对个体指数进行加权的形式，称为"固定权数加权算术平均指数"。例如，我国现行零售物价指数和居民消费价格指数都是采用固定权数加权算术平均指数的形式编制的，该指数形式应用起来比较方便，权数资料一经取得，便可在相对较长的时间内使用，这就大大降低了工作量，同时在不同时期内采用同样的权数，可比性强，有利于指数数列的分析。

▌二、加权调和平均指数

加权调和平均指数是个体指数的加权调和平均数，它是以各种产品或者商品的质量指标个体指数为变量值，以报告期的总值资料为权数，进行加权调和平均以计算总指数的方法。

利用加权调和平均法，可以将质量指标综合指数的公式变形为加权调和平均的形式：

$$K_p = \frac{\sum q_1 p_1}{\sum q_1 p_0} = \frac{\sum q_1 p_1}{\sum \dfrac{p_0}{p_1} q_1 p_1} = \frac{\sum q_1 p_1}{\sum \dfrac{1}{k_p} q_1 p_1} \tag{6-8}$$

式中：$q_1 p_1$ 为报告期总值，是权数。

例 6-4 某商场有关资料如表 6-4 所示，试编制商品价格总指数。

表 6-4 某商场商品销售资料

商 品	销 售 价 格		个体价格指数	报告期销售额 / 万元
	基期 p_0	基期 p_1	$k_q = \dfrac{p_1}{p_0}$	$q_1 p_1$
甲 / 吨	12.0	12.5	1.042	3 750
乙 / 套	6.5	6.0	0.923	3 600
丙 / 件	8	9	1.125	3 150

价格加权调和平均指数为

$$K_p = \frac{\sum q_1 p_1}{\sum \dfrac{1}{k_p} q_1 p_1} = \frac{3\,750 + 3\,600 + 3\,150}{\dfrac{3\,750}{1.042} + \dfrac{3\,600}{0.923} + \dfrac{3\,150}{1.125}} = \frac{10\,500}{10\,300} = 101.94\%$$

$$\sum q_1 p_1 - \sum \frac{1}{k_p} q_1 p_1 = 10\,500 - 10\,300 = 200（万元）$$

　　三种商品的价格总指数为 101.94%，三种商品的销售额平均增加了 1.94%，由于价格变化而增加的销售额为 200 万元，其结果与质量指标综合指数的结果相同，故加权调和平均指数可以看作是质量指标综合指数的变形形式。

　　综上所述，编制和运用平均指数，当权数为 q_0p_0 或 q_1p_1 时，平均指数和综合指数有变形关系，也只有在这时，这种变形才有实用意义，且数量指标指数一般变形为算术平均指数，质量指标指数一般变形为调和平均指数。

　　此外，综合指数与平均指数既有联系又有区别。二者的联系在于：①两个指数都是编制总指数的方法。②在特定的权数下，两类指数具有变形关系。当以数量指标综合指数的分母资料 q_0p_0 为权数时，对数量指标个体指数 k_p 求加权算数平均数是其综合指数的变形；当以质量指标综合指数的分子资料 q_1p_1 为权数时，对质量指标个体指数 k_p 求加权调和平均指数是其综合指数的变形。二者的区别在于：①不是特定的权数下，两类指数分别是计算总指数的独立方法。②用综合指数法编制总指数，使用的是全面资料，没有代表性误差，但综合指数法不仅编制工作量大，而且全面资料在实际工作中不易取得。用平均指数法编制总指数，可以使用非全面资料，非全面资料在实际工作中容易取得，但存在代表性误差。③综合指数是先综合后对比，平均指数是先对比后平均。

第四节　指数体系与因素分析

■ 一、指数体系

（一）指数体系的含义

　　前面介绍的是指数编制的一种方法，只是涉及了一个指数，只能说明某一现象数量变动的状况，而为了更深入研究社会经济相互关系的现象，往往需要将多个指数结合起来加以运用，这就要求建立由几个指数组成的指数体系。

　　指数体系是指相互联系且在数值上具有一定数量对等关系的一系列指数所形成的体系。从相对量来看，指数间的这种数量对等关系表现为总量指数等于各因素指数的乘积。例如：

$$商品销售额指数 = 商品销售量指数 \times 商品销售价格指数$$
$$生产费用指数 = 产品产量指数 \times 单位产品成本指数$$

用公式可以表示为

$$\frac{\sum p_1q_1}{\sum p_0q_0} = \frac{\sum p_1q_1}{\sum p_0q_1} \cdot \frac{\sum p_0q_1}{\sum p_0q_0} \tag{6-9}$$

　　从绝对量来看，这种对等关系表现为总量的变动差额等于各因素指数的变动差额之和。例如：

商品销售额增减额 = 销售量变动引起的销售额增减额 - 销售价格变动引起的销售额增减额

产品产值实际增减额 = 出厂价格变动的影响额 + 产量变动的影响额

用公式可以表示为

$$\sum p_1q_1 - \sum p_0q_0 = \left(\sum p_1q_1 - \sum p_0q_1\right) + \left(\sum p_0q_1 - \sum p_0q_0\right) \qquad (6\text{-}10)$$

（二）指数体系的作用

指数体系在统计工作和经济活动中起着重要的作用。首先，根据指数体系中各个指数之间的联系，可以进行指数之间的相互推算，利用已知的指数推算未知的指数。其次，利用指数体系可以对复杂经济现象的总变动进行因素分析，说明各个影响因素的变动对总量指数的影响方向与程度，这也是指数体系的主要作用。

二、指数因素分析

（一）指数因素分析的概念和分类

指数因素分析就是利用指数体系来测定各因素指数对增量指数的影响方向、影响程度及其影响的数额。

因素分析按分析对象包括因素的多少不同可以分为两因素分析和多因素分析，前者分析的对象中仅包含两个影响因素，是因素分析的基本方法，后者的分析对象中包括两个以上的影响因素。

因素分析按分析对象的性质不同可以分为总量指标的因素分析和平均指标的因素分析，总量指标的因素分析是指对总量指标变动中各影响因素的影响方向和影响程度的分析，平均指标的因素分析就是对平均指标变动中各影响因素、影响方面和影响程度的分析。

本节重点介绍总量指标的两因素分析。

（二）总量指标的两因素分析

前面介绍的商品销售额指数、商品销售量指数和商品销售价格指数之间形成的指数体系就是总量指标的两因素分析。总量指标两因素分析的一般过程是，首先计算现象总变动指数，其次计算各个因素的变动指数，最后根据指数体系对现象的总变动进行因素分析。

例 6-5　某商场有关资料，如表 6-5 所示，试分析该商场商品销售量、商品价格变动对销售额的影响。

表 6-5　某商场商品销售资料

商品	销售量		销售价格		销售额 / 万元		
	基期 q_0	报告期 q_1	基期 p_0	报告期 p_1	q_0p_0	q_1p_0	q_1p_1
甲 / 吨	200	300	12.0	12.5	2 400	3 600	3 750
乙 / 套	500	600	6.5	6.0	3 250	3 900	3 600
丙 / 件	400	350	8	9	3 200	2 800	3 150
合计	—	—	—	—	8 850	10 300	10 500

（1）商品销售额的变动情况：

$$K_{qp} = \frac{\sum q_1 p_1}{\sum q_0 p_0} = \frac{10\,500}{8\,850} = 118.64\%$$

$$\sum q_1 p_1 - \sum q_0 p_0 = 10\,500 - 8\,850 = 1\,650\,（万元）$$

（2）各因素变动的影响：

$$K_q = \frac{\sum q_1 p_0}{\sum q_0 p_0} = \frac{10\,300}{8\,850} = 116.38\%$$

$$\sum q_1 p_0 - \sum q_0 p_0 = 10\,300 - 8\,850 = 1\,450\,（万元）$$

$$K_p = \frac{\sum q_1 p_1}{\sum q_1 p_0} = \frac{10\,500}{10\,300} = 101.94\%$$

$$\sum q_1 p_1 - \sum q_1 p_0 = 10\,500 - 10\,300 = 200\,（万元）$$

（3）综合分析：

$$116.38\% \times 101.94\% = 118.64\%$$

即

$$K_{qp} = K_q K_p$$

$$1\,650 = 1\,450 + 200$$

即

$$\sum q_1 p_1 - \sum q_0 p_0 = \left(\sum q_1 p_0 - \sum q_0 p_0\right) - \left(\sum q_1 p_1 - \sum q_1 p_0\right)$$

分析表明，该商场三种商品总销售额报告期比基期增加 18.64%，是由于三种商品销售量报告期比基期总的增加 16.38% 以及三种商品价格报告期比基期总的增加 1.94% 两个因素共同作用的结果。该商场三种商品总销售额报告期比基期增加 1 650 万元，是由于三种商品报告期比基期增加销售量而增加销售额 1 450 万元和三种商品价格报告期比基期上涨使报告期销售额增加 200 万元两个因素共同作用的结果。

第五节　平均指标指数

■ 一、平均指标指数的含义

平均指标指数是同一经济内容不同时期平均指标值对比的相对数。如平均工资指数、平均单位成本指数等。

平均指标指数是综合指数确定同度量因素的理论在平均指标变动分析中的具体应用，以平均工资指数为例来说明这个问题。

平均工资指数公式为

$$\overline{K}_{可变} = \frac{\overline{x}_1}{\overline{x}_0} = \frac{\dfrac{\sum x_1 f_1}{\sum f_1}}{\dfrac{\sum x_0 f_0}{\sum f_0}}$$

式中：x_0 为基期各部分工资水平；x_1 为报告期各部分工资水平；f_0 为基期职工人数；f_1 为报告期职工人数；$\overline{x}_0$ 为基期平均工资；$\overline{x}_1$ 为报告期平均工资；$\overline{K}_{可变}$ 为平均工资指数。

上面公式可以演变为

$$\overline{K}_{可变} = \frac{\overline{x}_1}{\overline{x}_0} = \frac{\sum x_1 \dfrac{f_1}{\sum f_1}}{\sum x_0 \dfrac{f_0}{\sum f_0}}$$

从这个演变后的公式中，可以清楚地看出平均工资的变动受两个因素变动的影响，一个是各部分的工资水平（x）变动的影响，另一个是各部分工人数占工人总数比重 $\left(\dfrac{f}{\sum f}\right)$ 即工人结构变动的影响。把包含这两个因素变动影响的平均工资指数，称为平均工资可变构成指数。

例 6-6　假如某企业职工工资资料，如表 6-6 所示。

表 6-6　某企业职工工资资料

工资级别	月工资水平 / 元		工人数 / 人		工资总额 / 元		
	基期 x_0	报告期 x_1	基期 f_0	报告期 f_1	基期实际 $x_0 f_0$	报告期实际 $x_1 f_1$	假定 $x_0 f_1$
1	50	52	40	130	2 000	6 760	6 500
2	60	63	30	40	1 800	2 520	2 400
3	70	75	30	30	2 100	2 250	2 100
合计	—	—	100	200	5 900	11 530	11 000

以上资料可得该企业职工的平均工资指数为

$$\overline{K}_{可变} = \frac{\sum x_1 f_1}{\sum f_1} \div \frac{\sum x_0 f_0}{\sum f_0} = \frac{11\,530}{200} \div \frac{5\,900}{100} = \frac{57.65}{59} = 97.71\%$$

公式的分子与分母的差额为

$$\frac{\sum x_1 f_1}{\sum f_1} - \frac{\sum x_0 f_0}{\sum f_0} = 57.65 - 59 = -1.35（元）$$

从表 6-6 的资料和计算结果可以看出，各级别工人工资水平的上升将使总平均工资上升，工人结构的变动，即低薪工人占工人总数比重的增加将使总平均工资下降，两个因素综合后，该企业总平均工资报告期比基期下降了 2.29%，减少的绝对额为 1.35 元。

分析各部分工资水平和工人结构两个因素变动对企业总平均工资变动的影响，可以借助综合指数法确定同度量因素的理论，在可变构成指数的基础上，把总体内部结构 $\dfrac{f}{\sum f}$ 中的 f 视为数量指标，把总体各部分水平 x 视为质量指标。因此，分析 f 的变动对总平均指

数 $\bar{x}$ 的影响时，把影响因素 x 固定在基期上；分析 x 的变动对总平均指标 $\bar{x}$ 的影响时，把影响因素 f 固定在报告期上，从而形成下面的固定构成指数和结构影响指数。

二、固定构成指数

固定构成指数计算公式为

$$\overline{K}_{\text{固定}} = \frac{\overline{x_1}}{\overline{x_n}} = \frac{\sum x_1 f_1}{\sum f_1} \div \frac{\sum x_0 f_1}{\sum f_1}$$

由于固定总体结构，只反映各部分水平的变动对总平均指标变动的影响，所以，将其称作固定构成指数。

根据表 6-6 的资料可得

$$\overline{K}_{\text{固定}} = \frac{\overline{x_1}}{\overline{x_n}} = \frac{\sum x_1 f_1}{\sum f_1} \div \frac{\sum x_0 f_1}{\sum f_1} = \frac{11\,530}{200} \div \frac{11\,000}{200} = \frac{57.65}{55} = 104.82\%$$

这个公式的分子与分母的差额为

$$\frac{\sum x_1 f_1}{\sum f_1} - \frac{\sum x_0 f_1}{\sum f_1} = 57.65 - 55 = 2.65 \,(\text{元})$$

计算结果表明，由于各部分工资水平的变动使总平均工资报告期比基期增加了 4.82%，增加的绝对额为 2.65 元。

三、结构影响指数

结构影响指数计算公式为

$$\overline{K}_{\text{影响}} = \frac{\overline{x_n}}{\overline{x_0}} = \frac{\sum x_0 f_1}{\sum f_1} \div \frac{\sum x_0 f_0}{\sum f_0}$$

由于固定了各部分水平，只反映总体结构变动对总平均指标变动的影响，所以，将其称作结构影响指数。

根据表 6-6 的资料可得

$$\overline{K}_{\text{影响}} = \frac{\overline{x_n}}{\overline{x_0}} = \frac{\sum x_0 f_1}{\sum f_1} \div \frac{\sum x_0 f_0}{\sum f_0} = \frac{11\,000}{200} \div \frac{5\,900}{100} = \frac{55}{59} = 93.22\%$$

这个公式的分子与分母的差额为

$$\frac{\sum x_0 f_1}{\sum f_1} - \frac{\sum x_0 f_0}{\sum f_0} = 55 - 59 = -4 \,(\text{元})$$

计算结果表明，由于工人结构的变动，即底薪工人占工人总数比重的上升使总平均工资报告期比基期下降了 6.78%，减少的绝对额为 4 元。

四、平均指标指数体系

可变构成指数、固定构成指数和结构影响指数三者之间存在如下关系：

$$\frac{\sum x_1 f_1}{\sum f_1} \div \frac{\sum x_0 f_0}{\sum f_0} = \left(\frac{\sum x_1 f_1}{\sum f_1} \div \frac{\sum x_0 f_1}{\sum f_1} \right)\left(\frac{\sum x_0 f_1}{\sum f_1} \div \frac{\sum x_0 f_0}{\sum f_0} \right)$$

$$\frac{\sum x_1 f_1}{\sum f_1} + \frac{\sum x_0 f_0}{\sum f_0} = \left(\frac{\sum x_1 f_1}{\sum f_1} - \frac{\sum x_0 f_1}{\sum f_1} \right) + \left(\frac{\sum x_0 f_1}{\sum f_1} - \frac{\sum x_0 f_0}{\sum f_0} \right)$$

简记为

$$\frac{\bar{x}_1}{\bar{x}_0} = \frac{\bar{x}_1}{\bar{x}_n}\frac{\bar{x}_n}{\bar{x}_0}$$

$$\bar{x}_1 - \bar{x}_0 = (\bar{x}_1 - \bar{x}_n) + (\bar{x}_n - \bar{x}_0)$$

仍以表 6-6 的资料来说明：

$$97.71\% = 104.82\% \times 93.22\% - 1.35 = 2.65 + (-4)$$

通过三个指数之间的关系，可对该企业总平均工资的变动做出如下综合分析说明：该企业总平均工资报告期比基期下降 2.29%，是由于各部分工资水平的变动使总平均工资提高 4.82% 和工人结构的变动使总平均工资下降 6.78% 两个因素共同影响的结果；总平均工资报告期比基期减少 1.35 元，是由于各部分工资水平的变动使总平均工资增减 2.65 元和工人结构变动使总平均工资减少 4 元两个因素共同影响的结果。

五、平均指标指数与平均指数的异同

（一）两个指数的不同之处

（1）两个指数的内容不同。平均指数使以个体指数为变量值，采用一定的权数，对个体指数进行加权平均而得到的总指数，它是编制总指数的一种方法。因此，平均指数既可以用来反映数量指标的总变动，编制数量指标总指数，如反映不同产品产量的总变动，可编制产品产量总指数，反映不同商品销售量的总变动，可编制商品销售量总指数；又可以用来反映质量指标的总变动，编制质量指标总指数，如反映不同产品单位成本的总变动，可编制单位成本总指数，反映不同产品价格的总变动，可编制价格总指数。平均指标指数是反映平均指标变动的指数。具体地说，平均指标指数是用来分析研究某一具体现象平均指标的变动及其各个因素变动影响的指数。它只能用来反映质量指标中平均指标的变动。如反映某企业职工平均工资的变动，可编制的平均工资指数，反映同一产品的平均单位成本的变动，可编制平均单位成本指数。

（2）两个指数的计算方式不同。平均指数的计算形式是先将个别现象报告期数值与基期数值对比以求得个体指数，然后运用一定的资料作权数对个体指数进行加权平均（算数平均或调和平均），简言之，先对比后平均。平均指标指数是某种现象两个不同时期平均指数对比的结果，即先计算平均指标，再对两个平均指标进行对比，简言之，先平均后对比。

（二）两个指数的相同之处

（1）两个指数都属于总指数的范畴，都是用来反映社会经济现象总体数值变动的，而不是反映个体数量变动的。对于平均指数是总指数已无须多论；对于平均指标指数是总指数，是因为任何一个平均指数都是反映社会经济现象总体的，而不是反映个体的，如平均工资是反映所有职工工资数量特征的。因此反映平均指标变动及其各个因素变动影响的平均指标指数当然是反映社会经济现象总体数量变动的总指数。

（2）两个指数都和综合指数发生着联系。在特定的权数下平均指数是综合指数的变形。平均指标指数编制的依据是综合指数法确定同度量因素的理论。在分析平均指标的变动时，只反映 f 的变动对总平均指标 $\bar{x}$ 的影响，把影响因素 x 固定在基期上；只反映 x 的变动对总平均指标 $\bar{x}$ 的影响，把影响因素 f 固定在报告期上。这与综合指数中编制数量指标指数把同度量因素固定在基期的质量指标上，编制质量指标指数把同质量因素固定在报告期的数量指标上是完全一致的。

第六节　几种常用的经济指数

指数作为一种重要的经济分析指标和方法，在实践中获得了广泛应用。但在不同场合，往往需要运用不同的指数形式。一般而言，选择指数形式的主要标准应该是指数的经济分析意义，除此以外，有时还要考虑实际编制工作的可行性，以及对指数分析性质的某些特殊要求。现以国内外常见的主要经济指数为例，对指数方法的具体应用加以介绍。

一、消费者价格指数和零售物价指数

消费者价格指数（又称生活费用指数）是综合反映各种消费品和生活服务价格的变动程度的重要经济指数，通常简记为 CPI。该指数可以用于分析市场物价的基本动态，调整货币工资以得到实际工资水平，等等。它是政府制定物价政策和工资政策的重要依据，世界各国都在编制这种指数。

我国的消费者价格指数（居民消费价格指数）是采用固定加权算术平均指数方法来编制的。其主要编制过程和特点是：①将各种居民消费划分为八大类，包括食品、衣着、家庭设备及用品、医疗保健、交通和通信工具、文教娱乐用品、居住项目以及服务项目，下面再划分为若干个中类和小类；②从以上各类中选定 325 种有代表性的商品项目（含服务项目）入编指数，利用有关对比时期的价格资料分别计算个体价格指数；③依据有关时期内各种商品的销售额构成确定代表品的比重权数，它不仅包括代表品本身的权数（直接权数），而且还包括该代表品所属的那一类商品中其他项目所具有的权数（附加权数），以此提高入编项目对于所有消费品的一般代表性程度；④按从低到高的顺序，采用固定加权算术平均公式，依次编制各小类、中类的消费价格指数和消费价格总指数：

$$I_q = \frac{\sum i_q \cdot w}{\sum w} = \frac{\sum i_q \cdot w}{100} \tag{6-11}$$

例 6-7　给出居民消费价格指数计算表，如表 6-7 所示。已知各大类、交通工具和通信工具中类及其代表商品（代表规格品）的有关资料（有关数据均为假设）。要求据以编制有关的价格指数，并填充表中空缺的数据。

利用表 6-7 中的资料和公式，依次计算各类别的消费价格指数和消费价格总指数如下：

（1）计算交通工具和通信工具两个中类的价格指数。

交通工具类指数为

$$I_p = \frac{\sum i_p \cdot w}{100} = \frac{45.693 + 53.570 + 5.111}{100} = 104.37\%$$

通信工具类指数为

表 6-7　某市居民消费价格指数计算表

类别及品名	规格等级	计量单位	平均价格 / 元		指数 /%	权数	指数 × 权数
			基期	计算期			
总指数	—	—	—	—	102.69	100	—
一、食品类	—	—	—	—	104.15	42	43.743
二、衣着类	—	—	—	—	95.46	15	14.319
三、家庭设备及用品	—	—	—	—	102.70	11	11.297
四、医疗保健	—	—	—	—	110.43	3	3.313
五、交通和通信工具	—	—	—	—	98.53	4	3.941
1. 交通工具	—	—	—	—	104.37	60	62.622
摩托车	100 型	辆	8 450	8 580	101.54	45	45.693
自行车	660mm	辆	336	360	107.14	50	53.570
三轮车	普遍	辆	540	552	102.22	5	5.111
2. 通信工具	—	—	—	—	89.77	40	35.908
电话机	中档	部	198	176	88.88	80	71.104
BP 机	中档	部	900	840	93.33	20	18.666
六、文教娱乐用品	—	—	—	—	101.26	5	5.063
七、居住项目	—	—	—	—	103.50	14	14.490
八、服务项目	—	—	—	—	108.74	6	6.524

$$I_p = \frac{\sum i_p \cdot w}{100} = \frac{71.104 + 18.666}{100} = 89.77\%$$

由此可以进一步计算各中类的"指数 × 权数"资料。

（2）计算交通和通信工具大类的价格指数。

$$I_p = \frac{\sum i_p \cdot w}{100} = \frac{62.662 + 35.908}{100} = 98.57\%$$

（3）计算居民消费价格总指数。

$$I_p = \frac{\sum i_p \cdot w}{100} = \frac{43.743+14.319+11.297+3.313+3.941+5.063+14.490+6.524}{100} = 102.69\%$$

我国的零售物价指数编制程序与消费者价格指数基本相同，也是采用固定加权算术平均指数公式。目前，中国编制的全国零售物价总指数包括食品、服装、日用品、文化娱乐用品、书报杂志、药品及医疗用品、建筑材料、燃料和农业生产资料 9 大类。同时，这一指数还可分为城镇商品零售物价指数和农村商品零售物价指数两大类。零售物价指数的入编商品共计 353 项，其中不包括服务项目（但以往包含一部分对农村居民销售的农业生产资料，现已取消），对商品的分类方式也与消费者价格指数有所不同。这些都决定了两种价格指数在分析意义上的差别：消费者价格指数综合反映城乡居民所购买的各种消费品和生活服务的价格变动程度，零售物价指数则反映城乡市场各种零售商品（不含服务）的价格变动程度。

■ 二、工业生产指数

工业生产指数概括反映一个国家或地区各种工业产品产量的综合变动程度，它是衡量经济增长水平的重要指标之一。世界各国都非常重视工业生产指数的编制，但采用的编制方法却不完全相同。

在我国，工业生产指数是通过计算各种工业产品的不变价格产值来加以编制的，其基本编制过程是：首先，对各种工业产品分别制定相应的不变价格标准（记为 p_c）；然后，逐项计算各种产品的不变价格产值，加总起来就得到全部工业产品的不变价格总产值；将不同时期的不变价格总产值加以对比，就得到相应时期的工业生产指数。

记 t 时期的不变价格总产值为 $\sum q_t p_c$（t=0，1，2，3，…），则该时期的工业生产指数就是固定加权综合指数的形式：

$$I_q = \frac{\sum q_t p_c}{\sum q_0 p_c} \text{或} I_q = \frac{\sum q_t p_c}{\sum q_{t-1} p_c} \qquad (6\text{-}12)$$

采用不变价格法编制工业生产指数的特点是，只要具备了完整的不变价格产值资料，就能够很容易地计算出有关的生产指数；而且可以在不同层次上（如各地区、各部门、各企业等）进行编制，以满足各方面的分析需要。然而，不变价格的制定和不变价格产值的计算本身就是一项非常浩繁的工作，而又必须连续不断地、全面地展开，其难度可想而知。尤其是在市场经济条件下，要在整个工业生产领域内运用不变价格计算完整的产值资料，面临着很多实际的问题。因此，我国工业生产指数编制方法的改革势在必行。

与我国的情况不同，在国外，较为普遍地采用平均指形式来编制工业生产指数。计算公式为

$$I_q = \frac{\sum i_q \cdot p_0 q_0}{\sum p_0 q_0} \qquad (6\text{-}13)$$

式中：i_q 为各种工业品的个体产量指数；p_0q_0 为相应产品的基期增加值。编制这种工业生产指数的目的是说明工业增中值中物量因素的综合变动程度，其分析意义与一般的工业总产量指数是有所不同的。

在实践中，为了简化指数的编制工作，常常以各种工业品的增加值比重作为权数，并且将这种比重权数相对固定起来，连续地编制各个时期的工业生产指数：

$$I_q = \frac{\sum i_q \cdot w}{\sum w} \tag{6-14}$$

这里运用了"固定加权算术平均指数"。

三、股票价格指数

股票作为一种特殊的金融商品，也有价格。广义的股票价格包括票面价格、发行价格、账面价格、清算价格、内在价格、市场价格等。狭义的股票价格，即通常所说的市场价格，也称股票行市。它完全随股市供求行情变化而涨落。股票价格指数是根据精心选择的那些具有代表性和敏感性强的样本股票某时点平均市场价格计算的动态相对数，用以反映某一股市股票价格总的变动趋势。股价指数的单位习惯上用"点"表示，即以基期为 100（或 1 000），每上升或下降 1 个单位称为 1 点。股价指数计算的方法很多，但一般以发行量为权数进行加权综合。其公式为

$$I = \sum p_{1i}q_i / \sum p_{0i}q_i \tag{6-15}$$

式中：p_{1i} 和 p_{0i} 分别为报告期和基期样本股的平均价格；q_i 为第 i 种股票的报告期发行量（也有采用基期的）。

股价指数是反映证券市场行情变化的重要指标，不仅是广大证券投资者进行投资决策分析的依据，而且也被视为一个地区或国家宏观经济态势的"晴雨表"。世界各地的股票市场都有自己的股票价格指数。在一个国家里，同一股市往往有不同的股票价格。下面介绍几种常见的股票价格指数。

（一）道—琼斯股价平均数

道—琼斯股价平均数由美国的道—琼斯公司计算并发布。自1884年第一次开始发布，迄今已有一个多世纪，它是久负盛名、影响最广泛的一种股票价格指数。

道—琼斯股价平均数以在纽约交易所挂牌上市交易的一些著名大公司的股票为编制对象。最初采用简单算术平均方法计算，将采样股票价格总额除以公司数，反映的是每一家公司的平均股票价格总额。为了反映每一单位平均股票价格，应将采样股票价格总和除以总股数，但考虑到增资和折股等各种非市场因素对股票总股数的影响，因此，后来采用除数修正法，即将各种采样股票价格总和除以一个修正后的除数来计算道—琼斯股价平均数。除数修正公式为

$$修正后的新除数 = \frac{非市场因素影响后的各种采样股票理论价格之和}{非市场因素影响前各种采样股票收盘价之和} \times 原先除数 \tag{6-16}$$

$$道—琼斯股价平均数 = \frac{采样股票价格总和}{修正后的新除数} \quad (6-17)$$

人们通常引用的道—琼斯股价指数实际是一族平均数，包括以下几项：

（1）道—琼斯工业股价平均数。它由美国 30 家著名工商业公司股票组成采样股。主要用以反映整个工商业股票的价格水平。在许多场合，也被用作道—琼斯股价平均数的代表。

（2）交通运输业股价平均数。以美国 20 家著名的交通运输公司的股票为采样，其中有 8 家铁路公司、8 家航空公司和 4 家公路货运公司。

（3）公用事业股价平均数。以美国 15 家最大公用事业公司的股票为采样股，反映公用事业类股票的价格水平。

（4）股价综合平均数。以上述三种股价平均数所涉及的共 65 家公司的股票为采样股综合得到的股价平均数，反映整个股票市场价格的变化趋势。

（二）香港恒生指数

1969 年 11 月 24 日，香港恒生银行编制并首次公开发表香港恒生指数，它是香港证券市场上最有代表性的股票价格指数。

香港恒生指数共选择了 33 种具有代表性的股票（成分股）为指数计算对象。其中，金融业 4 种，公用事业 6 种，地产业 9 种，其他行业 14 种。

香港恒生指数是以 1964 年 7 月 31 日为基期，基日指数定为 100。计算公式为

$$即时指数 = \frac{现时成分股的总市值}{上日收市时成分股的总市值} \times 上日收市指数 \quad (6-18)$$

成分股的市值是按股价乘以发行股数计算的。因此，香港恒生指数也是以股票发行量为权数的加权综合指数。

（三）上海证券交易所股价指数

上海证券交易所股价指数主要有上证综合指数和上证 30 指数。

1. 上证综合指数

上证综合指数是以 1990 年 12 月 19 日为基日（该日为上证所正式营业之日），基日定为 100，以所有在上海证券交易所上市的股票为编制范围，采用以股票发行量为权数的综合股价指数。计算公式为

$$上证综合指数 = \frac{报告期市价总值}{基日市价总值} \times 100\% \quad (6-19)$$

式中：市价总值为股票市价乘发行股数；基日市价总值也称为除数。

当市价总值出现非交易因素（增股、配股、汇率等）变动时，原除数需修正，以维持指数的连续可比。修正公式为

$$修正后的除数 = \frac{修正后的市价总值}{修正前的市价总值} \times 原除数 \quad (6-20)$$

2. 上证 30 指数

上证 30 指数是以在上海证券交易所上市的 A 股中选取最具市场代表性的 30 种样本股票为计算对象，并以这 30 家流通股数为权数的加权综合股价指数，取 1996 年 1—3 月的平均流通市值为指数的基期，指数以"点"为单位，基期指数定为 1 000 点。

（四）深圳证券交易所股价指数

深圳证券交易所股价指数有深证综合指数和深证成分股指数。

1. 深证综合指数

深证综合指数是以在深圳证券交易所上市的所有股票为对象编制的指数，1991 年 4 月 3 日为指数的基日，1991 年 4 月 4 日公布。深证综合指数是以发行量为权数，纳入指数计算范围的股票称为指数股。指数计算基本公式为

$$指数 = \frac{现时指数股总市值}{基日指数股总市值} \times 100\% \tag{6-21}$$

若遇股市结构有所变动，其修正是用"连锁"方法计算得到的指数溯源于原有基期，以维持指数的连续性。每日连锁方法的计算公式为

$$今日即时指数 = \frac{今日即时指数股总市值}{经调整的上日指数股收市总市值} \tag{6-22}$$

2. 深证成分股指数

深证成分股指数是以 1994 年 7 月 20 日为基日，基日指数定为 1 000，于 1995 年 1 月 23 日开始发布。深证成分股指数采用流通量为权数，计算公式同深证综合指数。深证成分股指数是从上市公司中挑选出 40 家具有代表性的成分股计算的，成分股选择的一般原则是：①有一定上市交易日期；②有一定上市规模；③交易活跃。此外，结合考虑公司股份的市盈率，公司的行业代表性，地区、板块代表性，公司的财务状况、管理素质等。

四、产品成本指数

产品成本指数概括反映生产各种产品的单位成本水平的综合变动程度，它是企业或部门内部进行成本管理的一个有用工具。记各种产品的产量为 q，单位成本为 p。则全部可比产品（即基期实际生产过且计算期仍在生产的产品）的综合成本指数通常采用派氏公式来编制：

$$p_p = \frac{\sum p_1 q_1}{\sum p_0 q_1} \tag{6-23}$$

产品成本指数的分子与分母之差可以表示，由于单位成本水平的降低（或提高），使得计算期所生产的那些产品的成本总额节约（或超支）了多少。

类似地，在对成本水平实施计划管理的场合，还可以编制相应的成本计划完成情况指

数，用以检查有关成本计划的执行情况，其编制方法可以采用派氏公式：

$$p_p = \frac{\sum p_1 q_1}{\sum p_n q_1} \qquad (6-24)$$

式中：p_n 为计划规定的单位成本水平。该指数的分子与分母之差，可以说明计划执行过程中所节约或超支的成本总额。

不过，在同时制订了产量计划的条件下，则应该采用拉氏公式编制成本计划完成情况指数：

$$L_p = \frac{\sum p_1 q_n}{\sum p_n q_n} \qquad (6-25)$$

式中：q_n 为计划规定的产量水平。该指数可以在兼顾产量计划的前提下来检查成本计划执行情况，即避免由于片面追求完成成本计划而破坏了产量计划。但在企业按照市场需求组织生产，没有制订产量计划，或不要求恪守产量计划指标的情况下，上面的拉氏指数就失效了。

■ 五、空间价格指数

空间价格指数又称地域性价格指数，用于比较不同地区或国家各种商品价格的综合差异程度，它是进行地区对比和国际对比的一种重要分析工具。与动态指数不同，空间指数的编制和分析有一些特殊的要求。

假定对 A、B 两个地区进行价格比较，如果以 B 地区为对比基准，采用拉氏公式编制价格指数，得到

$$L_p^{A/B} = \frac{\sum p_A q_B}{\sum p_B q_B} \qquad (6-26)$$

反过来；如果以 A 地区为对比基准，同样采用拉氏公式编制价格指数，又得到

$$L_p^{A/B} = \frac{\sum p_B q_A}{\sum p_A q_A} \qquad (6-27)$$

那么，这两个互换对比基准的地区价格指数彼此之间是否能够保持一致呢？答案一般是否定的。举例说，假如 A 地区的价格水平比 B 地区高出 25%，即 $L_p^{A/B}$=125%，那么反过来，B 地区的价格水平就应该比 A 地区低 20%，即 $L_p^{B/A} = \frac{1}{125\%}$ =80%。但在实际上，互换对比基准之后的两个拉氏指数之间并不存在上面的联系，即

$$L_p^{B/A} = \frac{\sum p_B q_A}{\sum p_A q_A} \neq \frac{\sum p_B q_B}{\sum p_A q_B} = \frac{1}{L_p^{A/B}} \qquad (6-28)$$

派氏价格指数也存在类似的问题。这在空间对比中是非常不利的，因为空间对比的基准往往是人为确定的，如果一种指数公式给出的结果会随着基准地区的改变而改变，那就

不适合用于空间对比了。因此，人们在编制空间价格指数时常常采用埃奇沃斯公式：

$$E_p^{A/B} = \frac{\sum p_A(q_A + q_B)}{\sum p_B(q_A + q_B)}$$ （6-29）

这样得到的对比结论不会受到对比基准变化的影响，而且，其同度量因素反映了两个对比地区的平均商品结构，具有实际经济意义。在国际经济对比中，该指数也获得了广泛的应用。

本章小结

指数按所反应对象的范围不同，分为个体指数、组（类）指数和总指数；按所反应对象的特征不同，分为数量指标指数和质量指标指数；按指数的表现形式不同，分为综合指数、平均指标指数和平均指标对比指数；按采用的基期不同，分为定基指数和环比指数；按说明现象的时间状况是否为同一时间，分为动态指数和静态指数。

统计指数可综合反映社会经济现象总体变动的方向和程度；分析经济现象总体变动中各个因素的变动及其影响；分析总体现象平均水平的变动中各个因素变动的影响；分析现象总体的长期变动发展趋势。

编制综合指数应先综合后对比。编制综合指数首先必须明确"指数化指标"和"同度量因素"两个概念。编制平均指数应先对比后平均。常用综合指数与加权平均指数的计算公式如表 6-8 所示，综合指数体系的计算公式如表 6-9 所示。

表 6-8　常用的综合指数和加权平均指数公式表

指数名称	指数化因素	个体指数	综合指数		加权平均指数	
			同度量因素	公式	权数	公式
产品产量指数	q	$k_q = \dfrac{q_1}{q_0}$	p_0	$\bar{k}_q = \dfrac{\sum q_1 p_0}{\sum q_0 p_0}$	$q_0 p_0$	$\bar{k}_q = \dfrac{\sum k_q q_0 p_0}{\sum q_0 p_0}$
商品销售量指数	q	$k_q = \dfrac{q_1}{q_0}$	p_0	$\bar{k}_q = \dfrac{\sum q_1 p_0}{\sum q_0 p_0}$	$q_0 p_0$	$\bar{k}_q = \dfrac{\sum k_q q_0 p_0}{\sum q_0 p_0}$
物价指数	p	$k_p = \dfrac{p_1}{p_0}$	q_1	$k_p = \dfrac{\sum q_1 p_1}{\sum q_1 p_0}$	$q_1 p_1$	$K_p = \dfrac{\sum q_1 p_1}{\sum \dfrac{1}{k_p} q_1 p_1}$
单位成本指数	z	$k_z = \dfrac{z_1}{z_0}$	q_1	$K_z = \dfrac{\sum q_1 z_1}{\sum q_1 z_0}$	$q_1 z_0$	$K_z = \dfrac{\sum q_1 z_1}{\sum \dfrac{1}{k_z} q_1 z_1}$

表 6-9 综合指数体系公式表

指数名称	指数体系形式	指数体系公式
综合指数	相对数	$$\frac{\sum p_1 q_1}{\sum p_0 q_0} = \frac{\sum p_1 q_1}{\sum p_0 q_1} \frac{\sum p_0 q_1}{\sum p_0 q_0}$$
	绝对数	$$\sum p_1 q_1 - \sum p_0 q_0 = \left(\sum p_1 q_1 - \sum p_0 q_1\right) + \left(\sum p_0 q_1 - \sum p_0 q_0\right)$$
加权平均指数	相对数	$$\frac{\sum p_1 q_1}{\sum p_0 q_0} = \frac{\sum k_q p_0 q_1}{\sum p_0 q_0} \frac{\sum p_1 q_1}{\sum \frac{1}{k_p} p_1 q_1}$$
	绝对数	$$\sum p_1 q_1 - \sum p_0 q_0 = \left(\sum k_q p_0 q_0 - \sum p_0 q_0\right) + \left(\sum p_1 q_1 - \sum \frac{1}{k_p} p_1 q_1\right)$$
平均指标指数	相对数	$$\frac{\sum x_1 f_1}{\sum f_1} \div \frac{\sum x_0 f_0}{\sum f_0} = \left(\frac{\sum x_1 f_1}{\sum f_1} \div \frac{\sum x_0 f_1}{\sum f_1}\right)\left(\frac{\sum x_0 f_1}{\sum f_1} \div \frac{\sum x_0 f_0}{\sum f_0}\right)$$
	绝对数	$$\frac{\sum x_1 f_1}{\sum f_1} + \frac{\sum x_0 f_0}{\sum f_0} = \left(\frac{\sum x_1 f_1}{\sum f_1} - \frac{\sum x_0 f_1}{\sum f_1}\right) + \left(\frac{\sum x_0 f_1}{\sum f_1} - \frac{\sum x_0 f_0}{\sum f_0}\right)$$

技能训练：用 Excel 进行指数分析

以 Excel 为工具进行综合指数和平均指数的测定，并进行因素分析。

实训项目：利用 Excel 进行指数分析。

实训目的：掌握 Excel 在描述统计中的应用，熟练应用 Excel 进行综合指数和平均指数的计算。

实训要求：掌握统计中综合指数和平均指数的计算方法。

实训资料：某工厂 2015 年和 2016 年五种产品的生产资料，如表 6-10 所示。

表 6-10 某工厂生产资料

产 品	产 量		单价 / 元	
	2015	2016	2015	2016
A/ 件	8 985	9 856	100	95
B/ 个	6 589	7 658	120	110
C/ 台	3 562	3 250	250	290
D/ 部	452	800	1 000	1 100
E/ 件	10 535	12 123	80	90

操作步骤：建立 Excel 工作簿。

第一步，将生产资料情况输入工作表 Sheet1，如图 6-2 所示。

	A	B	C	D	E
1	某工厂生产情况表				
2	产品	产量		单价（元）	
3		2015年q_0	2016年q_1	2015年p_0	2016年p_1
4	A/件	8985	9856	100	95
5	B/个	6589	7658	120	110
6	C/台	3562	3250	250	290
7	D/部	452	800	1000	1100
8	E/件	10535	12123	80	90

图 6-2　数据录入

第二步，计算各类产品的 q_0p_0、q_1p_0 和 q_1p_1。在 F4 单元格中输入“=B4*D4”，按 Enter 键即可计算出 A 产品基期的产值，用鼠标拖拽将公式复制到 F4:F8 区域即可计算出各种产品基期产值，同样的方法可计算出 q_1p_0 和 q_1p_1。计算结果如图 6-3 所示。

	A	B	C	D	E	F	G	H
1	某工厂生产情况表							
2	产品	产量		单价（元）		q_0p_0	q_1p_0	q_1p_1
3		2015年q_0	2016年q_1	2015年p_0	2016年p_1			
4	A/件	8985	9856	100	95	898500	985600	936320
5	B/个	6589	7658	120	110	790680	918960	842380
6	C/台	3562	3250	250	290	890500	812500	942500
7	D/部	452	800	1000	1100	452000	800000	880000
8	E/件	10535	12123	80	90	842800	969840	1091070
9	合计					3874480	4486900	4692270

图 6-3　计算表（1）

第三步，计算 $\sum q_0p_0$、$\sum q_1p_0$ 和 $\sum q_1p_1$。在 F9 单元格中输入“=SUM（F4:F8）”，按 Enter 键即可计算出 $\sum q_0p_0$，复制 F9 中的公式到 G9 和 H9，即可计算出 $\sum q_1p_0$ 和 $\sum q_1p_1$。计算结果，如图 6-4 所示。

	A	B	C	D	E	F	G	H
1	某工厂生产情况表							
2	产品	产量		单价（元）		q_0p_0	q_1p_0	q_1p_1
3		2015年q_0	2016年q_1	2015年p_0	2016年p_1			
4	A/件	8985	9856	100	95	898500	985600	936320
5	B/个	6589	7658	120	110	790680	918960	842380
6	C/台	3562	3250	250	290	890500	812500	942500
7	D/部	452	800	1000	1100	452000	800000	880000
8	E/件	10535	12123	80	90	842800	969840	1091070
9	合计					3874480	4486900	4692270

图 6-4　计算表（2）

第四步，因素分析。首先，计算产量指数及影响额。即在 A11 中输入指数名称“产量指数”，在 B11 中输入“=G9/F9”，按 Enter 键确定即可得到产量指数。在 C11 中输入“产量变动影响额”，在 D11 中输入“=G9-F9”，按 Enter 键确认即可得到。其次，计算价格指数及影响额，即在 A12 中输入指数名称"价格指数"，在 B12 中输入"=H9/G9"，即可得到价格指数。在 C12 中输入"价格变动影响额"，在 D12 中输入"=H9-G9"，按 Enter 键确认即可得到。最后，计算产值指数及变动额，即在 A13 中输入指数名称"产值指数"，在 B13 中输入"=H9/F9"，即可得到产值指数。在 C13 中输入"产值变动额"，在 D13 中输入"=H9-F9"，按 Enter 键确认即可得到。以上计算结果，如图 6-5 所示。

	A	B	C	D	E	F	G	H
1	某工厂生产情况表							
2	产品	产量		单价（元）		q_0p_0	q_1p_0	q_1p_1
3		2015年q_0	2016年q_1	2015年p_0	2016年p_1			
4	A/件	8 985	9 856	100	95	898 500	985 600	936 320
5	B/个	6 589	7 658	120	110	790 680	918 960	842 380
6	C/台	3 562	3 250	250	290	890 500	812 500	942 500
7	D/部	452	800	1 000	1 100	452 000	800 000	880 000
8	E/件	10 535	12 123	80	90	842 800	969 840	1091070
9	合计					3 874 480	4 486 900	4 692 270
10								
11	产量综合指数	1.158 065 1	产量变动影响额	612 420				
12	价格平均指数	1.045 771	价格变动影响额	205 370				
13	产品产值指数	1.211 070 9	产值变动额	817 790				

图 6-5　计算表（3）

综上，三个指数和绝对额的结果说明，报告期(2016 年) 五种产品产值比基期（2015 年）提高了 21.107%，增加的产值为 817 790 元。其中，产量提高 15.807%，使产值增加了 612 420 元；价格增加 4.577%，使产值增加 205 370 元。

思考与练习

一、单项选择题

1. 在统计实践和理论中，指数一般是指（　　）。

 A. 广义的指数概念   B. 拉氏和派氏指数概念

 C. 狭义的指数概念   D. 广义和狭义的指数两种概念

2. 编制总指数的两种形式是（　　）。

 A. 数量指标指数和质量指标指数   B. 综合指数和平均数指数

 C. 算术平均数指数和调和平均数指数   D. 定基指数和环比指数

3. 按照指数的性质不同，指数可分为（　　）。

 A. 个体指数和总指数   B. 简单指数和加权指数

 C. 数量指标指数和质量指标指数   D. 动态指数和静态指数

4. 下列不属于数量指数的是（　　）。

 A. 价格指数   B. 产量指数   C. 销售量指数   D. 出口量指数

5. 如果某种商品的零售价格上涨 10%，销售量下降 10%，则销售额指数（ ）。

    A. 有所增加   B. 有所减少   C. 没有变化   D. 无法判断

6. 编制综合指数时，应固定的因素是（ ）。

    A. 指数化指标   B. 个体指数   C. 同度量因素   D. 被测定的因素

7. 甲产品报告期产量与基期产量的比值是 110%，这是（ ）。

    A. 综合指数   B. 总指数   C. 个体指数   D. 平均数指数

8. 某企业产品物价上涨，销售额持平，则销售量指数（ ）。

    A. 增长   B. 下降   C. 不变   D. 不能确定

9. 设 p 表示商品的价格，q 表示商品的销售量，$\sum p_1 q_1 / \sum p_0 q_1$ 说明了（ ）。

    A. 在基期销售量条件下，价格综合变动的程度

    B. 在报告期销售量条件下，价格综合变动的程度

    C. 在基期价格水平下，销售量综合变动的程度

    D. 在报告期价格水平下，销售量综合变动的程度

10. 某种产品报告期与基期比较产量增长 26%，单位成本下降 32%，则生产费用支出总额为基期的（ ）。

    A. 166.32%   B. 85.68%   C. 185%   D. 54%

11. 若销售量增加，销售额持平，则物价指数（ ）。

    A. 降低   B. 增长   C. 不变   D. 趋势无法确定

12. 某商店本年同上年比较，商品销售额没有变化，而各种商品价格上涨了 7%，则商品销售量增（或减）的百分比为（ ）。

    A. −6.54%   B. −3%   C. +6.00%   D. +14.29%

13. 加权算术平均数指数要成为综合指数的变形，其权数为（ ）。

    A. $q_1 p_1$ B. $q_0 p_0$ C. $q_1 p_0$ D. 前三者均可

14. 在分别掌握三个企业报告期和基期的劳动生产率和人数资料的条件下，要计算三个企业劳动生产率总平均水平的变动，应采用（ ）。

    A. 质量指标指数   B. 可变构成指数   C. 固定构成指数   D. 结构影响指数

15. 用指数体系作两个因素分析，则同度量因素必须（ ）。

    A. 都固定在基期   B. 都固定在报告期

    C. 是不同时期   D. 采用基期和报告期的平均

16. 平均指标指数中的平均指数通常是指（ ）。

    A. 简单算术平均数   B. 加权算术平均数

    C. 简单调和平均数   D. 加权调和平均数

17. 某商品销售额，本年同上年比较没有变化，而商品价格平均上涨了 7%，则商品销售量平均（ ）。

    A. 下降了 6.5%   B. 上涨了 3%   C. 上涨了 6.00%   D. 上涨了 14.29%

18. 若销售量增加，销售额持平，则物价指数（ ）。

    A. 降低   B. 增长   C. 不变   D. 无法确定

19. 加权算术平均数指数变形为综合指数时，其特定的权数是（　　）。

A. q_1p_1　　　　　B. q_0p_1　　　　　C. q_1p_0　　　　　D. q_0p_0

20. 如果零售价格上涨 10%，销售量下降 10%，则销售额（　　）。

A. 有所增加　　　B. 有所减少　　　C. 没有变化　　　D. 无法判断

二、多项选择题

1. 指数按照计入的项目多少不同，分为（　　）。

A. 数量指数　　　B. 质量指数　　　C. 个体指数

D. 总指数　　　　E. 环比指数

2. 下列属于质量指标指数的有（　　）。

A. 价格总指数　　　B. 个体价格指数　　　C. 销售量总指数

D. 销售总额指数　　　E. 平均指标指数

3. 某市商品物价指数为 108%，其分子与分母之差为 100 万元，这表明（　　）。

A. 该市所有商品的价格平均上涨 8%

B. 该市由于物价上涨使销售额增加 100 万元

C. 该市商品物价上涨 108%

D. 该市由于物价上涨使商业多收入 100 万元

E. 该市由于物价水平的上涨使居民多支出 100 万元

4. 指数体系的作用有（　　）。

A. 对现象进行综合评价　　　　　　　B. 进行指数之间的相互推算

C. 对现象的总变动进行因素分析　　　D. 可以测定复杂现象的综合变动

E. 分析总体数量特征的长期变动趋势

5. 下列属于数量指标指数的有（　　）。

A. 工业产品产量指数　　　　　　　B. 劳动生产率指数

C. 职工人数指数　　　　　　　　　D. 产品销售量指数

E. 产品单位成本指数

6. 下列关于综合指数的表述正确的是（　　）。

A. 综合反映多种现象的平均变动程度

B. 两个总量指标对比的动态相对数

C. 固定一个或一个以上因素，反映另一个因素的变动

D. 分子与分母是两个或两个以上因素乘积之和

E. 分子或分母中有一项假定指标

7. 设 p 为价格，q 为销售量，则总指数 $\sum p_0q_1/\sum p_0q_0$ 的意义是（　　）。

A. 综合反映多种商品的销售量的变动程度

B. 综合反映商品价格和销售量的变动程度

C. 综合反映商品销售额的变动程度

D. 反映商品销售量变动对销售额变动的影响程度

E. 综合反映多种商品价格的变动程度

8. 平均数指数（　　）。

　　A. 是个体指数的加权平均数

　　B. 是计算总指数的一种形式

　　C. 计算方法上是先综合后对比

　　D. 资料选择时，既可用全面资料，也可用非全面资料

　　E. 可作为综合指数的变形形式来使用

9. 某企业基期产值为 100 万元，报告期比基期增长 14%，又知以基期价格计算的报告期假定产值为 112 万元。经计算可知（　　）。

　　A. 产量增加 12%

　　B. 价格增加 12%

　　C. 由于价格变化使产值增加 2 万元

　　D. 由于产量变化使产值增加 12 万元

　　E. 由于产量变化使产值增加 20 万元

10. 若 p 表示商品价格，q 表示商品销售量，则公式（$\sum p_1 q_1 - \sum p_0 q_1$）表示的意义是（　　）。

　　A. 综合反映销售额变动的绝对额

　　B. 综合反映价格变动和销售量变动的绝对额

　　C. 综合反映多种商品价格变动而增减的销售额

　　D. 综合反映由于价格变动而使消费者增减的货币支出额

　　E. 综合反映多种商品销售量变动的绝对额

11. 某产品的生产总成本 2016 年为 20 万元，比 2015 年多支出 0.4 万元，单位成本 2016 年比 2015 年降低 2%，则（　　）。

　　A. 生产总成本指数为 102%　　　　　　B. 单位成本指数为 2%

　　C. 产品产量指数为 104%　　　　　　　D. 单位成本指数为 98%

　　E. 由于单位成本降低而节约的生产总成本为 0.408 万元

12. 某工业局所属企业报告期生产费用总额为 50 万元，比基期多 8 万元，单位成本报告期比基期上升 7%，于是（　　）。

　　A. 生产费用总额指数为 119.05%

　　B. 成本总指数为 107%

　　C. 产品产量总指数为 111.26%

　　D. 由于产量变动而增加的生产费用额为 4.73 万元

　　E. 由于单位成本变动而增加的生产费用额为 3.27 万元

13. 某食品厂生产两种产品的资料如表 6-11 所示。

表 6-11　某食品厂生产两种产品的资料

产　品	单　位	产　量		单价 / 元	
		2015	2016	2015	2016
甲	万袋	50	80	2.4	3.0
乙	万斤	100	120	1.6	2.2

报告期与基期相比，以下说法正确的有（　　　）。

A. 甲产品的产量增加了 60%　　　　　B. 乙产品的价格下降了 37.5%

C. 产值综合提高了 80%　　　　　　　D. 产值提高受产量变动的影响较大

E. 产值受价格变动的影响较大

14. 三种商品的价格指数为 110%，其绝对影响为 500 元，表明（　　　）。

A. 三种商品价格平均上涨 10%　　　　B. 由于价格变动使销售额增长 10%

C. 由于价格上涨使居民消费支出多支出了 500 元

D. 由于价格上涨使商店多了 500 元销售收入

E. 报告期价格与基期价格绝对相差 500 元

15. 下面哪些指数式是综合指数（　　　）。

A. $\dfrac{\sum q_1 p_0}{\sum q_0 p_0}$　　　　B. $\dfrac{\sum q_1 p_1}{\sum \dfrac{q_1 p_1}{k}}$　　　　C. $\dfrac{\sum q_1 p_1}{\sum q_1 p_0}$

D. $\dfrac{\sum q_0 p_0}{\sum q_0 p_0}$　　　　E. $\dfrac{\sum q_1 p_1}{\sum q_1} \div \dfrac{\sum q_0 p_0}{\sum q_1}$

16. 下列哪些是反映平均指标变动的指数（　　　）。

A. 可变构成指数　　B. 固定构成指数　　C. 结构影响指数

D. 算术平均指数　　E. 调和平均指数

17. 指数体系的作用是（　　　）。

A. 可以进行因素分析

B. 测定现象总规模

C. 可以进行指数间的互相推算

D. 测定现象的长期变动趋势

E. 测定不能直接相加与对比的现象的总变动

18. 指数因素分析法的前提条件是（　　　）。

A. 各因素指数的乘积等于现象总变动指数

B. 各因素指数之和等于现象总变动指数

C. 各因素影响差额之和等于实际发生的总差额

D. 各因素指数与总变动指数之间存在一定的因果关系

E. 构成指数体系各指标之间存在一定的经济关系

三、判断题

1. 统计指数有广义和狭义之分，统计工作中通常编制的指数是狭义上的指数。（　　　）

2. 反映多种商品销售变动情况的销售量指数是个体指数。（　　　）

3. 综合指数是一种加权指数。（　　　）

4. 若某企业的产量指数和单位成本指数都没有变，则该企业的总成本指数也没有发生变化。（　　　）

5. 已知销售量指数是 100%，销售额指数是 108%，则价格指数是 8%。（　　　）

四、简答题

1. 统计指数有哪些作用？

2. 平均指数与综合指数有何区别与联系？

3. 什么是指数体系？因素分析主要分析哪些内容？

4. 在进行多因素分析时，在方法上应注意哪些？

5. 什么是同度量因素？在编制指数时如何确定同度量因素的所属时期？

五、计算分析题

1. 某厂生产的三种产品的有关资料如表 6-12 所示。

表 6-12 某厂生产的三种产品的有关资料

产品名称	产 量		单位产品成本	
	基 期	报告期	基 期	报告期
甲	1 000	1 200	10	8
乙	5 000	5 000	4	4.5
丙	1 500	2 000	8	7

要求：计算三种产品的成本总指数以及由于单位产品成本变动使总成本变动的绝对额。

2. 某市 2015 年社会商品零售额 12 000 万元，2016 年增加为 15 600 万元。物价指数提高了 4%，试计算零售量指数，并分析零售量和物价因素变动对零售总额变动的影响绝对值。

3. （1）已知同样多的人民币，报告期比基期少购买 7% 的商品，问物价指数是多少？

（2）已知某企业产值报告期比基期增长了 24%，职工人数增长了 17%，问劳动生产率如何变化？

4. 某地区对两种商品的收购量和收购额资料如表 6-13 所示。

表 6-13 某地区对两种商品的收购量和收购额资料

商 品	收购额 / 万元		收购量	
	基 期	报告期	基 期	报告期
A	200	220	1 000	1 050
B	50	70	400	800

试求收购量总指数和收购价格总指数。

5. 某单位职工人数和工资总额资料如表 6-14 所示。

表 6-14 某单位职工人数和工资总额资料

指 标	符 号	2015 年	2016 年
工资总额 / 万元	E	500	567
职工人数 / 人	a	1 000	1 050
平均工资 /（元 / 人）	b	5 000	5 400

要求：对该单位工资总额变动进行因素分析。

六、技能训练题

某公司三种商品销售额及价格变动资料如表 6-15 所示。

表 6-15　某公司三种商品销售额及价格变动资料

商品名称	商品销售额 / 万元		价格变动率 /%
	基期	报告期	
甲	500	650	2
乙	200	200	-5
丙	1 000	1 200	10

试计算三种商品价格总指数和销售量总指数，并用 Excel 验证计算结果。

七、案例阅读

扫描此码 案例学习

第七章 统计报告

本章学习目的

了解统计报告的意义和特点；

了解统计报告的基本格式和内容与写作程序；

熟悉统计报告的编写要求；

学会运用统计报告的沟通技巧；

理解并掌握关键词：统计报告、统计数字、统计分析。

引导案例

2017年4月，北京市居民消费价格总水平环比上涨0.4%；同比上涨1.9%，涨幅比3月扩大0.9个百分点。

从环比看，4月，非食品价格环比上涨0.7%，影响CPI环比上涨0.62个百分点，是影响CPI环比上涨的主要因素。其中，受我市4月8日实施公立医院医药分开综合改革的影响，医疗服务价格环比上涨19.7%，影响CPI环比上涨0.37个百分点；西药、中成药价格环比分别下降11.9%和1.7%，共影响CPI环比下降0.20个百分点。另外，由于清明节和劳动节假期休闲旅游等相关服务需求上升，飞机票、宾馆住宿、旅行社收费价格环比分别上涨12.9%、5.4%和3.0%，共影响CPI环比上涨0.19个百分点。4月，我市部分景点开始执行旺季价格，景点门票价格环比上涨49.1%，影响CPI环比上涨0.10个百分点。食品价格受鲜菜和猪肉等价格继续下降的影响，环比下降1.1%，影响CPI环比下降0.17个百分点。

从同比看，4月，非食品价格同比上涨2.7%，影响CPI上涨2.24个百分点。其中，旅游价格上涨18.1%，医疗保健价格上涨7.9%，居住价格上涨3.9%，交通价格上涨2.8%，教育服务价格上涨2.3%。4月，我市食品价格同比下降2.4%，影响CPI下降0.39个百分点。其中，鲜菜价格下降23.3%，蛋价格下降13%，猪肉价格下降8.1%。

据测算，在4月1.9%的同比涨幅中，新涨价因素约为1.3个百分点，上年价格变动的翘尾因素约为0.6个百分点。

以上是《北京市2017年4月的CPI解读报告》，这份报告属于什么类型，我们常见的统计分析报告有哪些类型？各类统计分析报告的写作要点是什么？

第一节 统计分析报告概述

▌一、统计分析报告的概念和特点

（一）统计分析报告的概念

统计分析报告，就是指运用统计资料和统计分析方法，以独特的表达方法和结构特点，表现所研究事物本质和规律性的一种应用文章。统计分析报告是统计分析研究过程中所形成的论点、论据、结论的集中表现；它不同于一般的总结报告、议论文、叙述文和说明文；更不同于小说、诗歌和散文；它是运用统计资料和统计方法、数字与文字相结合，对客观事物进行分析研究结果的表现。

统计分析结果可以通过表格式、图形式和文章式等多种形式表现出来。文章式是统计分析报告的主要形式，它是全部表现形式中最完善的形式。这种形式可以综合而灵活地运用表格、图形等形式；可以表现出表格式、图形式难以充分表现的活情况；可以使分析结果鲜明、生动、具体；可以进行深刻的定性分析。

（二）统计分析报告的特点

（1）统计分析报告是以统计数据为主体。统计分析报告主要以统计数字语言，并辅之统计表和统计图，来清晰明确地表述事物之间的各种复杂联系，以确凿的数据来说明具体时间、地点、条件下社会经济领域的成就和经验、问题与教训、各种矛盾及其解决办法。它不同于用艺术形象刻画的文艺作品，也不同于旁征博引进行探讨研究的各种论文，而是以统计数字为主体，用简洁的文字来分析叙述事物量的方面及其关系，进行定量分析。一篇好的统计分析报告所使用的统计数据不是个别的、简单的、杂乱无章的，而应是相互联系，反映事物深刻特征的、系统的。

（2）统计分析报告是以科学的指标体系和统计方法来进行分析研究说明的。统计是社会认识的武器，着眼于社会经济现象总体的量的方面，并在质与量的辩证统一中进行研究。因此，统计分析报告是通过一整套科学的统计指标体系，进行数量研究；进而说明事物的本质。在整个分析研究中，运用一整套科学的方法，进行灵活、具体的分析，但它又不同于数学分析。数学分析方法撇开事物的质量，只分析抽象的数量关系和空间的形式，而统计分析报告是在质与量的辩证统一中，研究说明事物的规律性。

（3）统计分析报告具有独特的表达方式和结构特点。统计分析报告属于应用文体，基本表达方式是以事实来叙述，让数字说话，在阐述中议论，在议论中分析。在表现事物时，不是用夸张、虚构、想象等手法，而是用较少的文字，精确的数据，言简意赅，精练准确地表达丰富的内涵。统计分析报告在结构上的突出特点是脉络清晰、层次分明。一般是先摆数据、事实，进行各种科学的分析，进而揭明问题，亮出观点，最后有针对性地提出建议、办法和措施。统计分析报告的行文，通常是先后有序，主次分明，详略得当，联系紧密，做到统计资料与基本观点统一，结构形式与文章内容统计，数据、情况、问题和建议融为一体。

▍二、统计分析报告的作用

统计分析报告的作用，主要体现在以下四个方面：

（1）统计分析报告不仅能综合和灵活运用表格、图形等表现形式，而且还可以表现出表格、图形所不能充分表现的活情况；可以表现出表格、图形所不能表现的定性分析；可以表现出研究过程中的条理性和逻辑性。

（2）统计分析报告是发挥统计整体功能的重要手段。它把数据、情况、问题、建议等融为一体，既有定量分析，义有定性分析，能比一般统计数据更集中、更系统、更鲜明地反映客观实际，又便于阅读、理解和利用，因而是发挥统计信息、咨询和监督职能的重要手段。

（3）统计分析报告有利于提高统计工作者的业务素质。要发挥统计的整体功能，就要广泛地开展统计分析，经常向领导部门和社会各界提供有价值的统计分析报告，这是一项综合性、实用性很强的工作，也是成就统计人才的必由之路。统计人员积极撰写统计分析报告，才能不断地增长才能，提高自己的理论水平、业务水平和分析问题的能力。

（4）统计分析报告是增进社会了解统计的重要窗口。由于统计分析报告可以综合表现和传播多种统计信息，因而它可以成为充分展示各种统计成果的重要窗口。通过这个窗口，既可以向社会各界传递统计信息，又可以使他们增进对统计工作的了解，进而认识统计工作的重要性。

▍三、统计分析报告的类型

由于统计分析报告的内容和作用不同，统计分析报告的类型主要有下列几种。

（一）公报型

统计公报是党政机关和人民团体公开发布重大事件或重要决定事项统计数据的报道性公文，一般由国家、省一级以及计划单列的省辖市一级的统计局发布，如《中华人民共和国 2016 年国民经济和社会发展统计公报》。统计公报的写作要点是：①政治性、政策性和权威性较强。②主要用统计数字直接反映方针政策的贯彻执行所取得的成就和问题，一般不作统计分析。③标题和结构比较固定，标题是公文式，正文是总分式结构。④写作严肃认真，用语郑重，概括性强，语言简练。

（二）调查型

调查型一般是通过非全面的专门调查来反映部分单位社会经济情况的统计分析报告，

其基本特点是：①内容上只反映少数单位的具体情况，不直接反映总体的全部情况，也不用这些单位的情况去推断总体的情况。②直接取材，编写统计分析报告所使用的材料主要是非全面调查所收集的第一手资料，并不主要来自全面调查。因此，它比其他分析报告更具体、细致和生动。调查型统计分析报告的写作要点：①要有明确的针对性，要有具体、明确的调查目的。②要大量占有第一手资料，用事实说话，要有一定的深度，要解剖"麻雀"，以发现其实质和典型意义。③统计资料与生动情况相结合，对于调查方法和过程应该少写或不写。④调查型统计分析报告的标题应灵活多样。结构可以不拘一格，一般的安排是叙事式：先概述调查目的、调查形式和调查单位之后，就要以较大篇幅阐述调查情况，然后是概况的分析研究，并做出结论，最后可以提出一些建议。

（三）分析型

分析型是通过分析着重反映社会经济现象具体状态的统计分析报告，它同调查型的主要区别在于：一方面，它既反映部分单位的情况，也反映总体的情况，并以总体情况为主；另一方面，它的资料和情况来源是多方面的，可以是部分单位的调查资料，也可以是全面统计报表资料、历史资料等，其中又以全面统计报表资料居多。分析型统计分析报告的写作要点：①它的主要内容与写作重点是反映某个社会经济现象的具体状态，一般不涉及规律性问题，要做到具体事情具体分析。②具体分析的主要方法：从总体的各个方面来分解和比较，比如，一个企业有产、供、销，居民家庭有收、支、存，地区有经济、社会、科技、环境等；从结构上分解和比较，有所有制结构、产业结构、产品结构、重轻工业结构、农民收入构成等；从因素上分解和比较，有影响农民收入增长的各种因素、影响工业增加值的各种因素等；从联系上分解和比较，比如 GDP 与发电量的联系，农民收入与社会消费品零售总额的联系，等等；从心理、思想上分解和比较，比如，问卷调查对改革的看法，对物价的看法，对婚姻的各种心理等看法；从时间上分解和比较，比如，报告期与基期、"十二五"时期与"十三五"时期的比较等；从地域上的分解与比较，比如，与别的地区对比、与外省的对比等。③标题应灵活多样，结构也要有多种形式。

常见的分析型统计分析报告有以下三种：

1.进度统计分析报告

进度统计分析报告主要以定期报表为依据，反映社会经济的发展情况，分析其影响和形成的原因，如月度分析、季度分析和年度分析。从时间上看，它可分为定期和不定期的、期中的和期末的统计分析报告；从内容上看，它又可分为专题和综合统计分析报告两种。进度统计分析报告必须讲究时效，力求内容短小精悍，结构简单规范，看后一目了然。该类分析报告的写作要点：①检查进度计划是文章的中心。不但有实际数、计划数，而且要有计划完成相对数。②检查计划执行情况的主要目的，不是单纯地进行数字对比，而是通过分析，找出计划执行过程中存在的问题，提出对策建议，以保证计划的顺利完成。③统计指标要相对稳定。在同一个计划期内，统计指标与计划指标的项目要一致，并相对稳定，以便进行对比检查。

2. 综合统计分析报告

综合统计分析报告是从客观的角度,利用大量丰富的统计资料,对国民经济和社会发展的规模、水平、结构和比例关系、经济效益以及发展变化状况,进行综合分析研究所形成的一种统计分析报告。其主要特点是:①综合统计分析报告是综合多项内容的统计分析报告,有情况、有分析、有预测、有建议等多项内容,具有全面性、系统性、客观性的特点。②使用大量丰富而广泛的统计资料。③统计分析方法运用灵活。

3. 专题统计分析报告

专题统计分析报告是对社会经济现象的某一方面或某一问题进行专门的、深入研究的一种分析报告。它的目标集中,内容单一,不像综合分析报告那样,要反映事物的全貌。正因为如此,专题统计分析报告更要求突破时间和空间的限制,根据实际需要灵活选题,做到重点突出,认识深刻。

(四)说明型

说明型是对统计报表进行说明的统计分析报告,也称为"文字说明",也就是我们通常所说的报表说明。这种说明,主要是对报表的数据作文字的补充叙述,配合报表进一步反映社会经济情况。它可以帮助本单位领导审查报表,以保证数字的质量,这是说明型统计分析报告的基本作用。

严格地说,说明型统计分析报告只是附属统计报表,而不能独立成篇,也无完整的文章形式。但由于它具备统计分析报告的基本特点,可以把它看成是统计分析报告的雏形。写说明型统计分析报告,并没有严格的要求,但一般要注意以下几个要点:①文字说明的情况要与统计报表的情况有关,与报表无关的内容不应写进文字中。②写文字说明时,既可以对整个报表作综合说明,也可以只对报表中的某些统计数字加以说明。③写文字说明时,可作简要的分析,但不宜论述过多。如需深入研究,应另写专题分析。④说明型统计分析报告没有标题,一般也没有开头和结尾。文中的各个段落,各有其独立的内容,结构呈并列式。一般用"一、二、三、四……"来分段叙述,使说明更有条理、更清晰。⑤文字要简明,直截了当。

(五)计划型

计划型是检查计划执行情况的统计分析报告,按月、季、半年和年度检查计划执行情况的定期统计分析报告,都属于这种计划型。该类统计分析报告的写作要点:①检查计划是报告的中心。不但要有实际数、计划数,而且要有计划完成相对数。②检查计划执行情况的主要目的,不是单纯地进行数字对比,而是通过分析,找出计划执行过程中存在的问题,提出对策建议,以保证计划的顺利完成。③统计指标要相对稳定。在同一个计划期内,统计指标与计划指标的项目要一致,并相对稳定,以便进行对比检查。④标题有两种形式。一种比较固定,如《我公司4月计划执行情况》;另一种是可以变化,以突出某些特点,如《战高温 夺高产 完成产量一千台——我公司8月的计划执行情况分析》,该分析报告运用了正、副双标题。⑤正文的结构多是总分式。开头总说计划执行情况,然后进行分析,提出一些建议等。

（六）总结型

总结型是对一定时期社会经济发展情况进行总结分析的统计分析报告。通过分析总结，可以全面认识一个地区、部门或单位的社会经济形势，或某个方面的情况，以便发扬成绩，总结经验教训，制定新的措施，为今后工作创造更好的条件。总结型统计分析报告的写作要点：①总结型的对象应是本地区、本部门或本单位的社会经济发展情况，并不是工作情况。②一般注意分析社会经济发展形势、总结经验教训和提出建设性意见三个写作重点。③要注意运用统计资料和统计分析方法。主要采用统计数字与文字论述相结合的方法，定量认识和定性认识相结合。④正文结构大都采用总分式。开头是简要总说，接着写情况、形势（包括成绩与问题），再写经验体会与教训，然后写今后的方向与目标，最后写几点建议，每个部分应设小标题，使层次更分明。⑤标题可以适当变化，形式不拘一格。

（七）研究型

研究型是着重研究解决问题办法和进行理论探讨的统计分析报告。它同分析型统计分析报告的主要区别是：分析型统计分析报告对社会现象的认识仍停留在具体状态，而研究型统计分析报告则对具体的状态上升到理论的高度，提出理论性的见解或新的观点。所以，研究型比分析型的意义更进一步，是一种高层次的统计分析报告。该类统计分析报告的写作要点有：①在研究的题目确定之后可以拟定一个研究提纲，主要内容包括研究什么、内容有哪些，需要哪些资料、如何收集资料、需要参考哪些书籍与文章等。②要进行抽象与概括。所谓抽象就是在具体分析的基础上，将事物的非本质属性抛在一边，而抽象出其本质属性来认识事物的方法。所谓概括就是在抽象的基础上，把个别事物的本质属性推及为一般事物的本质属性。有了正确的概括，就能认识社会经济现象中的共性、普遍性与规律性。③要多方论证。做到论述严密、说理充分，没有漏洞。从多方面、多角度、多种资料、多件事实及多种逻辑方法来论证。④标题有适当变化，但要做到题文一致，用词准确、郑重。

（八）预测型

预测型是估量社会经济发展前景的统计分析报告。它与研究型统计分析报告的主要区别为：研究型着重对趋势性、规律性进行定性研究，而预测型是在认识趋势及规律的基础上，着重对前景进行具体的定向和定量研究。通过预测，人们可以超前认识社会经济发展前景，对制定方针、发展策略、编制计划、搞好管理等具有很大的帮助。因此，预测型分析报告的作用很大，也属于高层次的统计分析报告。其写作要点包括：①全文要以统计预测为中心，其他内容都要为预测服务。②写推算过程要注意读者对象。如果是写给统计同行或统计专家看的，可以写数学模型的计算过程，否则，数学模型和计算过程可以略写或不写。③应注意预测期的长短。一般来说，中、长期的预测，要体现战略性和规划性，不可能写得那么具体，文字可以概略一些；对近、短期预测，主要是具体地分析和估量一些实际问题，所提出的措施和建议要有一定的针对性和现实性，不可写得太笼统，文字应详细、具体一些。

四、统计分析报告的质量要求

统计分析报告的质量好坏，一般从两个方面来衡量：一是统计分析报告的深度和广度，即报告的内容是否丰富，对资料的分析和写作技巧如何；二是统计分析报告的时效性及产生的社会影响，即分析报告在实际工作中发挥的作用和效益，是衡量分析报告质量的主要标准。

国家统计局组织评选优秀统计分析报告，提出了 4 条评比标准，即基本质量要求为：①选题准确，具有很强的针对性。能够紧密结合经济形势，配合党的中心任务，反映方针、政策的执行情况和效果，针对各级党政领导和社会各界普遍关心的难点、热点、焦点问题进行分析，有的放矢，针对性强。对党政领导的决策能起积极的作用。②资料可靠，观点鲜明，分析深刻，提出一定的见解。统计分析报告以大量的统计调查材料为基础，既有数字，又有分析；既提出问题，又有解决问题的措施。准确是统计分析报告乃至整个统计工作的生命。统计分析报告的准确性除了数字准确，不能有丝毫差错，情况真实，不能有虚假之外，还要求论述有理，不能违反逻辑；观点正确，不能出现谬误；建议可行，不能脱离实际。③时效性强，反映情况及时。统计分析报告具有很强的时效性。失去了时效性，也就失去了实用性，统计分析报告写得再好，也成了无效劳动。时效性既体现在最新的数据上，也体现在统计分析报告的及时性上，换言之，几年前的报告就不足以反映当前的问题。④主题突出，结构严谨，条理清晰，文字简洁。统计分析报告要求从更宽的面上交代背景，用较多的篇幅系统、集中地阐述问题，解剖矛盾，比新闻报道更全面、更具体。统计分析报告需要运用大量的数据资料去揭示事物的规律性，在论证观点、阐述看法时，比学术论文更侧重用数据、事实来说话，就事论理，深入浅出，虚实结合。这 4 条标准可概括为统计分析报告的"四性"，即准确性、时效性、针对性、逻辑性。当然，要写出一篇高质量的统计分析报告，还应在求"新"和求"深"上下功夫。所谓"新"，是指创新。不仅内容有新意，形式也要新颖。要有所创新，就要树立新观念，研究新课题，挖掘新事物、新思想，选择新视角，反映新情况、新特点、新动态，写出新成就、新问题，分析新原因，总结新经验，提出新建议。所谓"深"，是指深入透彻。要掌握丰富的资料，进行深入的分析，达到对研究对象有深刻、透彻的认识。

第二节 统计分析报告的撰写

一、统计分析报告的写作要求

（一）主题要突出

主题是统计分析报告的中心思想或基本论点，它像一根红线贯穿于全文，是报告的灵魂与统帅。统计分析报告要根据统计研究的任务,抓住要解决的主要矛盾及矛盾的主要方面,开展分析工作。内容要紧扣主题,从统计资料反映的复杂社会经济现象中,抓住重点问题,突出主题思想加以阐述。

(二)材料和观点要统一

统计分析报告必须以统计资料为依据,但不能搞资料堆砌,要用统计资料来说明观点。这就要求编写统计分析报告必须处理好材料与观点的关系。统计资料要支持报告所说明的观点,而观点要依据统计资料,做到材料与观点的辩证统一。如果材料与观点脱节,便失去统计分析报告的说服力。

(三)判断推理要符合逻辑

统计分析报告的准确性,不仅是运用的统计数字要准确可靠,而且要准确地说明社会经济现象的本质和发展变化的规律。这就要求编写统计分析报告要在统计资料的基础上进行深入分析,运用推理和判断的逻辑方法。判断是以准确的统计数字为依据的,推理是以充分的依据为前提的。正确的判断和推理,从事物发展上说,就是要有根有据,符合客观的规律性;从思维发展上说,就是要实事求是,合乎事物的逻辑性。判断和推理的结果,前后不能矛盾,左右不能脱节,要如实反映客观事物的内在联系。

(四)结构要严谨

结构要严谨,是指统计分析报告内容的设计、语言的组织和论点论据应当是科学的。首先是对报告主题及内容的整体安排逻辑严密,没有"挂一漏万""顾此失彼";其次是组织严谨,层次分明,没有"颠三倒四""破绽百出"。因此,结构能否严谨,取决于作者对问题的思路,只有充分认识与掌握事物发展的内在规律,才能把它顺理成章地写出来。

(五)语言要生动、简练

统计分析报告的质量高低,不仅要求内容正确,还要讲究词章问题。如果用词烦琐,词不达意,就不能较好地表述分析的结果。所以,写一篇较好的分析报告,要善于用典型的事例、确凿的数据、简练的辞藻、生动的语言来说明问题,言简意赅是遣词造句的基本要求。

(六)报告要反复研究、修改

写统计分析报告与其他报告一样,必须反复研究和反复修改,即"三分靠写,七分靠改"。统计分析报告要进行反复研究和修改的目的,是检查观点是否符合政策,材料是否真实可靠,报告结构是否严密,表达是否准确得当,做到用词恰当,符合实际。

■ 二、统计分析报告的结构格式

统计分析报告的结构格式，就是统计分析报告的内部组织、内部构造，是对报告内容进行安排的形式，一般包括标题、导语、正文、结尾四个部分。

（一）标题

标题也称为题目，是报告的篇名，标题可以反映文章的基本思想，在文章的结构中占有重要的地位。一篇统计分析报告有了好的标题，可以对读者产生强烈的吸引力，使统计分析报告增色，反之，则会使统计分析报告逊色，标题基本要求包括以下几点：

确切。就是标题要准确概括统计分析报告的内容，做到标题与内容相符。例如：直接揭示报告的主题，如《房价上涨后对市民生活的影响》《某校大学生日常消费情况统计分析报告》；明确表示作者的观点，如《技能竞赛有助于提升专业成绩》《良好的计划是提升学习效率的重要手段》等。选题不确切的有题义过宽，如只分析某校大学生消费情况的，但标题却为《中国在校生消费情况的分析》；也有题义过窄，如一篇《关于某校 2015 级学生的英语成绩分析》报告，不但写了 2015 级学生，还涉及全年级学生的各科成绩情况，则文不对题。

简洁。就是标题要精炼、扼要，用尽可能少的文字来概括全文的内容，使读者看了标题就能了解全文的内容而不冗赘，如《如何通过降低企业经营成本，提高企业利润的分析》改为《压缩经营成本，提高利润水平》，就显得简洁、干净、利索。

新颖。就是要求统计分析报告的标题不落俗套，具有鲜明观点和独特风格。如"对比分析""几个看法""几个问题""情况""调查"等标题，显不出特色，显得呆板，千篇一律，不引人注目，吸引不了人。如《增产了为何减收》，这个标题突出了"增产"与"减收"四个字，是矛盾的，但是正因为如此更加吸引读者的思考。

（二）导语

导语就是统计分析报告的开头。报告开头的好坏，是关系全篇成败的一个重要因素。因此对导语的基本要求是：要抓住读者的心理，引起读者的注意和兴趣，使读者急于读下去和乐于读下去；要为全文的展开理清脉络，牵出头绪，做好铺垫，主定格局；要短、精、新。常见的导语形式有以下几种：①开门见山。"开门见山"的开头是统计分析报告中最常见的一种，其特点是紧紧围绕报告的基本观点，简明扼要、直叙入题。②造成悬念。在分析问题或阐述观点之前，先有意地提出一个问题，以引起读者的注意和思考。该方法使报告内容在问与答中不断扩展深化，使读者在问与答中得到新的启迪和提高。③交代动机。该方法的主要特点是：起因线索完整，时间、地点俱在，分析动机清楚，命题明显自然。由于该方法将"时间""地点""人物""事件"四要素及所采用的调查方法都做了交代，接着写调查结果就会对读者产生一定的吸引力。除此之外，还有其他的导语形式，甚至有的统计分析报告不写导语，直接进入正文。

（三）正文

正文部分是统计分析报告的主体，要围绕主题，层次分明，条理清晰地展开，依据事物发展的客观规律，沿着"提出问题—分析问题—解决问题"的顺序安排，循序渐进地分析论述，同时考虑读者的认识程度，先易后难、先简后繁。这就需要对内容的先后次序，展开的步骤，以及论述的详略从全局出发进行合理的组织。统计分析报告的常见结构有以下 4 种：①递进结构。文章的各部分之间一层进一层，层层深入地衔接。这种结构通常用于整篇文章的结构安排。主要形式有按事物之间的因果关系、事物的逻辑关系及读者的理解顺序展开。如按"现状—原因—对策""历史—现状—未来""情况—问题—建议"等。②并列结构。一般是按所要表述的情况，分成并列的几部分横向展开来表达主题。如在分析企业经营状况时，按偿债能力、盈利能力、营运能力、发展能力等进行叙述。③序时结构。按照事物发展的经过和时间的先后顺序进行表述。总结过去、把握现在、预测未来，按照事物发展的经过和时间的先后顺序进行表述。这种结构多用于反映客观事物随着时间的变化而变化的分析。如《北京市近五年房地产市场分析》，可以在不同时点，对同一时期内的房地产市场进行分析。④总分结构。先总起来说，然后分开说；或者先分开说，后总起来说；或者前后都总说，中间分开说。

（四）结尾

结束语是报告的结尾。好的结尾可以帮助读者明确题旨，加深认识，具体写作方法有：

（1）总结全文，深化主题。在结束时归纳总结，强调基本观点，突出中心思想。统计分析报告在分析事物发展变化的主客观原因，论证多层次观点后，在结束全文时予以归纳总结，加强基本观点，突出中心思想，这种结尾方法就叫总括全文。总括全文式结尾的报告一般都有明显的"总起—分说—总结"的结构特点，且结尾的起始句多使用"综上所述""总之""总而言之"等概括性词语，然后再把报告前面叙述的内容进行简要回顾概括，使读者进一步明确全文的中心思想。

（2）表明态度，提出建议。在报告结尾段，简要阐述核心的分析结论，并且展望前景，提出针对性建议，做出科学的预测。

（3）首尾呼应。在导语中提出问题，通过分析归纳，在结尾时给予回答。也可以在结尾处点明题意，正是通过前文一系列分析、论证得到的，具有说服力和概括性。

此外，在统计分析报告中要注意统计数字的运用。数字是统计的语言，也是统计分析报告论事说理的重要依据。因此，在表达中用好统计数字，对于统计分析报告的写作极为重要。常用的方法有：①密度法，是指适当控制统计分析报告的数字密度。如果统计数字用得太多，容易使读者产生枯燥感和疲劳感，难以再读下去。一般来讲要控制统计数字的总用量，以占全篇文字的 10% ～ 20% 为宜，不能超过 30%。②概略法，是指把复杂的统计数字加以简化，使读者易读易记。③明晰法，是指把一些比较抽象、复杂的数字变得更清晰、更明确。

■ 三、统计分析报告的写作程序

（一）选择统计分析的课题

统计分析报告的写作，先要解决写什么题目的问题。①它关系到统计分析报告是否具有实用性，对解决实际问题有价值。②关系到写作过程是否能顺利进行。如果选的题目难度超过了作者本身的能力和条件，写作也不会成功，不但不能实现写作目的，而且会造成人力、物力、财力和时间的浪费。人们常说，"选好了题目就成功了一半"说的就是这个道理。

因此选准题目，是统计分析报告的首要任务。要达到这一要求，应该遵循以下几条原则：一是要根据真实情况来选题；二是要根据用户的需要来选题；三是要根据本身的工作条件来选题。一般情况下，最好是结合自己的专业工作，选择自己熟悉的、适合自己业务水平的、各项资料也比较齐全的课题来写。

选好课题的内容，突出选题的要点一般应围绕以下重点来选题："注意点"，选上级关心的问题，特别是已经拟定的选题方向；"矛盾点"，选具有现实意义的课题，或是与中心工作、全局性工作有密切联系的课题，以及各方面有不同看法的重大问题；"发生点"，选发展过程中带有苗头性、动向性、突发性的问题，特别是出现的新情况、新问题、新经验等。

（二）拟定分析提纲

分析提纲与写作提纲不同，它是如何进行统计分析的思路与打算，是作者对分析的初步认识，它对统计分析的顺利进行起指导作用。分析提纲主要包括以下内容：统计分析的目的与任务、要解决的问题、需要收集的统计数字与具体事实、如何取得这些资料、要选择的分析方法、准备从哪些方面分析、调查与整理以及分析工作的组织安排等。

（三）收集加工资料

统计分析报告所需要的材料主要是统计资料。统计资料不仅是统计分析的基础，也是报告写作的基础；不仅是形成和表现观点的依据，也是阐明事物发展变化的依据。统计资料的收集要根据选题的要求明确收集的方向与渠道，要注意收集反映事物总体情况的资料及反映事物发展变化的背景资料。调查收集得来的统计资料，要按照材料处理的程序和要求进行整理、鉴别、选择等工作。

（四）分析认识事物

统计分析的目的是认识事物。只有做到分析更加深入，才能对事物的认识更加深刻，从而使统计分析报告更加具有深度。分析认识事物需要注意以下几个方面：①综合运用多种分析方法从多个方面和多个角度进行分析；②定性分析与定量分析相结合；③善于使用比较分析的方法；④善于进行系统分析。

（五）构思内容形式

在撰写报告之前，必须对统计分析报告的内容与形式进行全面而缜密的构思。首先，要考虑报告的基本观点。其次，要考虑报告的内容，即全文写什么，大体内容有哪些，分几部分写，各部分是什么关系，有哪些观点，需要哪些材料来说明，等等。再次，对整个报告的内容进行构思后，还要对各部分的内容进行构思。最后，考虑报告的层次、段落、表现形式等问题。

四、统计分析报告中常用的方法

在说理中运用的统计计算及统计分析的方法是很多的，基本可以分为统计方法和逻辑方法两大类。

（一）统计方法

（1）总量分析法。总量分析法是指通过计算和分析总量指标（绝对指数），来认识社会经济现象的总规模或总水平的方法。

（2）比较分析法。比较分析法是指通过计算和分析比较指标（相对数指标），来认识社会经济现象的总体结构、比例、强度、速度及计划完成程度的方法。

（3）平均分析法。平均分析法是指通过计算和分析平均指标，来认识社会经济现象的平均水平，并以此为依据与同类社会经济现象比较的方法。

（4）动态分析法。动态分析法是指通过计算和分析动态指标反映动态相对数（时间序列），来认识社会经济现象的方法。

（5）因素分析法。因素分析法是指通过计算和分析统计指数，来认识社会经济现象的总体变动中，各因素影响程度和方向的方法。

（6）相关分析法。相关分析法是指通过计算和分析，来认识有相关关系的社会经济现象所表现的相关形式、密切程度及数量联系的方法。

（7）平衡分析法。平衡分析法是指通过计算和分析，来认识有平衡关系的社会经济现象之间的对应关系、数量联系及其综合平衡问题的方法。

（8）预测分析法。预测分析法是指通过数学模型或其他统计方法的计算和分析，来认识社会经济发展方向及其数量表现的方法。

（9）抽样分析法。抽样分析法是指通过抽样调查资料计算分析和推断，来认识社会经济现象总体情况的方法。

（10）重点分析法。重点分析法是指通过重点调查资料的计算和分析，来认识重点单位的社会经济情况的方法。

（11）典型分析法。典型分析法是指通过典型调查资料的计算和分析，来认识社会经济现象的典型情况，进而加深对总体情况认识的方法。

（12）分组分析法。分组分析法是指通过统计分组的计算和分析，来认识社会经济现象的不同类型，并在此基础上认识其不同特征、不同性质及相互关系的方法。

（二）逻辑方法

（1）归纳法。归纳法就是指从若干个具体事实做出一般性结论的方法。

（2）演绎法。演绎法是以一般性道理对具体事实做出结论的方法。

（3）类比法。类比法是通过两个或若干同类的具体事实进行比较而得出结论的方法。

（4）引证法。引证法是引用某些伟人、经典作家的言论或科学上的公理，尽人皆知的常理来推论观点的方法。

（5）反证法。反证法是借否定对立的观点来证明自己观点正确的方法。

（6）归谬法。归谬法是顺着错误的观点、错误的现象继续延伸，进而引出荒谬的结论，再从正确的一面来论证观点。

五、统计分析报告中常见的问题

1. 篇幅不代表质量

统计分析报告中常见的一个错误观点是："报告越长，质量越高。"统计分析过程中所有的证明、结论和附件全部被纳入到报告当中，从而导致了"信息超载"，很多信息并非读者所需要知道的，反而掩盖了主要内容的重要价值。总之，统计分析报告的价值不是用篇幅来衡量的，而是以质量、简洁与有效的计算来度量的。

2. 数据使用的规范性

（1）数字罗列过多，缺乏重点。有的统计分析报告数字太多、太密。最常见的是报表上的数字全搬了上来，使读者不得要领，产生枯燥感，难以阅读下去。

（2）计量单位不规范。在一篇统计分析报告中，同一个指标不同的层次，若不注意计量单位的同质可比，就会造成对比紊乱，数字失真。例如："今年我县粮食总产量可达267 985 吨，比上年增长 5 365.4kg，增长 20%。"文中产量用"吨"，增长用"kg"，计量单位不一，造成不必要的麻烦。

（3）数据不支持论点。数据本身是准确的，但是是否能够支撑论点才是使用数据的原则。有些作为论据的数字不能说明论点，有些数字运用含义不清或表述不当。统计分析报告中常常使用的图表包括数字，如果不进行任何解释性说明，或者图表文字数字之间没有很好互补。

3. 书面语言表达欠缺

（1）语言不准确。例如："今年上半年，我镇粮食估计产量为 700 万吨，比上年同期约增长 3%。""估计""约"是矛盾的，很容易引起读者的疑惑。

（2）语言不简练。例如："预计 2015 年，我市居民在吃的食物构成的质量上将有所改变，仍以植物产品为主，但动物产品有所提高。"文中"吃的食物""构成的质量"简略为"食物""构成"就可以了。

（3）逻辑不清楚。例如："上半年完成产值 5 800 万元""今年农民人均收入达 2 100元"等，文中的产值是总产值还是净产值，人均总收入还是人均纯收入，都使人感到模糊不清，难以判断。

（4）概念的内涵和外延不统一。例如："2015 年 ×× 市总人口达 786.3 万人，比 2010 年的 257.2 万人增长了 2.06 倍。"这个例子中，5 年人口增长了 2.06 倍，显然是有疑问的。因为实际上，2010 年该市辖县仅 2 个，2015 年后市辖 7 个县，统计范围不可比。

4. 数据来源

一篇好的统计分析报告必须以科学准确翔实的数据为基础，在互联网、信息化技术和大数据的时代背景下，数据来源有很多种，按形式可以分为以下几种类型：

（1）统计数据。统计数据包括：①定期报表资料：当年的定期报表数字资料，也包括定期的原始记录资料；②一次性调查资料：统计普查抽样调查、重点调查典型调查的数字资料；③统计整理资料：历史统计资料和统计台账资料；④统计分析资料：已经印发的各种统计分析素材及统计分析报告；⑤统计图表资料：指各种形式的统计图；⑥统计书刊：统计部门编印的有统计资料内容的书刊、摘要、通报等材料。

（2）调查资料。调查资料是指在特定的统计调查中所取得的情况或资料，一般是收集到的尚未写成统计分析资料的情况，采取的方法有观察法、访谈法、问卷法、座谈法等。

（3）业务材料。业务材料是指反映社会经济有关业务活动情况的文字材料。这些材料大多来自各业务部门以及有关的业务会议。比如计划会议、财政会议、经济工作会议等。

（4）见闻材料。见闻材料是通过非统计调查的日常见闻获得的信息来源，包括有文字记载的，如报刊发表的一些社会现象，也包括没有文字记载的，耳闻目睹的某些社会现象（如在街上发生的一些突发事件等），都可以成为统计分析报告的材料。

（5）文献资料。文献资料是指国内外公开发表的报纸、期刊、教科书、论著、专著、资料书与参考性的工具书、政策法规等各类材料，还有一些专家、学者的重要言论也可以引用，以提升分析报告的理论价值。

本章小结

本章主要介绍了统计分析报告的意义、结构格式、常用方法、写作程序、类型与各类的写作要点等。

统计分析报告是统计分析的最终成果。统计分析报告的类型有说明型、计划型、总结型、公报型、调查型、分析型、研究型、预测型等。

统计分析报告的写作程序是：选择分析课题，拟制分析提纲，收集加工资料，分析认识事物，构思内容形式。

思考与练习

一、单项选择题

1.统计分析报告的主体是（　　　）。

A. 标题　　　　　　　B. 导语　　　　　　　C. 正文　　　　　　　D. 结尾

2. 在分析国民经济发展状况时，按照农业、工业、商业等一部分一部分地进行叙述。这种统计分析报告的正文属于（　　　）结构。

A. 序时　　　　　B. 叙事递进　　　　　C. 并列　　　　　D. 总分

3. 统计分析报告在分析事物发展变化的主客观原因、论证多层次观点后，在结束全文时予以归纳总结，加强基本观点，突出中心思想，这种结尾方法就是（　　　）。

A. 总括全文　　　　　　　　　B. 提出建议

C. 首尾呼应　　　　　　　　　D. 篇末点题

4. 在动笔写作之前，必须对统计分析报告的内容与形式进行全面而缜密的构思。构思首先要考虑的是（　　　）。

A. 全文内容　　　　　　　　　B. 基本观点

C. 报告各部分内容　　　　　　D. 报告层次、段落、表现形式等

二、多项选择题

1. 下列属于统计分析报告作用的是（　　　）。

A. 统计分析报告可以表现出表格、图形所不能表现的定性分析

B. 统计分析报告是发挥统计整体功能的重要手段

C. 统计分析报告有利于提高统计工作者的业务素质

D. 统计分析报告是增进社会了解统计的重要窗口

E. 统计分析报告注重定量分析

2. 统计分析报告按内容范围可分为（　　　）。

A. 宏观统计分析报告　　　　　B. 微观统计分析报告

C. 中观统计分析报告　　　　　D. 综合统计分析报告

E. 专题统计分析报告

3. 统计分析报告的导语有（　　　）。

A. 开门见山式　　　B. 造成悬念式　　　C. 交代动机式

D. 总分式　　　　　E. 辞藻华丽式

4. 统计分析报告所需的材料主要是统计资料，这些统计资料包括（　　　）。

A. 一次性调查资料　　　　　　B. 统计整理资料

C. 统计分析资料　　　　　　　D. 统计资料书刊

E. 定期统计报表资料

三、判断题

1. 统计分析报告的导语可有可无。（　　　）

2. 统计分析报告正文的叙事递进结构是按照事物发展的经过和时间的先后次序安排层次的。（　　　）

3. 统计分析报告以建议结束全篇的居多，并且形式各异。（　　　）

4. 通过分析着重反映社会经济现象具体状态的统计分析报告属于研究型统计分析报告。（　　　）

四、简答题

1. 统计分析报告的特点有哪些？

2. 简述统计分析报告的结构格式。

3. 总结型、调查型和分析型统计分析报告的写作要点有哪些？

4. 简述统计分析报告的写作程序。

五、案例阅读

扫描此码　　案例学习

参考文献

[1] [美] David R. Anderson. 商务与经济统计学精要 [M]. 路成来，胡成秀，等，译 . 大连：东北财经大学出版社，2000.

[2] Gudmund R. Iversen. 统计学 [M]. 吴喜之，等，译 . 北京：高等教育出版社，海德堡：施普林格出版社，2000.

[3] 陈增明 . 统计基础 [M]. 厦门：厦门大学出版社，2013.

[4] 韩天锡，周禄新，魏雪丽 . 管理数量方案 [M]. 西安：西北工业大学出版社，2006.

[5] 贾俊平，何晓群，等 . 统计学 [M]. 6 版 . 北京：中国人民大学出版社，2015.

[6] 栗方忠 . 统计学原理 [M]. 5 版 . 大连： 东北财经大学出版社，2014.

[7] 李洁明，祁新娥 . 统计学原理 [M]. 上海：复旦大学出版社，2017.

[8] 李心愉、袁诚 . 应用经济统计学 [M]. 3 版 . 北京：北京大学出版社，2015.

[9] 李英 . 统计基础与实务 [M]. 上海：东华大学出版社，2014.

[10] 林洪，罗良清 . 商务统计学 [M]. 北京：机械工业出版社，2016.

[11] 刘春英 . 应用统计 [M]. 北京：清华大学出版社，2006.

[12] 沈静 . 统计学基础 [M]. 北京：中国人民大学出版社，2014.

[13] 史书良，王景新 . 统计学原理 [M]. 2 版 . 北京：清华大学出版社，北京交通大学出版社，2009.

[14] 宋粉鲜，陈世文 . 统计学基础 . 北京：现代教育出版社，2012.

[15] 宋文力 . 应用经济统计学 [M]. 北京：中国标准出版社，1998.

[16] 孙文生，李宗泰 . 统计学 [M]. 北京：中国农业大学出版社，2014.

[17] 夏南新 . 统计学 [M]. 北京：高等教育出版社，2014.

[18] 徐国祥，刘汉良，等 . 统计学 [M]. 6 版 . 上海：上海财经大学出版社，2001.

[19] 杨鑫慧 . 统计基础与实务 [M]. 上海：立信会计出版社，2014.

[20] 袁卫，庞皓，曾五一 . 统计学 [M]. 北京：高等教育出版社，2000.

[21] 周恩荣 . 应用统计学 [M]. 2 版 . 北京：北京交通大学出版社，2012.

[22] 张举刚，等 . 统计学基础 [M]. 重庆：重庆大学出版社，2011.

[23] 张文法 . 统计学基础与应用 [M]. 北京：化学工业出版社，2015.

[24] 杨鑫慧 . 统计学原理与技能训练 [M]. 2 版 . 上海：上海财经大学出版社，2012.

[25] 姚凤莉，吴瑱，兰文巧 . 市场调查与预测 [M]. 北京：清华大学出版社，2012.

教学支持说明

任课教师扫描二维码
可得配套答案与课件

尊敬的老师:

您好!为方便教学,我们为采用本书作为教材的老师提供教学辅助资源。鉴于部分资源仅提供给授课教师使用,请您填写如下信息,发电子邮件给我们,或直接手机扫描上方二维码实时申请教学资源。

(本表电子版下载地址:http://www.tup.com.cn/subpress/3/jsfk.doc)

课程信息

书　　名			
作　　者		书号(ISBN)	
开设课程1		开设课程2	
学生类型	□本科　□研究生　□MBA/EMBA　□在职培训		
本书作为	□主要教材　□参考教材	学生人数	
对本教材建议			
有何出版计划			

您的信息

学　　校			
学　　院		系/专业	
姓　　名		职称/职务	
电　　话		电子邮件	
通信地址			

清华大学出版社教师客户服务:

电子邮件:tupfuwu@163.com
电话:010-62770175-4506/4903
地址:北京市海淀区双清路学研大厦 B 座 509 室
邮编:100084

清华大学出版社投稿服务:

投稿邮箱:tsinghuapress@126.com
投稿咨询电话:010-62770175-4339